アステカとインカ

黄金帝国の滅亡

増田義郎

講談社学術文庫

目次

アステカとインカ

黄金帝国の滅亡

プロローグ　黄金の夢

黄金の魔力

なぜ黄金は、太古の昔から、人の心をかきたて、魅了してきたのであろうか。精神分析学者ジークムント・フロイトは、黄金に対する欲求は、人間の無意識に根ざしたなにものかだ、と言っている。つまり、理性が支配し、説明できる意識の世界のものではなく、人間の原始的な欲望の渦巻く、どろどろとして説明不可能な、心の奥底に潜む衝動だ、と言うのである。言い換えれば、黄金に対する欲求は、理屈抜きのもので、しかも太古の昔から、人間の心を根底から衝《つ》き動かす力をもっていた、というわけだ。まことに黄金に対する欲求は、文明の歴史とともに古く、地球上どこでも、宗教や政治の力の集中が発生するやいなや、黄金が登場している。そして、権力のあるところには黄金が必ず存在し、黄金のあるところには権力が寄り集まってくる。人間の歴史は黄金の歴史、と言ってもいいくらいだ。

古代エジプトの黄金については言うまでもなかろう。アケメネス朝ペルシャは夢のような黄金を貯《たくわ》えた。それを滅ぼしたアレクサンドロス大王は、もともとマケドニアのパンガイオンの金山を独占して力を得た。そして彼がペルシャ帝国から奪った莫大《ばくだい》な量の黄金が、ヘレニズム文化の繁栄を支えた。ローマ人も偉大な金銀の掠奪者《りゃくだつしゃ》だった。のちに興ったビザンツ帝国や、ウマイヤ朝のイスラムも同じだった。ビザンツは、初めアフリカやシリアをおさえ、ヌビアの金を手に入れたばかりでなく、北方のウラル地方の金にも接近することができた。これらの金を利用して、東西貿易の要衝の位置にあったこの帝国は、交易を行ない、東方の貴重な物資を購入し、それを西方世界に輸出して巨利を博したのである。

七世紀に興ったイスラムが、ササン朝ペルシャの王都や、古代エジプトの王墓や、レヴァント地方（地中海東岸の歴史的名称）のキリスト教会から掠奪した金銀は、驚くべき量に達した。彼らはまたインドに退蔵されていた金銀を大量に掠奪し、西方では西ゴート王国の都トレドの黄金も奪った。イスラムが、史上初めて地中海世界とインド洋世界をつなぐ大貿易網をつくり、ヨーロッパとアジアを股《また》にかけて盛んに交易を行なうことができたのは、このようにして蓄積された黄金の力があったからであった。

中世西ヨーロッパの金銀事情

四七六年の西ローマ帝国滅亡後に成立した西ヨーロッパの諸王国は、もともと黄金に飢えた国々だった。というよりは、当時の世界では、遅れた貧しい地域だった。人は今日のヨーロッパ像を過去に投影して、メロヴィング朝やカロリング朝フランク王国のヨーロッパを、過大に想像してしまうきらいがあるが、五〜六世紀のヨーロッパは、文明の中心でもなければ、商業の中心でもなかった。ろくな産物もない、野蛮な辺境地帯だった。そして、そういう状態は数世紀続いたのである。

西ローマ帝国滅亡後のゲルマンは、ローマの金貨、銀貨を権威ある装飾品として珍重したが、それらを貨幣として用いることも知っていたようである。例えば、金貨は地中海の東方貿易で、アジアの貴重な生産物——絹や香料を購入するのに不可欠だった。しかし、ヨーロッパではろくに金は出なかった。したがって、時代がたつにつれて金は枯渇していった。メロヴィング朝（五〜八世紀）の間に金貨にどんどん銀が混ぜられて、六七五年に完全に銀貨に取って代わられた。このすぐあとに、イギリスでも銀貨だけになった。金の欠乏は中世後期には更に甚だしくなり、九世紀から一三世紀にかけて、西ヨーロッパでは一枚の金貨も鋳造されない有り様だった。

この情勢が変化しはじめたのが、一三世紀以後だった。ふたつの事件がこれに関係している。ひとつは一〇九五年にはじまる十字軍運動であり、もうひとつは東ヨーロッパにおける鉱山の開発だった。

十字軍は、キリスト教騎士団とイスラム教徒との軍事的衝突であったが、それに伴って、さまざまな興味深い経済現象がおこった。そのひとつが、ヴェネツィア、ジェノヴァなど、イタリアの港市の台頭であり、また地中海の東部におけるキリスト教の商人たちの活動だった。キリスト教徒がレヴァント地方につくったイエルサレム王国がこの点で大きな意味をもっている。ここに拠点をもつ商人たちは、エジプトその他を通じて、インド洋や東アジアの高価な物品の購入をはじめた。もちろんこのためには金銀が必要だった。ヨーロッパの銀は、フランスで多少の生産があったほか、ヴァイキングがロシアを横断してビザンツ帝国やイスラム圏の商人たちからもたらされる銀があり、細々とヨーロッパの需要に応えてくれた。ところが一二世紀からボヘミアで組織的な鉱山の開発がはじまり、一三世紀になって、フッガー、ヴェルザー、バウムガルトナー、ツルソスなどの大商人が資本投下するようになったので、生産は本格化した。金に関していえば、ティレ、アンティオキア、トリポリなどの、地中海のキリスト教徒の商業センターで金貨の鋳造がはじまった。その原料は主にアフリカ大陸から運ばれてきたものであった。

アフリカの黄金

実は後期中世の間にも、ヨーロッパの中で、イベリア半島のスペインと、イタリアのシチリアだけでは金貨が流通していた。これには、アラブ世界やビザンツ帝国との通商関係がものをいっていたと思われるが、中世後期のヨーロッパへの黄金の供給については、西アフリカが大きな役割を果たしていたと考えられる。当時の西アフリカは、エジプトとともに、世界有数の金産地だったのである。

西アフリカが、いつごろから金の産地として知られるようになったかは分からないが、中世のガーナ王国（八〜一三世紀半ば）の繁栄が、ニジェール川流域の黄金の生産に支えられていたことは確かである。そして、ガーナのあとに西アフリカに興ったソソ、マリ、ソンガイなどの王国も、黄金の貿易によって富み栄えた。この金に目をつけたのがイスラムの商人である。彼らは隊商を組み、サハラ砂漠を横断して、西アフリカが必要とする塩を供給し、金と交換したのである。塩は北アフリカの岩塩鉱山から幾らでも得られた。中世の南部スペインはイスラム教徒の土地であったから、金は北アフリカから流通し、境を接するキリスト教徒のスペインにも浸透したのである。他方、イタリア商人は早くから北アフリカのイスラム商人と交渉をもっていた。

一三世紀以後目立つのは、彼らがヨーロッパ産の毛織物を北アフリカに供給して、金を得るようになったことである。イスラム商人たちは、これを西アフリカに運んで利益を上げた。マリ王国では、ヴェネツィア産の毛織物がばかばかしいほどの高値を呼び、首長たちはイスラム商人たちに巨額の負債を負っていたと伝えられる。イタリア商人たちはまた、シチリアの穀物をチュニスやトリポリに輸送して、金貨で支払いを受けていた。

この北アフリカ経由の西アフリカ貿易に深い関心をもっていたのがポルトガル人である。彼らは早くから海事に力を注ぎ、地中海の市場に進出していたが、いつごろからか、北アフリカのイスラム商人と結び付いたイタリア人を出し抜いて、西アフリカの金を手に入れたいと思いはじめていた。一四一五年、ポルトガル王室が、突然大軍を派遣して、北アフリカの商業港セウタを占領し、またその後西アフリカの沿岸探検航海をしきりと行なったのも、西アフリカの黄金がひとつの目標だったからだと考えられる。

ポルトガル人はその後、西アフリカ海岸を南下した結果、一四五五年ごろからガンビア川をさかのぼって、西アフリカの金市場と接触できるようになり、更に下ギニアに進出して、いわゆる黄金海岸（現ガーナ）に到達した。一四八二年には、サン・ジョルジェ・ダ・ミナ（現エルミナ）の要塞《ようさい》兼交易所を建設して、毎年七〇〇ないし八〇〇キログラムの金を本国に輸送できるようになった。

一四五七年には、ポルトガルは初めてクルザード金貨を鋳造している。この金がポルトガルの海事国としての国力を増し、のちのインド航路発見や、アジアの香料貿易への進出を可能にする条件のひとつとなったのである。

第一章　コロンブスの目指したシパンゴ

コロンブスが本当に求めたのは、香料諸島への道であり、そこに行く前に、黄金の国シパンゴ（日本）に寄って、香料貿易の資金としての黄金を手に入れようと考えていた。ところが、彼がアメリカ水域に到着して、金探しを開始した瞬間、黄金探求がひとり歩きしはじめ、大勢のスペイン人が押しかけて、アメリカ大陸の探求がはじまる。

ジェノヴァ人「コロンブス」

ひとりのジェノヴァ人が西アフリカの黄金海岸のミナの町を訪れ、ポルトガル人の黄金貿易をつぶさに観察して、いろいろな夢想に耽《ふけ》りはじめた。その人の名はクリストフォロ・コロンボ。西アフリカの黄金はもちろん大変彼に強い印象を与えた。しかし、どこかでもっとたくさんの黄金は得られぬものか。コロンボはやがて奇想天外な案を思いついた。マルコ・ポーロの書を読むと、東洋の果てにはシパンゴ（ジパング―日本）という黄金豊かな島があり、その近くの大陸のカタイにも、金銀のあふれる商業港があると書いてある。大西洋を西に進めば、意外と簡単に、これらの土地に着けるのではないか。彼はこう考えたのである。彼はこの発想を、ピエール・ダイー枢機卿（一三五〇～一四二〇）の、神秘主義的神学に基づいた地理書『世界像』から得た。この書では、地球の円周が実際の五分の四に算定されており、またユーラシア大陸が経度にして四〇度ほど余分に東に延びているとされていたから、ヨーロッパから西に航海すれば、比較的短期日でインディアス、すなわちアジアに到着できると判断できた。

コロンボはさっそくこの案をポルトガル国王に売り込んで、資金援助を申し出た。しかし、アフリカ航路の開拓に熱中していた国王からは一蹴《いっしゅう》された。そこでコロンボはスペインに移り、名もクリストバル・コロンとスペイン風に変えて、イサベル女王とフェルナンド王に訴え出た。そして、七年にわたる辛抱強い説得の末、三隻の小さな船を与えられ、一四九二年八月、南スペインのパロス港から出帆した。

このように、コロンすなわちコロンブスは、黄金の夢に取り憑《つ》かれて、スペインを出発し、西方の未知の海に船出した。しかし彼を単なる黄金の亡者として片付けてしまうのは正しくない。反面極めて敬虔《けいけん》なカトリック教徒であり、東洋で発見するであろう黄金をもって、宿敵イスラム教徒と戦う軍隊をおこし、エルサレムの聖墓を奪回しようという大計画も抱いていた。

明治の偉大なキリスト教伝導者、内村鑑三が、大変おもしろいコロンブス論を書いている

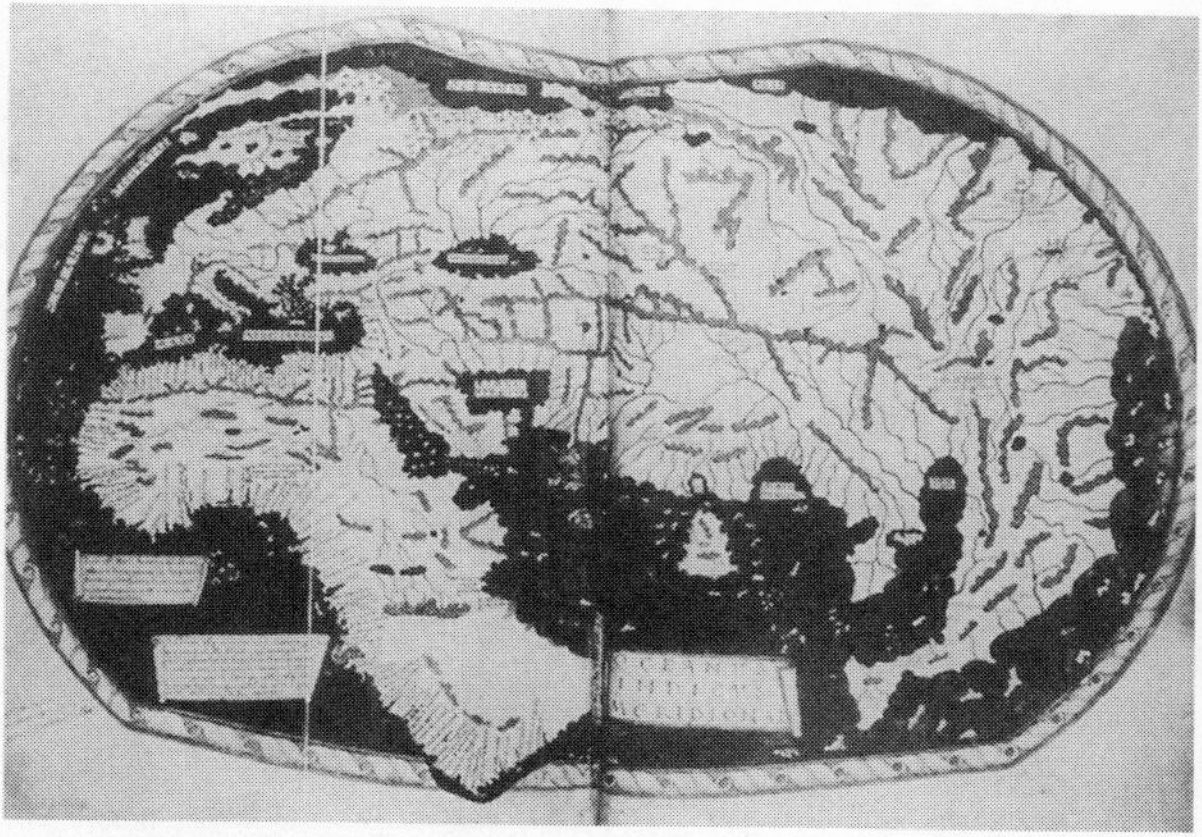

世界図　1489年ころのもの。コロンブスは、このような空想的な東アジアを信じて、1492年8月、南スペインのパロス港から西への初航海を決行した。(エンリクス・マルテルス制作)

が、その中でこう記している。

黄金国に達せんとする欲望心と是に伴う冒険心なり　異教信徒を放逐するか若くは東帝国（今ハ異教人の手に落たり）に比対する新基督教国を開発せんとするの宗教心なり、是れ十五世紀の希望と精神なり、黄金と宗教、欲と愛、此正反対の二者合してコロムブスとなり終に彼の偉大なる事業を生出せり

黄金と宗教の合体としてコロンブスを捉《とら》えたのはまさに正鵠《せいこく》を射ている。黄金という、いわば不可解で人間心理の深層に属した欲求と、超理性的、超自然的なるものに対する動かし難い信

コロンブス　コロンブスがいうインディアスというのは、複数形であり、現在のインド、東アジアも含む広い概念である。

仰が結び付いて、コロンブスに不屈の力が生まれた。それだからこそ、彼は、第一回航海に出帆したあと出遭った、無数の困難や人々の中傷に粘り強く耐えて、死ぬまでなにかを求め続けたのである。コロンブスは、カリブ海を航海して、一方では黄金を求めながらも、宗教的神秘主義のヴィジョンに捉われ続けていた。彼は最初に発見した島を「聖なる救世主《サン・サルバドル》」と名付け、その後発見する土地土地に宗教的な地名を与え続けた。第三回航海では、オリノコ河口に到着して、エデンの園から発する四つの川のひとつを発見したと信じ、第四回航海では、苦難のさなかに神の声を聞いたと告白している。彼は晩年、セビリャのある修道士の助けを借りて編纂《へんさん》した『予言の書』という宗教的断言の中で、自分のインディアス（アジア）発見は、「聖霊により成された光輝」であり、「預言者イザヤのすでに予言したことが行なわれたものに過ぎない」と述べている。

コロンブスは、国王たちに対して頑《かたく》なに自説を説いて一歩の妥協もせず、また同時代人の証言によれば、「ラテン語で朗々と話す自己宣伝家」であり、頑迷固陋《がんめいころう》な人物であったとされている。しかし、彼の頑固さや自己の信念に対する強烈な自信は、すべて中世的な宗教人としての資質である非妥協性から発するものであり、反面、現世的な栄誉や富める欲望が、敬虔《けいけん》な宗教的信念と矛盾なく結び付いていたところに、コロンブスのルネッサンス人としての面目があるといっていい。

「黄金の島」の発見

コロンブスには多くの伝説がある。例えば、彼が黄金をたくさん発見するとスペイン国王に約束しながら、カリブ海の島々に着き、そこではほとんど金が採れなかったものだから、寵《ちょう》を失った、とよく言われる。しかし事実はその反対である。カリブ海のエスパニョラ島(小さなスペイン、の意。現ハイティ島)では金が出た。だからこそ逆にコロンブスは王室から退けられたのである。

コロンブスはカナリア諸島から三七日の航海の末、一四九二年一〇月一二日、とうとうアメリカ水域に入り、バハマ諸島の一島に到着した。彼は、部下たちとともに、白地に王冠と緑の十字が描かれた旗を持って上陸し、神に感謝したのち、その島をサン・サルバドルと命名した。二日後その島を出帆し、付近の幾つもの島々を訪れたコロンブスは、一五世紀当時の世界図に描かれた、東アジア大陸の更に東にある多島海に入った、と確信した。となる

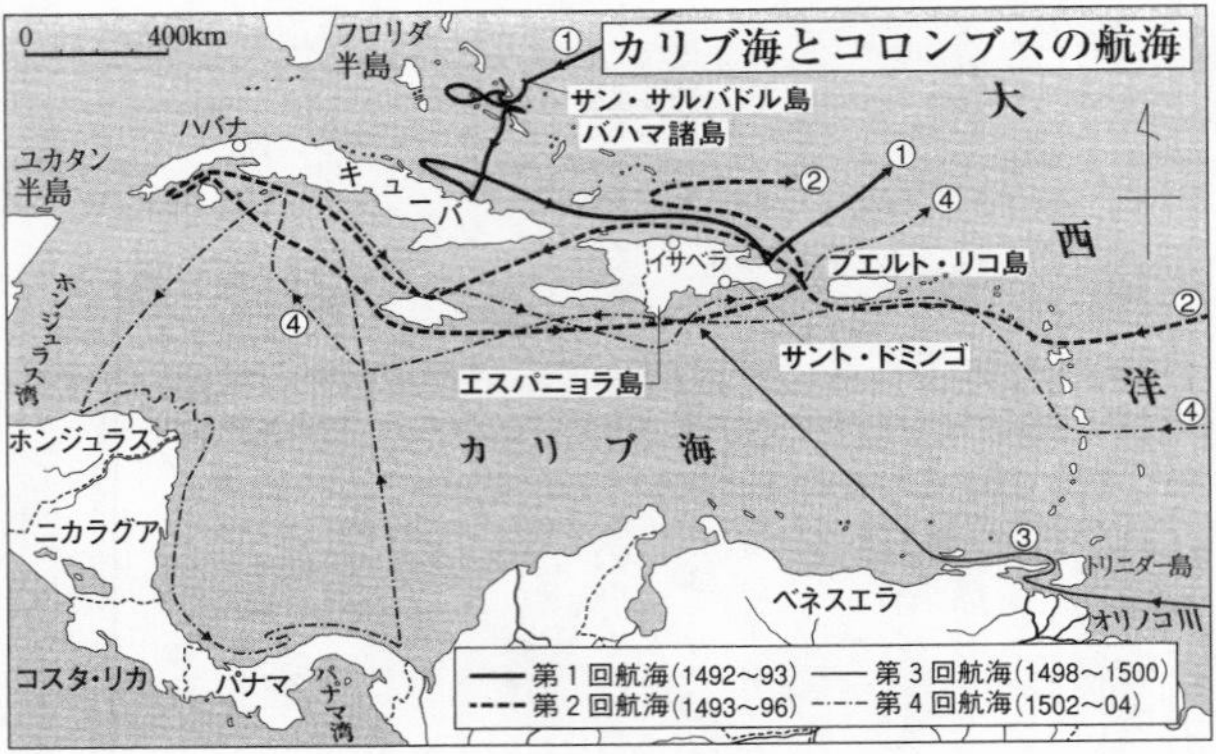

と、探さなくてはならないのは「黄金の島」シパンゴである。これは当時の地図にはひときわ大きく描かれていた。

案内に同行してくれたサン・サルバドル島の住民（「新世界」の原住民はインディオと総称された）たちは、コルバという大きな島があると言う。そしてその奥地には、クバナカンという場所に黄金がある、と教えた。コロンブスはこれがグラン・カン、つまり「大汗国」を指すのであろうと推測した。一〇月二八日、船隊は現キューバ島東部北岸の、とある湾に着いた。それから一二月五日まで、キューバの東部海岸を行きつ戻りつして黄金を探した。ある場所では、アラビア語のできる通訳にスペイン国王の親書を持たせて内陸に送り込んだ。しかし「大汗国」の都カンバリクはどこまで行っても姿を現わさず、見つかったのはヤシの葉で屋根を葺いた貧しい家の集落ばかりだった。

　このとき、三隻の船隊の一隻ピンタ号が見えなくなってしまった。コロンブスは、船長のマルティン・アロンソ・ピンソンを脱走者ときめつけ、ひどく悪口を言っているが、コロンブスの煮え切らない行動に業を煮やしたピンソンが、キューバに見切りをつけて先行した、というのが事実らしい。また、コロンブスは、はっきりとは言っていないが、このピンソンがどうやら最初に黄金を見つけたらしいのである。

　コロンブスは一二月六日、キューバ島の隣のエスパニョラ島西端に着き、沿岸航海をしたが、二五日、クリスマスの日に旗艦サンタ・マリア号が座礁して沈没してしまった。その間に、ピンソンはどんどん西に航海して、西経七一度辺りまで達してから反転し、東航して翌九三年一月六日、途方にくれているコロンブスのもとに帰ってきた。そしてエスパニョラ島奥地のシバオという所に、たくさんの黄金が出る、と報告した。

　コロンブスの航海日誌なるものが断片的に残っているが、その中でピンソンのことを、口を極めてののしり、シバオの発見が自分の手で成されたかのように書いている。しかし、シバオに近い海岸で、ピンソンが大量の金を手に入れ、仲間と山分けにした、とも記している。シバオの名を聞いたとき、コロンブスはとっさにこれはシパンゴのことだ、と思った。エスパニョラ島はシパンゴにほかならない。ピンタ号に案内させてエスパニョラ島の北岸を西に向かったコロンブスは、ある川の河口で豊富な砂金を見つけて、自分の確信を強めた。

シバオとは、現在ヤケ川とよばれる川をさかのぼった所にある盆地の名であり、実際、のちに黄金の産地として有名になった所である。ピンソンはそこまで探検を行なったのではないか、という説もあるが確かではない。しかし、コロンブスが一四九三年の一月一六日にスペインに帰航することを決心したのは、シバオの情報を得ただけでなく、かなりの量の金のサンプルを、恐らくはピンソンを通じて手に入れていたからであろう。とにかく本格的な金の開発のためには、人手も装備も糧食も不足していた。十分な証拠が手に入ったのだから、一刻も早く国王に報告して、新たな遠征隊を組織すべきだった。

コロンブスは、三月一五日スペインに帰航し、イサベル女王、フェルナンド王のいるバルセロナまで旅行して、「新世界」の住民、オウム、そして金のサンプルを献上し、「大海の提督、インディアスで発見した島々の副王にして提督」として大変な歓迎を受けた。彼の知らせの衝撃がいかに大きかったかは、直ちに第二回遠征隊の組織が企画され、それからわずか半年後の九月二五日に、一七隻の大船隊がカディス港を出港したことでも分かるだろう。

新しい目標、太平洋への海峡を求めて

ところがエスパニョラ島に到着してみると、前回の航海のとき残留させた三九人の部下は皆殺しになっており、イサベラという最初の植民都市の建設をはじめたが、熱病のためスペイン人は次々に倒れ、食糧は不足し、原住民との間に軋轢《あつれき》がおこった。ここでコロンブス

は、「副王、総督」として植民地の組織化に力を注ぎ、スペイン人たちの要望に応えて金山の開発をはじめるべきだった。しかし彼は、探検航海に熱中していたために、シバオの所在を確かめ、相当量の金を王室に向けて送り出すと、エスパニョラ島の統治は弟のバルトロメに任せて、キューバ島の探検に出かけてしまった。

このへんが、コロンブスの航海者としての本来の着眼点を示している。彼は、単なる黄金亡者ではなかった。彼の究極の目的は、インディアスすなわち東アジアの地形を明らかにし、マルコ・ポーロの伝えたカタイやマンジ、すなわち中国の繁栄する都や港市に到達して、シパンゴで得た黄金で絹や香料など、当時のヨーロッパ人の垂涎《すいぜん》の的だった高価な宝を入手し、更には香料諸島（インドネシア東部の現マルク諸島、モルッカ諸島ともいった）への道を発見して、莫大《ばくだい》な富をスペインにもたらすことだったのである。エスパニョラ島がシパンゴならば、その前に発見したキューバ島は中国でなければならない。このことを証明するため、コロンブスは一四九四年四月二四日から四七日間かけて、細長いキューバ島の南岸を西に向かって航海し、島の西端の少し手前まできて、これは間違いなく大陸であると判断してから、部下たち全員にそれを宣言誓約させて、五ヵ月後エスパニョラ島に帰航した。ところがその間に、島では大混乱がおこって、地獄のような有り様になっていた。金採取を焦るスペイン人たちが、原住民を徴発しようとして軋轢をおこし、その抵抗を排するために武力を使いはじめて、弟バルトロメには収拾のつかない無秩序状態になっていた。九六年六月、コロンブスは帰国して実情を王たちに訴え、新たな船隊を組織して、植民地の再建を図ることを願った。

一四九八年、第三回航海が実現し、コロンブスは五月にセビリャを出港した。そして針路を前二回よりもずっと南にとって、初めて南アメリカ本土、現ベネスエラ海岸に到着した。そこから西航してエスパニョラ島に着いたが、現地の混乱は更にひどくなり、手のつけようがなくなっていた。そしてフランシスコ・ロルダンという実力者が力を握り、ことごとにコロンブスと対立して、彼の悪口を王室に書き送っていた。他方、スペイン人がもたらした天然痘《てんねんとう》やハシカなどの疫病が、抵抗力のない島民たちの間に広がって、人口の急激な減少を引き起こしていた。王室では、事態収拾のため、特使フランシスコ・デ・ボバディリャをエスパニョラ島に送った。ボバディリャは査察を行ない、コロンブス兄弟の責任を追及して、一五〇〇年一〇月、彼らを鉄の鎖につなぎ、本国に送り返した。

このころから王室のコロンブスに対する態度は変化しはじめていた。国王たちは一面においては、行政官としてのコロンブスの能力に不信の念をもった。他方、混乱にもかかわらず、エスパニョラ島が無視できない金の産地であることを認識し、そこからコロンブスを排除しようと考えたようである。つまり、コロンブスの統治能力の欠如を口実に、一四九二年四月に彼に与えた特権を奪おうとしたのだ。

一四九二年の第一回航海に先立って、女王と国王は、協約(「サンタ・フェの協約」)をコロンブスと結んだ。

それは、コロンブスを「大洋の提督」に任命し、そこで発見、占領する島々や陸地の「副王にして総督」にも任命する。その統治地域内で生産されるか交易によって得られた金、宝石、香料その他の一〇分の一は総督のものとし、無税とする。航海から上がる収益の八分の一が提督のものとなる。しかも、提督の地位および権利は世襲のものとする、という内容であった。

しかし、国王たちは、一五〇一年九月三日、ニコラス・デ・オバンドを「インディアスの島々および大陸の総督」に任じた。これは明白な協約違反だった。それでも、現実にエスパニョラ島がひどい混乱状態に陥っているのだから、これはやむを得ない措置だ、と正当化することができた。コロンブスの抗議にもかかわらず、王室はオバンドに三〇隻、二五〇〇人の大船隊をゆだねて、一五〇二年二月にカディスから出港させた。

そこでコロンブスは、第四回の航海の許可を王たちに願い出た。許可はすぐに出て、彼は四隻の小船隊を率い、同じ年の五月九日にカディスを出帆した。ただし、エスパニョラ島には絶対に寄港しないように、との条件つきである。

こうして、エスパニョラ島の黄金から切り離されたコロンブスは、それにもめげずに新しい計画を実行しようとした。計画とは、インディアス（南アメリカ）本土の沿岸航海をして、アジアの海に出る海峡を発見することであった。つまり、香料諸島への道を探そうとしたのである。

コロンブスは、一四九八年の第三回航海で、南アメリカ本土に到着し、巨大な大陸が南に延びているのを知った。彼はこれがアジア東端の陸塊であると信じ、それを越せばアジアの海に入って、難なく香料諸島に到着できると確信した（一七ページの「世界図」）。そうして香料さえ手に入れれば、エスパニョラ島の金など問題でないと考えたのだろう。そこで、第四回航海では、「東アジア」を西に向かって貫く海峡を求め、中央アメリカの現ホンジュラス北部の岬から、現パナマの東端までを沿岸航海したのである。だが不運なことに、彼はパナマのチャグレス川をさかのぼれば、その南二〇キロメートル弱の所に求めていた西側の海があり、またその辺りの原住民が、黄金文化をもっていたことには、まったく気がつかなかった。

カリブ海のゴールド・ラッシュ

コロンブスは一五〇四年一一月スペインに帰り一年半後、アジアに到達したと信じたまま死んだが、そのころカリブ海の島々では、スペイン人たちが金探しに血眼になっていた。エスパニョラ島では、シバオのほかに、そのすぐ南のサン・クリストバル地方に金が産出することが分かり、スペイン人たちは現地の住民を動員してその採掘に熱中した。本当に有望な砂金の産地が見つかったのは一四九九年であったが、オバンド総督が着任した一五〇二年から数年間が、ゴールド・ラッシュの時代といえる。この時代に、島の年間の金産出額は四五万ペソ（約二トンあまり）に達したという。カリブ海のほかの大きな島々――プエルト・リコ、キューバ、ハマイカ（ジャマイカ）にもスペイン人が侵入して、砂金採集を行ない、一応それなりの成果を挙げたが、一五年以降は急に減少した。シバオ、サン・クリストバルの金の生産は約二五年間続いたが、プエルト・リコやキューバではその半分ぐらいの期間しか続かなかった。

こうして、コロンブスのエスパニョラ島到着から二〇年あまりは、スペイン人の関心はカリブ海の島々に集中した。そして、彼らのもうひとつの関心は、コロンブスが先鞭《せんべん》をつけた、西側の海の香料諸島に通じる海峡に向けられた。王室は、早くも一四九五年四月一〇日の勅令で、西方探検航海を希望する者には、厳重な審査を経たのち許可を与える旨《むね》を布告した。コロンブスは自分の権利の侵害だとして抗議したが、結局は妥協せざるを得なかった。その結果、次章の初めに述べるように、数人の航海者が、一四九九年以後、南アメリカ大陸の海岸に接近している。コロンブスの生前の一五〇五年、フェルナンド王は、スペインのトロという町にアメリゴ・ヴェスプッチ（一四五四～一五一二）やロドリゲス・デ・フォンセカなどの航海者、実力者を集めて、香料諸島に通ずる海峡探索の航海について会議を開き、同様の趣旨の会議を三年後の〇八年にもブルゴスで開いて、当時インドに東廻りで到達して基地を建設しつつあったポルトガルに対抗しようとした。そして、このふたつの会議の決定に基づいて数多くの探検船隊が繰り出され、北アメリカから南アメリカまでの沿岸航海が行なわれた。

このような事情であったから、スペイン人たちは、アメリカ大陸本土の存在はもちろん知っており、その沿岸地方の探検は行なわれたが、大陸の内部になにがあるかについては、積極的な関心を寄せることはなかった。スペイン人たちの興味の焦点は、カリブ海の島々か、大陸の向こうの海に絞られていた。しかしやがて、カリブ海の島々の黄金が枯渇しはじめると、人々の目はだんだんと大陸に向けられはじめる。

第二章　冒険者バルボア

黄金探求者たちが、まずとりついたのは、カリブ海諸島だったが、その金資源が枯渇すると、彼らは南アメリカ大陸北部からパナマ地峡にかけての地方に進出して、金探しをはじめた。そのうちのひとり、バルボアは、地峡を横断して太平洋に出たが、そこで、南の海にひそむ黄金帝国のうわさを聞く。

初期の南アメリカ航海者

バスコ・ヌニェス・デ・バルボアというと、太平洋の発見者と相場が決まっている。しかし、実は彼も当時の一般スペイン人と同じく、黄金の夢想に憑《つ》かれた亡者だった。しかし、彼の黄金狂ぶりを説明するためには、コロンブスの時代の南アメリカ航海者たちについて少し述べなくてはならない。

コロンブスが一四九八年の第三回航海で、南アメリカ北部のオリノコ河口から、現ベネズエラ海岸に沿って西に航海したことは、前章で述べた。翌九九年から一五〇〇年までの間に、五つの探検隊が南アメリカに航海したが、その中で最も早かったのは、コロンブスの第二回航海に参加し、エスパニョラ島住民の「平定」に功があったアロンソ・デ・オヘーダが、一四九九年に行なったベネスエラ沿岸の探検航海である。そのほか四人の探検家たちが、この期間に南アメリカの沿岸を航海したが、ふたりはベネスエラ、あとのふたりはブラジル海岸を航海した。ベネスエラ海岸地方でスペイン人たちが発見したのは、良質の真珠だった。そこでこれ以後スペイン人たちは、現地の労働力を強制徴発して、真珠の採集に狂奔したから、原住民の社会が荒廃したことは、エスパニョラ島の場合と同じだった。

これらの航海は、個人の発意で勝手に行なわれたものではない。コロンブスの例でも分かるように、みな王室から許可され、王室と契約を結び、個人の資金によって実行されたのである。王室は、現地からの収益の五分の一を徴収することになっていた。

その後の探検家の中で、ベネスエラ海岸を西に向かって現コロンビアに至った人たちの中から、バルボアが現われたのである。

一五〇〇年、ファン・デ・ラ・コサは、コロンビアからパナマにかけて沿岸航海し、この地方に金が採れるとの情報を得た。これは虚偽の情報ではなかった。実際、コロンビアからパナマにかけては、冶金《やきん》の技術をもった民族が各地におり、大量の黄金製品を作っていたのである。彼らは黄金の装身具を身につけるだけでなく、首長や貴族の埋葬には、副葬品として黄金製品を埋めた。もともと冶金術は、もっと南のペルーやボリビアで発達したものだが、それがだんだんに北に伝わって、北アンデスやパナマ地峡の黄金文化をつくりあげた。その地方には、メキシコやペルーに現われたような王国や帝国は存在しなかったが、首長、戦士貴族、平民より成る、小規模な階層社会がたくさんあった。そして、それらの社会の首長、神官、貴族などは、好んで黄金製品を用いたのである。

オヘーダとニクエサ

一五〇九年、ふたりの探検家がその地方に向かった。ひとりは、コロンブスの第二回航海以来、何度も南アメリカの探検を行なって、現地の事情に詳しいアロンソ・デ・オヘーダ。現ベネスエラのコデラ岬（首都カラカスの東方）からパナマ地峡の付け根にあるウラバ湾までの探検、開拓権を王室から認可された。もうひとりは、エスパニョラ島サント・ドミンゴ（一四九六年に建設された植民市）の裕福な市民ディエゴ・デ・ニクエサ。ウラバ湾からパナマのベラグア地方までの権利を認可された。オヘーダには、熟練した航海者ラ・コサが副官としてつき、ニクエサには、サント・ドミンゴの有能な法律家フェルナンデス・デ・エンシソが協力していた。彼らは一一月、ほんの数日の差でサント・ドミンゴを出帆して現地に向かったが、いずれの探検行も惨めな失敗だった。

まずオヘーダだが、三〇〇人を率いて出発したが、コサが一五〇〇年の航海のとき奴隷狩りをやって、現住民の敵対心を煽《あお》っていたため、至る所で原住民の強い抵抗を受け、コサは

南アメリカ北西部とパナマ地峡

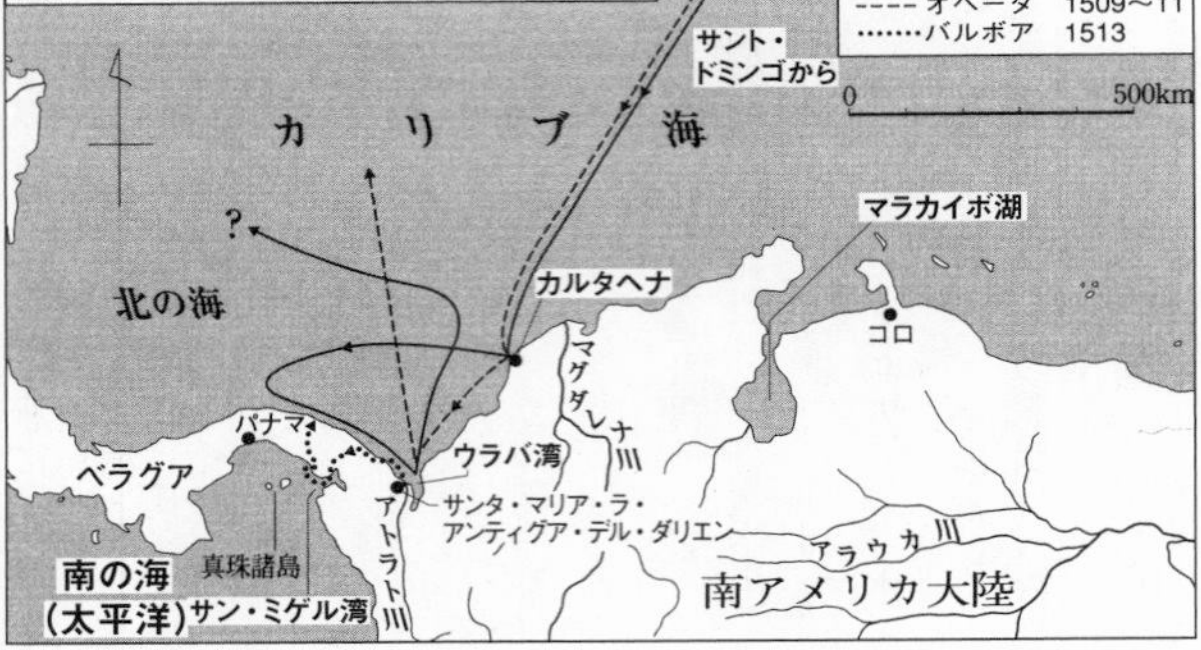

毒矢のため戦死した。オヘーダは、ウラバ湾の東岸に上陸して基地を建設しようとしたが、食糧不足と住民の攻撃のために多くの人員を消耗し、補給のためと称して、五〇日間待つように言い残してサント・ドミンゴに向かった。残留部隊はフランシスコ・ピサロを指揮者として、ウラバ湾の東岸で七週間なんとかもちこたえていたが、オヘーダからはなんの音信もなかった。なお、このピサロは、のちに南アメリカのインカ帝国の征服者になった人物である(第九章以下)。

ピサロらは撤退を決意し、一五一〇年の七月末か八月初めに、二隻の船でウラバ湾を去った。三八人を乗せた一隻はキューバ海岸で座礁し、生き残った者たちの大部分が原住民の奴隷になった。のちにディエゴ・ベラスケスがキューバを征服したとき三人の生存者が救出されたが、そのうちふたりは女性で、現地人の妻になっていた。

ピサロが指揮してサント・ドミンゴに向かったもう一隻の船は、現コロンビアのカルタヘナ付近で、ニクエサの協力者エンシソが指揮する二隻の船に出遭った。エンシソは、サント・ドミンゴ帰還を押しとどめ、ウラバ湾に戻ることを命じた。ピサロたちは不承不承その命令に従った。エンシソは一五〇人のスペイン人を率いていたが、そのほかにふたりの密航者がいた。正確に言えば、ひとりと一匹——バスコ・ヌニエス・デ・バルボアとその犬レオンシコであった。バルボアはサント・ドミンゴで負債をかかえ、債鬼から逃れるために、探検船に潜り込み、樽《たる》の中に隠れて密航したのだという。

一行はウラバ湾東岸に戻ったが、補給品を載せた船を湾内で失い、食糧不足と周囲の部族の攻撃に悩まされて、全滅の寸前に追い込まれた。そのときバルボアが提唱して、ウラバ湾西岸の食糧が豊かで、住民が「毒矢を使わない」地方に移動し、そこに基地を建設することになった。これがサンタ・マリア・ラ・アンティグア・デル・ダリエンという、南アメリカ大陸本土最初のスペイン人

バルボア　一般に「太平洋の発見者」といわれるが、実は黄金探求者であり、「発見」は偶然の産物かもしれない。

の町である。建設の日付は不明だが、一五一〇年一一月ごろであろうと思われる。それから半年の間に、建物の建設は進み、住民との協力関係もできて、食糧の補給も円滑になった。そして、バルボアの指導力がエンシソのそれをしばしば上回ることがだれの目にも明らかになってきた。

ニクエサはどうなったか。彼は、オヘーダよりもはるかに多くの兵を集め、七八五人を五隻の船に分乗させて出帆したのだが、初めから不手際で、船団はパナマ沿岸で四散した。ニクエサは多数の部下をパナマ地方に放置したままウラバ湾に避難したが、生存者は、数十人に過ぎなかったといわれる。ニクエサは、ウラバ湾が自分の権利のおよぶ地域内にあるとして、統治権を主張したが、彼には兵力の裏付けもなく、ダリエンに定着したエンシソやバルボアの率いる勢力に押されて、とうとう一隻のぼろ船を与えられ、ウラバ湾を強制退去させられた。一五一一年三月一日のことであった。彼がその後どうなったかは知られていない。

ニクエサが追われると、あとはエンシソとバルボアの主導権争いとなった。机上の事務にたけたエンシソより、野戦の経験の豊かなバルボアの方が有利なことは、言うまでもなかった。まもなくエンシソも船に乗せられ、ダリエンから退去させられた。

「南の海」(太平洋)の情報

ダリエンの実力者となったバルボアは、国王に報告書を送って、自分の地位の確定を申請した。彼は王の関心を引こうとして、この地方がどんなに金が豊かであるかを力説しているが、そのため、自ら探検隊を率いて内陸地方に入り、綿密な調査を行なっている。彼が一五一三年一月二〇日付けでフェルナンド王に書いた書簡が残っており、それによって彼の探検の行路をたどることができる。

まずバルボアが探検を行なったのは、ダリエンの北西、パナマ地峡にかけてのカレータ地方だった。彼はその首長と友好関係を結び、情勢を偵察したところ、そこから更に北西に向かうと、ポンカ、コモグレ、ポコローサなどの首長の国があって、それぞれ黄金を山のように持っている、とのことだった。バルボアは、カレータがポンカと争っているのに付け込んで、ポンカを制圧し、コモグレの領域に進出したが、そこで耳寄りな情報を手に入れた。コモグレからしばらく行くと、「金をまるでトウモロコシのように倉に納めている」有力な首長がいる。更にそこから三日の行程の所にもうひとつ別の海があり、そこには「〈人の気を狂わせるくらいの〉おびただしい金の品物を持った首長がいる」という。

カレータやポンカから、すでに相当量の金細工品を手に入れていたバルボアは、この情報を一も二もなく信じた。同時代のバルトロメ・デ・ラス・カサスは、その大著『インディアス史』の中でこう書いている。

コモグレの首長の子によれば、南に向かって幾つかの山脈を越えると、南の海《マル・デル・スル》に達する。その海では、違う種類のインディオたちが、スペイン人の船とほとんど変わりない、帆と櫂《かい》で操る船で航海している、とのことだった。そして更に付け加えて、南の海を渡って行けば、驚くほどの量の金が見つかるだろう。その地方では、大きな金の容器で飲食するのだ。

これは、スペイン人が耳にした太平洋の最初の情報である。パナマ地方は東西に延びているので、太平洋が「南の海《マル・デル・スル》」と表現されたのである。更にラス・カサスは、インカ帝国に関する最初の情報がここにある、と言っている。そして、「帆と櫂で操る船」とは、ペルーのインカ人が使っていたバルサ船にほかならないだろう、と推測している。バルボアは、この情報を聞いて狂喜し、「南の海」に深い関心を寄せるようになった。しかし、探検を続行するためには兵力が不足している。彼はいったんコモグレからダリエンに戻った。

「黄金のカスティリャ」

バルボアは「南の海」の情報を得て、希望に胸を膨らませたが、あくまで冷静だった。彼は国王に一〇〇〇人の援軍を申請する一方、ダリエン南方の現コロンビア内陸にも探索の手を伸ばした。コロンビア内陸とは、ウラバ湾に流れ込むアトラト川上流地方である。その結果は、そこには「金の精錬所をもち、一〇〇人の男たちを絶えず金細工に従事させている」

大首長がおり、海岸の首長たちと交易を行なっている。更に川をさかのぼると、両側に豊かな金山がある、というすばらしい情報だった。「私は、この情報を得るのに、連中を拷問にかけたり、なだめすかしたり、スペインの品物をやったり、いろいろな方法を用いた」と、バルボアは正直に書いている。この情報は幻想ではなかった。ウラバ湾西部に注ぐアトラト川河口から南の山地、およびマグダレナ川に合流するカウカ川の上流にかけてダリエンとかキンバヤとか名付けられた黄金文化があったことは、現在、考古学的にも証明されている。

バルボアは、一五一二年をコロンビア内陸の探検と調査に費やし、翌年初めには、これらの黄金郷について国王に報告した。もちろん集めた金も献上した。国王が自分にその探検を許可してくれると信じていた。しかし、そこには大きな誤算があった。彼は、エンシソの存在をすっかり忘れていたのである。エンシソは、時の実力者であり、アメリカ植民地関係のすべてに関して決定的な力をもっていたセビリャの通商院の権力者ロドリゲス・デ・フォンセカ司教に接近して、バルボアの悪口を言い、ダリエンの統治している地方に、自分が本来の権利をもつことを吹き込んでいたのである。

国王は、もちろん黄金郷発見の報に強い関心を示し、一五一三年五月三一日、セビリャにいる役人たちに、八〇〇ないし一〇〇〇人を乗せる艦隊を一日も早く準備するように命令している。また「網ですくいとるくらい金がある」国のうわさは、スペイン中に広がり、たくさんの人たちが、現地に行きたいと熱望した。国王は、初めバルボアを現地の総督に起用しようとしたが、フォンセカの反対にあい、考えを変えて、ペドロ・アリアス（ペドラリアス）・デ・アビラという人物を任命することにした。そのとき国王は、パナマ地方に「黄金のカスティリヤ《カスティリャ・デ・オロ》」という名をつけ、ペドラリアスを、一三年七月二七日、黄金のカスティリヤ総督（ダリエン総督）兼総司令官に任命した。

ペドラリアスは生年が分からないので、正確な年齢は不明だが、恐らく七四歳ぐらいの、当時としては大層な老人だった。セゴビアの貴族の家系に生まれ、グラナダの攻略（一四九二年）や、北アフリカでのイスラムとの戦いで功績のあった筋金入りの軍人で、フォンセカと非常に親しかった。妥協を許さない頑固な性格の人物だったから、国王から命ぜられたバルボアの行動の査察は、厳しいものになると予想された。バルボアにも、のちに「南の海の沿岸地方のアデランタード」という称号が与えられたが、これは総督に従属するものとされた。アデランタードとは、征服の最前線の総指揮官に与えられる称号である。

「太平洋」の発見

このころバルボアは、ダリエンで「南の海」探検の準備に忙しかった。雨期が迫っているので一刻の猶予もなかった。準備が調うとバルボアは、八〇〇人の兵を一隻の帆船と九隻のカヌーに分乗させてダリエンを出発した。友好関係にあるカレータの首長の援助を得て、パナマ地峡に上陸したバルボアは、ポンカの首長の勢力圏に入り、そこで食糧の補給を受け、道案内とともに、一五一三年の九月二〇日から道なき道を前進して、二五日の朝一〇時に、ある裸山の頂から、「南の海」を望見した。と言っても大海原ではなく、大きな湾の一部で、サン・ミゲルと名付けられた。バルボアは神に感謝し、山を下ってチアペスの首長の村に行き後続隊を待った。サン・ミゲル湾の岸に出て、王室の旗を掲げたバルボアが海に入り、カスティリャ(スペイン)国王の名において、その海の領有を宣言したのは二九日だった。そのときバルボアに従ったのは二六人。公証人がその人々の名を記録しているが、その筆頭に、フランシスコ・ピサロの名がある。

これがいわゆる「太平洋の発見」だが、その意味は、パナマ地峡の反対側にある海に出た、というだけのことで、太平洋の実態や大きさは、もっとあとになって、マゼラン船隊がそこを航海するまで分からなかったのである。

サン・ミゲル湾の岸を南に進んだバルボアたちは、現地の首長の厚意により、カヌーで湾の北岸に渡り、その辺りが優良な真珠の産地であることを知った。湾の南約三〇キロメートルの所に、一群の島々があって、良い真珠が採れることも教えられたが、波が荒くて行けなかった。これらの島々はのちに真珠諸島と呼ばれるようになった。

バルボアは湾を離れて北西に向かい、至る所で首長たちから金の贈り物を受けた。莫大《ばくだい》な量の金を持つとうわさされたパクラの首長を拷問して殺す、という残虐行為も犯したが、「南の海」探検中のバルボアの行為は、スペインの征服者の中では稀《まれ》なほど穏やかなもので、終始各地の首長たちの厚意と援助を頼り、食糧難に悩むこともほとんどなく、部下も失わずに、翌一四年一月一日に無事大西洋岸に戻ることができた。そこから海路南に向かい、一月一九日にダリエンに帰着した。そして直ちに、持ち帰った金と真珠の一部を部下に託して国王に送った。

パナマ地峡が金の産地であることは間違いなく、今度の探検では初めて砂金の出る鉱床も見つかった。しかし、ダリエンに帰着したバルボアの心を離れなかったのは、南の海の更に南にあるとうわさされる黄金帝国のことだった。彼がどのくらいその幻の国の情報を得ていたのかは分からない。三六ページで述べたように、ラス・カサスは、パナマ地峡の住民が、ペルーのバルサ船について知識をもっていたと言っているが、サン・ミゲル湾の一首長からまた次のような情報も得たと言っている。

その首長は、ペルーの方角を指しながら、この海岸の向こうに、大量の金があり、その土地の人々が荷物を運ばせるのに使うある動物がいる、と教えてくれた。そして、粘土でもって、かの地の羊のような形を作ってくれたが、首の部分はラクダのようだった。

「かの地の羊」とは、のちにスペイン人たちがペルーで出会うことになるラクダ科の動物リャマ（ラマ）のことである。リャマは中央アンデス地方の家畜で、ペルーやボリビアの高地に棲むが、当時はエクアドル、コロンビアにもいた証拠があるので、これがペルーに関する情報だとは必ずしも断定できないが、とにかくパナマの南にバルボアが強い関心を抱いたことは、彼のその後の行動をみても分かる。

バルボアの死――消え果てた夢

そのままでいけば、バルボアは南の海の探検を行ない、恐らくインカ帝国を発見したことであろう。しかし、運命の女神は彼に別の道を用意していた。

バルボアがダリエンに帰着してから三ヵ月後の一五一四年四月一二日、ペドラリアス総督が率いる十数隻の大船団がスペインを出航した。王室は、派遣人員を一二〇〇人としたが、希望者が多く、一五〇〇人にまで膨れ上がった。船団のダリエン到着は、六月二九日だった。

ペドラリアスはさっそくバルボアの査察審問を行なった。その結果、王室に対する貢献は認められたが、エンシソを拘束、追放したことに対しては、賠償金を支払うよう命じられた。エンシソは、総督の「大警吏《アルグアシル・マヨール》」として到着していた。ペドラリアスの態度は峻厳《しゅんげん》だったが、到着と同時に、多数の渡航者たちが飢えと病気に悩み、約五〇〇人が死んだので、植民地の安定が最大の課題となり、あまりバルボアを追及する余裕はなかった。

それから約四年間、表面上は平穏な関係が両者の間に続いた。ペドラリアスは、スペインにいる自分の娘をバルボアの妻にすることを約束しさえした。しかし、彼は絶えずバルボアの声望と統率力を脅威と感じ、自分の地位を危うくするのではないかと恐れていた。

他方、ペドラリアスが率いてきた黄金亡者たちは、手段を選ばず金を求めて、現地の首長たちを脅し、拷問にかけ、多くの人々を虐殺して、彼らの社会を荒廃させてしまった。バルボアとても非人道的行為を犯している。しかし、新来者たちの残虐さは、それに輪をかけていた。彼は一五一五年一〇月一六日付けの書簡で国王にこう書き送っている。

もともと、当地のインディオは、羊のようにおとなしかったのでありますが、ペドラリアスに率いられたスペイン人たちがきて以来、あまりに残酷なやりかたで虐待するので、今ではライオンのように手がつけられなくなってしまいました。

侵入者の非条理な要求に対する抵抗、それに対する報復、という悪循環が果てしなく続き、パナマ地方の首長制社会はほとんど壊滅してしまった。

ペドラリアス総督の時代に、「通告《レケリミエント》」と称する奇妙な手続きがはじまった。これは、軍事行動に先立ち、現地住民に対し、スペイン国王が、教皇から許された権限によりその土地を占拠し、彼らをキリスト教に改宗させることを一方的に通告する文書を読み上げ、征服を法的に正当化する行為だった。これ以後、一五四〇年代まで、スペインによる征服が行なわれる度に、この茶番劇が演じられることになった。

新来者たちの無軌道な金探しの探検の陰に隠れて、バルボアは南の海探検を実行に移そうと地道な努力を重ねた。そして、カリブ海側のアクラを基地にして、造船用の資材を太平洋岸に運ばせ、一五一八年五月には、太平洋岸に四隻の帆船を浮かべるところまでこぎつけた。ところがバルボアは、船を動かそうとしていたその瞬間に、アクラに進出したペドラリアスから召喚された。そしてそれから一ヵ月ばかりの間に裁判が行なわれた結果、反逆罪の罪名のもとに死刑が宣告され、翌一九年一月半ば、四人の部下とともに処刑された。ペドラリアスは表に出ず、彼の手下が裁判を行なったが、彼が背後で糸を操っていたことは明白だった。結局、ペドラリアスは、バルボアが自分の統制を無視して有能ぶりを発揮し、人々の心を引きつけているのに恐れを感じたのだろう。

こうして冒険児バルボアの夢は潰《つい》えた。

ペドラリアスのその後

バルボアが運命の女神に見放されたのに対して、その後のペドラリアスはあくまでついていた。バルボア処刑の直前に、後任の総督任命が発令され、一五二〇年五月にダリエンに着いたが、その晩に急死してしまった。同年の九月七日付けでペドラリアスはダリエン総督に再任され、それから七年後、ニカラグア総督に転ずるまでパナマ地方に君臨した。彼の妻のドニャ・イサベルが大変な人物で、夫が集めた金と真珠をしこたま持ってスペインに帰り、いろいろ宮廷で策動した効果が大きかったといわれる。

ペドラリアスは、バルボアの業績を否定することに全力を挙げたように思われる。彼は、一五一九年、ダリエンの市民に町を放棄することを命じ、八月一五日、太平洋岸にパナマ市を建設した。直ちに太平洋岸の探検と掠奪《りゃくだつ》をはじめたが、彼はバルボアが関心を示した南方には注意を払わず、北西の現コスタ・リカ、ニカラグア方面にしきりに部下を派遣した。スペイン人の中には南に関心をもった者もいないではなかったが、ペドラリアスはそれをほとんど無視した。もっとも、彼の意図のひとつは、国王から命じられた例の、香料諸島に通じる海峡を発見することにあったと思われる。当時、王室は依然として香料諸島に西廻りで行くための海峡の発見に執着していた。そして、これは、フェルナンド王が一五一六年に死んで、ハプスブルク家のカルロス一世が王位を継いだあとも変わらなかった。ペドラリアスは、中米海岸の諸地方を綿密に探索したが、海峡は見つからなかった。海峡がついに発見されたのは、カルロス一世即位の四年後の一五二〇年であった。それは、人々が考えたよりははるかに南の南緯五二度の位置にあった。その発見者は言うまでもなくフェルナンド・マゼラン（一四八〇～一五二一）である。

ペドラリアスは、一七年にわたる残忍苛酷《かこく》な統治ののち、一五三一年三月六日に在任のままニカラグアで死んだ。九〇に近い高齢だった。同時代の歴史家フェルナンデス・デ・オビエードによれば、彼の在任中、二〇〇万人の原住民が犠牲者になったという。その後、妻のドニャ・イサベルは、息子にあとを継がせようとして失敗したが、娘婿《むすめむこ》をニカラグア総督に任命させることに成功した。総督夫人、つまりドニャ・イサベルの娘とは、ペドラリアスがかつてバルボアの妻に、と約束した女性だった。この娘婿には、のちに伯爵の称号が与えられた。

第三章　メキシコの発見

キューバ島のスペイン人たちによるユカタン半島の発見が契機となって、大陸本土への関心が高まり、キューバに豊かなエンコミエンダをもつフェルナンド・コルテスによる、未知の王国の探求がはじまった。メキシコに上陸したコルテスは、西方の高原にあるといわれる、神秘の都テノチティトラン目指して前進を開始する。

カリブ海社会の崩壊

エスパニョラ島の採金は、一五一一年から一五年がピークで、年間約二トンの実績を上げた。その後、「黄金のカスティリャ」の金探しがはじまり、引き続きスペインに送られる金の量は増加した。一五一一年から二〇年にかけて本国に送られた金の量は、年間平均九・一トンと計算されているから、パナマ地方の金の産出が、相当多かったことが分かる。

金のある所にはスペイン人が現われ、スペイン人のいる所では、現地社会の荒廃がおこった。彼らは、金を集めるためには手段を選ばず、原住民を強制的に駆り出して働かせ、一年につき六ないし八ヵ月も拘束した。それに抵抗する者は容赦なく軍事的に制圧された。一五〇二年から〇九年までエスパニョラ島総督として在島したニコラス・デ・オバンドは、同島の住民の殺戮者《さつりくしゃ》であった。〇三年秋、彼が島の西部のハラグアで行なった大虐殺はとくに有名である。その地方の大首長であったアナカオナという女性をはじめ数十人の小首長たちを、反乱陰謀の口実のもとに、火刑または絞首刑に処したのである。

オバンドは、王室が現地住民の保護とキリスト教化を繰り返し命令しながら、その反面、金の生産に異常な興味を示しているのに応えて、エンコミエンダという制度を考え出し、一五〇三年に王室の許可を得た。これは、一定地域の住民のスペイン人植民者への委託である。受託者はエンコメンデーロと呼ばれ、住民の保護とキリスト教教育に責任をもつ一方、彼らに税を課して、使役することができた。実際にこの制度が行なわれた場合、保護の責任よりも使役の権利のほうが重視され、結果的に住民たちの生活は破壊された。彼らは、非衛生的な環境下で苛酷《かこく》な労働を課せられ、栄養不良に陥り、またスペイン人たちが「旧世界」からもたらした細菌やウイルスに冒され次々に死亡したため、人口の急激な減少がおこった。

コロンブスが到着したときのエスパニョラ島の人口に関してはいろいろな説があるが、ラス・カサスは一〇〇万人と見積もっている。スペイン植民地政府の一官吏の報告によれば、それが一五一八年までに一万一〇〇〇人に減ってしまった、という。王室はこの事態に驚いて、住民の分配や強制労働を廃止し、彼らの耕作地や居住地を整備して、人口の回復を図ったが、一五一九年から天然痘《てんねんとう》の流行がはじまり、二二年までにエスパニョラ島のアラワク人（アラワク系の言語をもつ民族）は絶滅した。この病気はプエルト・リコ島にも飛び火し、その住民を滅ぼした。オバンドは、エスパニョラ島の労働力不足を補うため、バハマ諸島の住民に注目した。当時の一記録者によれば、一五〇九年以後の五年間に四万人以上の住民がエスパニョラ島に移され、まもなくすべての島から住民が消えた。

一五〇九年に、コロンブスの子のディエゴ・コロンが第二代のエスパニョラ島総督として着任した。彼はその年に、ハマイカ（ジャマイカ）の植民を開始し、やがてこの島からもアラワク人住民は姿を消した。

最後に残った大きな島はキューバだった。この島は、エスパニョラ島西部を「平定」し、大きなエンコミエンダをもらって産を成したディエゴ・ベラスケス（のち初代キューバ総督）が、一五一一年に征服を開始し、約一年で島全体の首長制社会を制圧した。すぐ砂金が見つかり、一八年まで短いゴールド・ラッシュがおこった。そこで植民者が集まり、エンコミエンダが定められて、住民の徴発がはじまり、やがて急激な人口減少がおこったことは、他の島と同じだった。

マヤ文化の発見とメキシコ遠征のはじまり

キューバ島のスペイン人たちも、しきりに人間狩りを行なった。彼らもバハマ諸島に行き、またパナマ地方からも奴隷の供給を受けた。更に、現ホンジュラス沖のバイーア諸島にも足をのばした。

コロンブスは、第四回航海のときこの諸島に接触して、恐らくヒカケ族（パヤ族ともいう）の船に出会い、彼らがユカタン地方のマヤ人から交易によって手に入れたと思われる品々を受け取っている。彼は、当時南の方に注意を向けていたから、ユカタン半島の方角には行かなかった。

その後、一五一七年二月八日、奴隷狩りの目的でキューバのサンティアゴ（一五一五年建設の植民市、現サンティアゴ・デ・クーバ）を出帆し、バイーア諸島方面に向かった三隻の船が、ユカタン半島の北端に偶然たどり着き、マヤ文化を発見した。そして、これが発端となって、メキシコ（メキシコ中央高原で使われるナワトル語の「メシコ」に由来）の征服がはじまったのである。

このときの船隊の長はヘルナンデス・デ・コルドバであり、キューバ島の北岸を西に進んで、二日二晩嵐《あらし》に吹きまくられ、当時の一隊員ベルナール・ディアス・デル・カスティリョ（コルテスのメキシコ遠征の従軍記録者）の手記によれば、「それまで発見されたことがなく、知られてもいなかった」土地に到着したことになっている。「我々は船から、内陸に二レグア〔一レグアは約五・五キロメートル〕入った所にあると思われる大きな集落を発見し

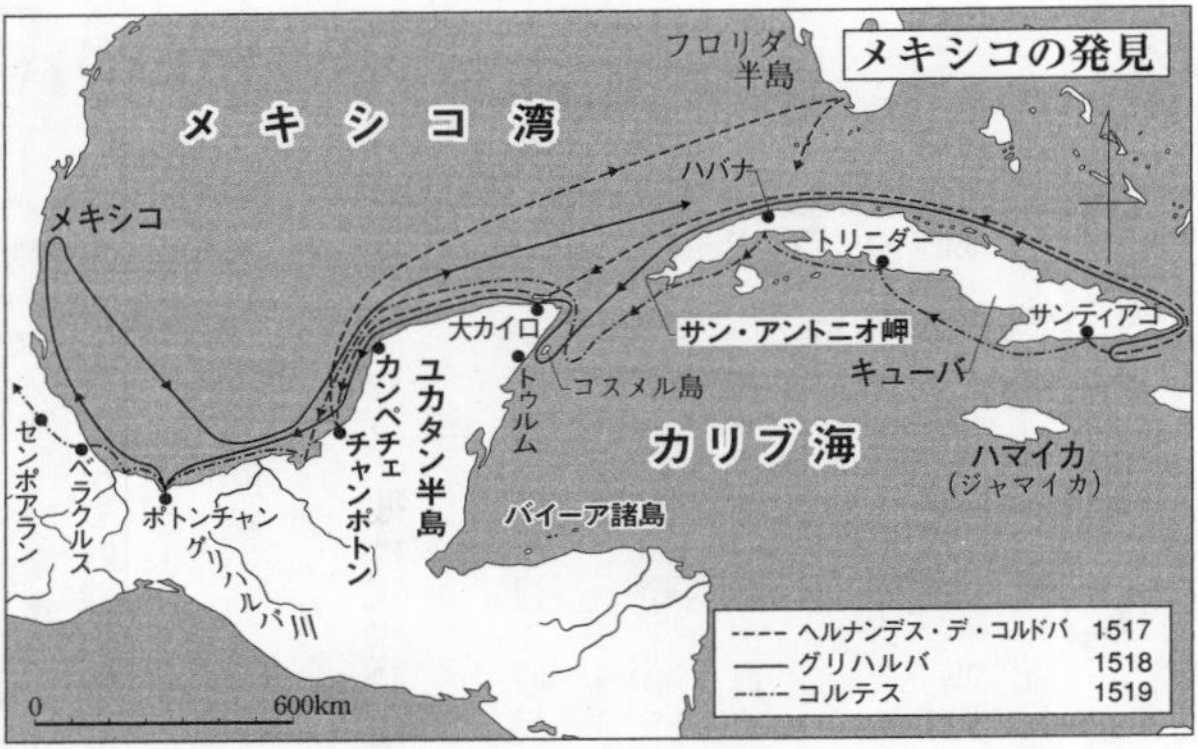

た。その町が、キューバにもエスパニョラにも見られないような大きなものだったのを見て、我々はそれに〈大カイロ〉という名をつけた」。

土地の人々をたくさん乗せたカヌーが五隻、スペイン人の船に近付いてきた。そのうち約三〇人が甲板に上がってきたが、全員が木綿の衣服を身につけていて、カリブ海の住民たちとは違っていた。翌日も首長たちがやってきて、手招きするので、スペイン人たちは大弓と小銃で武装して上陸した。ところが町に行く途中で待ち伏せに遭い、投石と矢で一五人が負傷した。スペイン人たちは反撃し、一五人を殺した。そこから少し行くと、広場があり、石造りの神殿が三つあった。中には土偶がたくさん置いてあった。金製品が見つかったので、スペイン人たちは目を光らした。捕虜をふたり捕まえると、一同は船に戻って航海を続けた。コルドバは通訳養成を考えていたらしい。

普通これが、スペイン人によるメキシコの発見だとされている。しかし、それ以前にスペイン人がユカタン半島やメキシコを全く知らなかったか、と言うとどうもそうではないらしい。コロンブスの話は別としても、航海者たちがメキシコやユカタンの土地や人に接触したと思われる証拠はかなりあるのだ。

例えば、プエルト・リコ総督のポンセ・デ・レオンによる、フロリダの遠征が行なわれた帰りの一五一三年、アラミーノスという航海士の乗り組んだ船が、ユカタン半島に寄った証拠があり、そのことはマヤの記録にもとどめられているという。また、ダリエンの判事コラーレスが、「西の内陸地方から逃亡してきた男が、判事が文字を読んでいるのを見て驚き、〈これは我々の使う文字とは違う。自分の国では、町には城壁があり、人々は普通着物を着ており、法によって治められる〉と語ったこと」を報告している。

ベルナール・ディアスによれば、コルドバの船隊は、キューバ総督ベラスケスから、バイーア諸島に行って奴隷を捕まえてくるように指令されていたが、隊員の意志により、新しい土地の発見を目指したのだ、と言う。すると、アラミーノスが航海士として乗船していたことは、意味深長である。コルドバの船隊は偶然ユカタンを発見したのではなしに、アラミーノスの経験と知識に基づいて、慎重にユカタン探検を実行したのではあるまいか。

スペイン人たちは更に西に進んだ。現カンペチェ付近でまた上陸し、マヤの神殿群を見たが、血なまぐさい生贄《いけにえ》が捧げられたあとらしかった。更に前進し、チャンポトン近くに上陸して水を補給しようとしていたとき、体を黒白に塗り、羽毛の頭飾りをつけたマヤ人の軍勢が現われた。その晩は何事もなかったが、スペイン人たちが翌朝起きてみると、完全に包囲されていた。戦闘がはじまり、スペイン側は約二〇人が死に、ふたりが捕虜になり大部分の者が負傷した。スペイン人たちはほうほうの体で退却して、一隻の船を放棄し、フロリダ経由でキューバに帰った。コルドバはそのときの傷がもとでまもなく死亡した。

グリハルバの探検

直ちにベラスケス総督は二回目の探検の許可を王室に申請し、四隻の船の購入資金を出した。総指揮官は、総督の甥《おい》のファン・デ・グリハルバという二八歳の青年だった。一五一八年一月末、約二〇〇人が四隻の船でサンティアゴを出帆した。しかし補給のためキューバ西部に寄港したので、船隊がサン・アントニオ岬を離れたのは四月末であり、一週間後、ユカタン半島北東のコスメル島に着いた。この島には、マヤの女神イシュ・チェルに捧げられた神殿があり、本土から巡礼が通う場所であった。スペイン人たちは、白亜の石造神殿に強い印象を受けた。住民はほとんど逃亡していたが、グリハルバは、神殿の階段を一八段上がって、頂上にスペインの旗を立てさせ、だれも聞く者がいないのに「通告《レケリミエント》」（四二ページ）を書記に読み上げさせ、神殿の壁に貼らせた。

グリハルバは、コスメル島付近の本土の町をいくつか訪れた。そのひとつが今日、観光遺跡として有名になっているトゥルムだったらしい。それからユカタン半島を回航し、コルドバが上陸してマヤ人と戦った地点まできた。飲料水補給のため上陸し、結局、マヤ軍と矛《ほこ》を交えたが、あらかじめ大砲を神殿の上に据《す》え付けてあったので、砲撃して敵を威嚇《いかく》した。部下たちは、敵を追撃したがったが、彼はそれを押しとどめて先に進むことにした。そして、現在グリハルバ川と呼ばれている川の河口に着き、チョンタル・マヤ人と接触した。彼らは、高地のメキシコ人との間に交易を盛んに行なう商業民族だったから、スペイン人といろいろな品物を交換した。しかし、スペイン人が最も求めていた黄金は持っていないようだった。

更に西に進んだ船隊は、現在のベラクルス市付近に着いて、そこで初めて非マヤ系の住民と接触した。海岸では、たくさんの白い旗が風になびいていた。グリハルバが使者を送ると、スペイン人たちは、土地の首長とその息子に手厚く迎えられ、木綿のマントを贈られた。彼らは、その土地の奥に住む偉大な王の役人であり、その王によってスペイン人たちを厚くもてなすよう命令されていたのである。ただし、このことは、そのときはスペイン人たちには分からなかった。しかし彼らが、金を持ってきてもらいたいとの要請に応えて、一万五〇〇〇ペソ（約六九キログラム）を差し出したことに、グリハルバらはいたく感銘を受け、この国にはきっとなにかがある、と期待した。

この偉大な王は、西方の山奥に住んでいたが、記録者ベルナール・ディアスによれば、

「コルドバとともにやってきたスペイン人についても、二ヵ所での戦いのことも、今度の戦いのことも知っていたし……我々が金を探していることも見抜いていた。そうしたことのすべては、麻のような布に描かれた絵によって、彼のもとに知らされていたのである」。

グリハルバは、そこから更に前進して、現在のロホ岬の辺りまで探検し、そこから反転してキューバに帰った。帰着は九月二九日だった。

フェルナンド・コルテスの登場

ベラスケス総督は、グリハルバのもたらした金と情報にいたく興味を示し、本格的探検を行なう決心をした。彼は船隊を用意し、その指揮官として最も適当な人物を物色しはじめた。何人もの候補者が浮上したが、みないろいろないきさつがあって消え、結局選ばれたのは、サンティアゴの市会議員であり、豊かなエンコミエンダをもつフェルナンド（エルナン）・コルテスという、三四歳の男だった。

コルテスは一四八五年、南スペイン・メデリンの小貴族の家に生まれ、一四歳のときサラマンカ大学に入って、ラテン語と文法を学んだという。一五〇四年、一九歳のとき、エスパニョラ島のサント・ドミンゴに渡った。まだオバンド総督の時代だったが、ディエゴ・ベラスケスを先頭にキューバが征服されたとき同行し、まもなく彼の信頼を得て、その秘書となった。金を探し求め、クバナカンという土地で砂金を見つけて、そこにエンコミエンダをもつことを許され、これによって財を貯《たくわ》えた。
彼は人望があって、周りにはスペイン人たちが集まったし、総督秘書としても有能ぶりを発揮した。コルテスのメシカ（アステカ）遠征の従軍記録者ベルナール・ディアスは、その風貌を次のように書いている。

上背があり、均整のとれたがっしりとした体格だ。顔の色は赤みがなくてやや灰色がかり、さして快活ではない。もし顔がもう少し長ければ、もっと好男子だったろう。目つき

コルテス　南スペインのメデリン出身。小貴族の家系に生まれ、サラマンカ大学に学んだので、筆が立った。同じ征服者でも、自分の署名も満足に書けなかった、無学のフランシスコ・ピサロとは、生い立ちにおいてかなり差があったのである。（メキシコ市　ヘスス病院蔵）

は優しかったが、いかめしくなるときもあった。顎鬚《あごひげ》は黒みをおび、薄くまばらだった。髪の毛もあのころは大体それと同じだった。胸板は厚く、後ろから見ると形よかった。体は引き締まって、腹も出ていなかった。足はかすかにガニ股の気味があった。脚も腿《もも》も格好よかった。騎馬が得意で、馬に乗っても乗らなくても剣術に優れ、武器の使い方をよく心得ていた。そしてなによりもまず、勇気凛々《りんりん》として並びなかった。うわさによれば、エスパニョラ島にいた若いころは、女にかけて幾分だらしなかったそうで、何度か腕のある強い者たちとナイフで戦ったが、いつも勝っている。下唇の脇にナイフの傷があり、よく見れば分かるが、髭に隠されていた。外見といい、会話や談話といい、食事、衣裳《いしょう》といい、すべてにつけて大人物の風格があった……部下のカピタン（隊長、指揮者）や同輩たちにはいつも愛想がよかった……そして、学問があり、ラテン語を知っている人には、ラテン語で答えた。詩人の素質もあって、韻文や散文も気のきいたものを書き、弁舌さわやかで、大変雄弁だった。

ベラスケスが大切な新発見地の本格的探検に、なぜコルテスを選んだのかはよく分からない。確かに彼はベラスケスの有能な部下だった。しかし、決して上司の言いなりになるタイプの人間ではなかったから、ベラスケスとはよく衝突した。コルテスが、友人のエンコメンデーロ（エンコミエンダの受託者）の妹に言い寄って、婚約の約束までしながら、それを反《ほ》古《ご》にしようとしたときには、総督は彼を投獄までしている。しかし、争う度に巧みに和解し、また総督の信任をかち得た。とは言うものの、ベラスケスは、コルテスの有能さを認めながらも、心の奥底では不信感をもたざるを得なかった。

コルテスに第三次探検隊の指揮がゆだねられて、いよいよ航海の準備がはじまると、彼の強引なやり方が、ベラスケスをしばしば不安にした。コルテスは三隻の船を準備し、あと三隻がベラスケスをはじめ有力者の出資によって提供され、六隻の船隊がサンティアゴを出帆したのは、一五一八年一一月一八日であった。総督は側近たちを率いて、港まで見送りにきた。

コルテス船隊は、キューバ南岸を西に向かって航海し、所々の港に寄って、兵員を集め、馬や食糧を購入した。もう資金がなくなっていたので、支払いはあとで、ということにした場合が多かった。キューバ島の真ん中辺りにある、トリニダー港まできたとき、ベラスケスから、出発を延期するようにとの命令が届いた。総督は周囲の人たちにたきつけられて、コルテスに探検隊を任せたことを後悔したのである。コルテスはこれを無視した。

トリニダーでは、グリハルバ隊に加わった者たちが参加し、食糧も豊富に手に入った。ベルナール・ディアスによれば、船隊は全部で一二隻になり、キューバを出発したのが一五一九年二月一〇日。参加したのは歩兵五〇八人、船員一〇九人、射手三二人、小銃手一三人、それに数人の女性がいた。大砲一四門に、大量の火薬と弾薬も積み込まれた。一六頭の馬と多数の猛犬は、あとで非常に役に立った。

ふたりの通訳

天候は悪かったが船隊は無事にコスメル島に着いた。一五一八年のグリハルバによる第二次遠征に参加した、ペドロ・デ・アルバラードがコルテスより先行して掠奪《りゃくだつ》を行なっていたので、島民はみな奥地に逃げてしまっていた。コルテスは、接触する住民は優しく扱わなくてはいけない、とアルバラードを叱責《しっせき》した。そして、残っていた少数の人々に玩具や鏡や鋏《はさみ》を贈った。コルテスは彼らを使って首長を呼び戻すことに成功し、アルバラードが奪った物をできるだけ返した。そして、聖壇を建てさせ、従軍神父にミサを主宰させた。安心した首長から、いろいろ情報を聞き出そうとコルテスが試みた結果、思いがけない事実が判明した。この地方にふたりのスペイン人が住んでいる、と言うのである。

いろいろ努力した結果、そのうちのひとりと連絡がつき、まるでマヤ人そっくりの姿をしたスペイン人がカヌーに乗って船隊に近付いてきた。それは、ヘロニモ・デ・アギラールという名の聖職者で、八年前、ダリエンからサント・ドミンゴに向かう船で航海中難破し、約二〇人のスペイン人とともにボートでユカタン地方に漂着したが、マヤ人に捕まって、多くが生贄《いけにえ》に捧げられ、アギラールともうひとりゴンサーロ・ゲレーロという者だけが脱走して助かったのだという。アギラールはコルテスの手紙を見て、喜んで復帰したが、ゲレーロはマヤ女性と結婚して子供を三人もうけ、顔や手にマヤ人のように入墨《いれずみ》をし、首長の右腕になって働いているので、もうスペイン人のもとに帰る意思がないことを伝えてきた。コルテスはゲレーロ救出をあきらめて出帆することにしたが、チョンタル・マヤ語にすっかり熟達したアギラールを通訳として得たことを非常に喜んだ。

ユカタン半島を回航した一行は、メキシコ湾南岸のタバスコ地方に着いた。前二回のスペイン船の出現がマヤ人たちに警戒心をおこさせていたらしく、大勢の戦士が武装して待ち構えていた。食糧をほしいというスペイン人の要求に、マヤの首長は初めのうちは応えていたが、やがて退去を要請した。コルテスは強気に出て、「通告《レケリミエント》」を読み上げさせ、スペイン国王への従属を認めるよう要求した。戦端が開かれ、スペイン人は一〇倍の数の敵と戦ったが、大砲の発射が敵を驚かせ、また騎兵がマヤ兵を蹴散《けち》らして圧倒したので、コルテス側の勝利に終わった。

降伏したマヤの首長たちは、トルコ玉や金製品を贈り物として差

コルテスとマリンチェ　マリンチェはコルテスの傍らで公私ともに支えた。

し出し、更に二〇人の乙女たちを献上した。その中にマリナリという、ナワトル語、すなわちメキシコ中央高原で話される言語を解する利発な女性がいた。もちろん彼女はマヤ語を話すので、コルテスがその後メキシコに進出したとき、アギラールとともに通訳として非常に役立った。つまり、現地の人がナワトル語で話すことをマリナリがマヤ語に訳し、それをアギラールがスペイン語に翻訳したのである。スペイン人たちは、彼女の名を訛《なま》ってマリーナ、またはマリンチェと呼んだ。彼女は非常に賢く、すぐスペイン語を覚えたので、やがて直接通訳できるようになった。マリンチェは、コルテスの傍《そば》にいつもあって彼を助ける秘書のような存在になり、ついには彼の子マルティンを生んだ。

偉大な王の使者

タバスコから船隊は、一五一九年四月二一日、現ベラクルス港の沖にあるサン・ファン・デ・ウルーア島に到着し、ナワトル語を話すテウディィレという人物の訪問を受けた。彼は、西方の山中に首都をもつ、ある偉大な王の臣下であり、この地方に王の役人として在住する人物であった。彼はコルテスに、なんの目的でこの地にきたのか、と尋ねた。「あなたがたと知り合って、交易をしたい」というのがコルテスの答えだった。

三日後、テウディィレが、クイトラルピトックという別の使者を伴ってやってきた。コルテスはふたりを歓迎し、祭壇を用意させてミサを挙げ、それがすむと、我々はこの世で最も権

スペイン人の到着　コルテスとマリンチェが描かれている。（ディエゴ・ドゥランの絵文書より）

威ある皇帝の臣下であり、その命によってこの地の支配者と交わりを結び、その臣下との友好を図るためにやってきた、と述べた。キューバ総督の命令に背き、国王の許可もなしに探検を行なっているのに、大見得をきったわけである。テウディレはやや尊大な態度で、まだ着いたばかりなのに、そう言われても困る、と答えて、「すばらしい細工が施された多量の金製品と、木綿と羽毛で織った目をあざむく大量の布」と、たくさんの食糧をコルテスに贈った。コルテスは、国王からの贈り物として、肘掛《ひじか》け椅子《いす》、帽子、ガラス製品などを贈った。

テウディレには、絵描きがひとりついていた。彼は、コルテスやマリンチェだけでなく、犬や馬や大砲や武器などを巧みにスケッチしていた。コルテスは、示威のため、使者たちの前で騎馬兵を走らせ、「発射するとき大きな音が出るように大量の火薬を詰めた」大砲を発射させた。使者たちは驚いて震え上がり、画家はそのときの様子も詳しく描きとめた。

テウディレは、コルテスに別れの挨拶《あいさつ》をし、王のもとに行って報告し、できるだけ早く返事を持ってくる、と言った。コルテスは彼の肩を抱いて抱擁した。「この男が辞去すると、我々は、彼が大変偉い人物であるだけでなく、主人である王の最も有能な臣下であることを悟った」と、記録者ベルナール・ディアスは書いている。

「メシカの王」モクテスマ二世

テウディレは、西に向かって山を登り、幾つもの峠や峰を越えて、主人であるモクテスマ二世のもとに帰った。メキシコの中央部に広い高原があり、その中に大きな湖が五つつながって、周囲が豊かな農村地帯になっている。湖の中で最も大きいテスココ湖にひとつの小島があり、そこに人口二〇万の大都市テノチティトランがあったが、モクテスマはその町に広壮な宮殿をもち、アステカ、またの名をメシカという王国の帝王として、中央高原だけでなくメキシコ全土に君臨していた。彼の軍隊は絶えず各地を巡回して、反乱の気配があればそれを鎮め、また征服によってメシカの版図を拡《ひろ》げていた。徴税吏は定期的に各地を巡回して、税金を取り立てるので、首都テノチティトランには巨大な物資と富が蓄えられていた。

この強大な王国を支配するモクテスマは、はるか以前から、スペイン人の出現とその動きに関して報告を受け、言い知れぬ不安に陥っていた。そしてテウディレは、未知の異人たちに直接接触していたから、モクテスマはその報告を心待ちにしていた。彼は「蛇《へび》の家」という名の建物で、使者たちを待ち受けた。彼らが到着すると、モクテスマは、ふたりの戦争捕虜の心臓をくりぬいて生贄《いけにえ》に捧げ、返り血を浴びた使者たちの報告を聞いた。それは、それまで聞いたこともなかったような、恐るべきことを伝えていたので、モクテスマの心はたちまち恐怖に捉《とら》われた。彼は逃亡しようかと考えた。しかし、体中の力が抜けて、それを実行する気力すらなかった。考えつく唯一の方法は、異邦人たちが欲するものを、ふんだんに贈って、その欲望を満足させ、引き取ってもらうことだった。彼らが黄金に異常な興味を示していることは明らかだった。コルテスが、モクテスマは金を持っているかと聞き、テウディレがそれを肯定したことは事実だった。そしてコルテスはテウディレに、スペイン軍の一兵士がかぶっていた兜《かぶと》を手渡し、これに砂金をいっぱい詰めて帰ってくるよう要求していた。モクテスマは十分な財宝を用意させて、テウディレに持たせた。

テノチティトランの建設　都市の建設と歴史を描いている。（メンドーサの絵文書より）

海岸のコルテスのもとに戻った

テウディレは、金、銀、羽毛細工の品、染めた木綿布などの、王からの贈り物を差し出した。中でもスペイン人たちの目を奪ったのは、直径二メートルほどの金の輪と、それよりやや小さい銀の輪だった。ラス・カサスは、一五二〇年にスペインのバリャドリーでこのふたつの品を見たと言っているが、金の輪は「太陽の形を表わし、太陽光線や動植物の文様を彫刻してあった。重さは一〇〇マルコだったろう」と記録している。一マルコは二三〇グラムに相当するから、二三キログラムになる。銀の輪は月を表わし、重量は金の輪の約半分だった。「豪華さと精巧と優美を尽くしたそれらの品々を見た者は、息を呑《の》んで驚嘆するばかりだった」と、ラス・カサスは書いている。

モクテスマは、十分な金を贈れば相手は満足して帰ってくれるだろうと期待したのである。しかし、彼はスペイン人の黄金に対する恐るべき執着を理解していなかった。王が金や財宝を贈れば贈るほど、白い黄金亡者たちは、ラス・カサスの言葉を借りて言えば、「モクテスマの国の奥底から黄金を取り出したいという誘惑に駆られたのである」。

現地に味方を得る

執拗《しつよう》にモクテスマとの会見を要求するコルテスの熱意におされて、テウディレはまた首都に戻った。その留守の間に意外な事態の変化がおこった。

メシカ人たちが去った直後に、海岸から数十キロメートル奥に入った所にあるセンポアランという町から、二〇人ほどの使者がコルテスを訪れたのである。彼らは、ナワトル語とは違うトトナカ語を話す人々であり、メシカからは一応独立していたが、ただし毎年かなりの租税をメシカ人に納めているとのことだった。センポアラン人と話している間に、コルテスは、センポアランだけでなく、ほかにも同じような状態に置かれて、メシカの横暴に不満をもっている地方が、少なからずあることを知った。

他方、スペイン人の中にもふたつの意見が対立しはじめていた。ある者たちは、有無を言わさずメシカの国に押し入り、モクテスマの宝を掠奪《りゃくだつ》してしまえ、と息巻いていた。その反対に、まだ見ぬ強大な王国に非常な恐れを感じ、我々はほんのわずかの兵力で破滅の淵《ふち》に立っているのだから、一刻も早くキューバに帰還すべきである、という消極論を唱える者たちがいた。コルテスはなにか手を打たねばならない瀬戸際に追い詰められていた。そうこうするうちに、テウディィレがまた首都からやってきて、モクテスマからの豪華な贈り物を差し出し、再度コルテスに国外退去を要請した。そして、それまでスペイン人に食糧を供給していた部下たちを撤退させてしまった。コルテス軍はたちまち食糧に窮した。コルテスは素早く三つのことを決断して実行に移した。

第一に、新天地に拠点を確保し、キューバのベラスケス総督の指令下から離れるために、海岸に町を建設し、自治体をつくって役員を互選させた。これはスペインの古くからの伝統的な習慣にならったもので、中世の間、南方のイスラム教徒と戦って、新しい占領地ができると、そこに集まったスペイン人たちは、まずカビルドと呼ばれる市会をつくり、市会議員、議長、警吏その他の役職につく人物を互選によって選び出す。そして、中央広場を定め、市会庁舎や教会、警察、監獄などの場所を設定してから、司祭の主宰するミサを捧げ、町の建設の記念式を行なった。コルテスは自分の配下たちと示し合わせ、この手続きをふんで、ベラクルスという町を海岸に建設した。そのうえで、総督から委任された司令官の職を辞退し、新たにベラクルス市会から、首席判事兼王軍司令官に任ぜられた。そして、それまでのいきさつをまとめ、国王にメシカ遠征の許可を求める書簡を書き、一五一九年七月一六日にふたりの使者にそれを持たせ、モクテスマから贈られた宝物とともにスペインに送り出した。使者は翌年三月にカルロス一世に謁見している。

第二にコルテスがやったことは、センポアランへの工作だった。トトナカ人たちのメシカ人に対する反感を利用しようとしたコルテスは、センポアランに進軍してその首長と面会し、援助を約束した。会談のさなかに、五人のメシカの徴税吏がセンポアランに現われた。コルテスは直ちに彼らを逮捕、投獄した。メシカに強い恐怖心を抱いていたセンポアランの人々は、恐れおののきつつも喜んだ。ところがコルテスは、夜中に秘《ひそ》かにメシカ人たちを釈放し、モクテスマに、スペイン人は友人だと伝えるように言って放した。コルテスは、センポアランの神殿の神像を破壊し、十字架をたてて、以後、人身御供《ごくう》を捧げることを厳禁して町を去ったが、センポアラン人を味方につけたおかげで、コルテス軍は荷役の員数や食物の供給を確保することができた。

第三の行動は、キューバへの退路を断ち、メシカ攻略の決断を固めさせるために行なわれた。部下の中には、キューバ帰還を望む者たちが少なからずいた。そして、ふたりの首謀者のもとに、船を一隻盗んで脱出しようという陰謀が企てられた。これは未然に防がれ、首謀者は死刑に処せられたが、コルテスは後顧の憂いを断つために、一〇隻の船全部を沈めさせた。これでもうメキシコの地に腰を据えて行動する以外になくなった。ただし、船の索具、帆、鉄製部品などは保存させた。

以上の手を打ったうえで、コルテスは、ゴンサーロ・デ・サンドバルを隊長として一五〇人の守備隊としてベラクルス市に残し、一五騎、三〇〇人を率いて、一五一九年八月一六日、センポアランを出発し、モクテスマの謎《なぞ》の王国の潜む、西方の山地に向かって出発した。センポアランの四〇人の貴族と、一三〇〇人の戦士、一〇〇〇人の荷担《タ》ぎ人《メ》が同行した。海岸のベラクルスでは要塞《ようさい》建設が進んでいた。

第四章　首都の攻防

強敵トラスカラ人を味方につけたコルテスは、やがて海抜二二〇〇メートルあまりの高原の、湖上の大都市テノチティトランに到着し、この町の豪華な王宮に住むモクテスマが、メキシコ全土に君臨する王であり、夢のような宝の持ち主であることを知る。クーデターによって王を捕虜にしたコルテスは、征服者として行動を開始する。

トラスカラ人との戦い

亜熱帯の海岸地方から、坂道を登り、幾つもの峰を越えて、海抜二〇〇〇メートル以上の高地に入ると、気温は急に下がって寒くなる。「霰《あられ》が降り、雪の山から吹き下ろしてくる風に我々は凍《ここ》える思いをした」と、記録者ベルナール・ディアスは書いている。途中で通過する町の首長たちは、好意的で、宿を貸し、食糧を供給してくれた。娘たちを差し出す首長もいた。やがてスペイン人たちは、トラスカラという所に着いた。そこは人口も多く、住民は勇敢な戦士たちで、メシカ（アステカ）の圧力にあくまで抵抗して、独立を守っていた。コルテスは、センポアランの人々の情報で、トラスカラの重要性をよくわきまえていたから、相手の出方を見ながら、慎重に行動した。

トラスカラが位置する盆地の端から端まで、身の丈の一倍半ぐらいの高さの厚い石壁が立ち、その入り口はただひとつ、しかもぐるりと回り込まねば入れないようになっていた。そこを通過すると、トラスカラの戦士たちに攻撃されて、馬二頭を失い、馬三頭と騎兵二名が負傷した。そうこうするうちに、その数四〇〇〇ないし五〇〇〇にのぼる戦士が姿を現わし、スペイン兵と激しく戦った。

翌朝、スペイン人は、更に数多くの戦士に出遭った。コルテスは、のちに国王宛ての報告書の中で、敵の数は一〇万を超した、と書いている。征服者たちは、自分の戦功を誇大に報告するため、いつも敵の数を多めに言いがちだから、この数を額面通りに受け取ることはできない。しかし、大軍であったことには間違いなかろう。

密集した敵には、大砲、小銃、大弓、騎兵などが大きな効果を発揮した。また、トラスカラ人が、戦闘で敵を殺すよりも、生贄《いけにえ》に捧げるための捕虜を捕まえることに重きをおく習慣をもっていたことも、彼らに不利に働いた。なお、このときの戦闘に先立って、コルテスは、例の「通告《レケリミエント》」を公証人に読ませ、マリンチェに通訳させている。「神は我々のために戦ってくださったように思えます。あれほど勇敢な戦士たちが、大軍を成し、さまざまな武器を使って攻撃してきたのに、味方には負傷者も出なかったのですから」と、コルテスは国王に書き送っている。

その翌日も、トラスカラの大軍との戦闘は続いた。次の日もコルテスは終始強気に攻撃を繰り返した。次の日、五〇人ばかりのトラスカラ人が和睦《わぼく》を申し入れにやってきた。しかし、センポアランの首長たちは、こちらの戦闘力を偵察するためのスパイだから気をつけるように、と忠告した。中から数人を引き出して恫喝《どうかつ》すると、自分たちの指揮官のシコテンカトルが夜襲を準備していて、そのための偵察だ、と白状した。コルテスは、その五〇人のうち、ある者は手、ある者は耳や鼻を切って送り返した。そして次の日も、トラスカラ域内の集落を襲って住民を恐怖に陥れた。それからしばらく、コルテスは発熱のため動けなくなり、攻撃は中止された。しかし、彼は病気をおして攻撃を再開し、敵陣深く攻め入った。

味方の陣地に戻ったコルテスは、弱気になってキューバ帰還を望む声が、部下たちからあがっているのを知った。彼は懸命になって説得し、恥辱のうちに生きんより、よき目的のために死なん、という『ローランの歌』(フランス最古の武勲詩)の一句を引いて結んだという。しかし、数十万の異邦人に囲まれた少数のスペイン人たちは、戦闘の疲労と空腹のため、戦意を失いかけていた。病身のコルテスの固い意志だけが彼らを支えた。ところが、トラスカラ人も、あまりに執拗《しつよう》な敵の攻撃に弱り果てていた。そしてついにある日、シコテンカトルが、数人の首長を伴ってコルテスのもとにきて降伏した。

こうして、メシカ人に敵対する有力な部族を味方につけたことは、三〇〇あまりの兵力し

メシカ（アステカ）征服に向かうコルテス　中央の旗を持っているのがコルテス。センポアランの荷担ぎ人の部隊の先頭に立ってメシカに向かう。（ディエゴ・ドゥランの絵文書より）

かもたないコルテスにとって、計り知れない大きな力となった。トラスカラ人たちは、その後変わらぬスペイン人の友人として協力を惜しまなかった。

トラスカラの首邑《しゅゆう》を訪れたスペイン人たちは、その美しさと大きさに驚いた。スペインの町に勝るとも劣らないという印象を受けたのである。コルテス自身、国王にあてて次のように報告している。

この都市は、非常に大きくてすばらしく、申し上げることはたくさんありますが、その一端を述べるだけでもほとんど信じ難く思われるでありましょう。すなわち、この町は、グラナダよりもずっと大きく、陥落したときのグラナダよりもはるかに堅固で、立派な建物をもち、人口が多いのであります。また、この地の食糧、すなわちパン、鳥、狩の獲物、川魚、野菜、その他の美味な食物の供給という点でも〔グラナダを〕しのぎます。市中には大きな市場があり、毎日三万人以上の人々が集まって、物を売り買いしておりますが、そのほかにも、町の至る所に小市場があります。この大市場には、食糧、衣料、履物《はきもの》など、あらゆるものがあり、取引されていて、入手可能であります。金、銀、宝石の細工物などもそろっていて、世界のすべての広場や市場におけるように、なんでもよく集めてあります。スペインの最上の品々に匹敵するような上等な土器もいろいろあります。多量の燃料、炭、薬草、食用の草などもあります。床屋のように、頭を洗ったり剃《そ》ったりする店もあり、浴場もあります。つまるところ、この人々の間には、あらゆる良き秩序と清潔さがあり、理性と調和があります。アフリカの最上の人々でも彼らにおよびません。

文中、「陥落したときのグラナダ」とは、キリスト教徒に攻撃され、一四九二年に陥落した、スペインにおけるイスラムの最後の拠点グラナダを指し、「アフリカの最上の人々」とは、イスラム化した北アフリカの都市住民を意味していると思う。つまり、コルテスは、メシカ（アステカ）の都市文化を、イスラムのそれに勝るものと評価しているのである。一六世紀当時において、イスラム文化は、ヨーロッパのキリスト教徒の文化をしのぐものと考えられていたのである。

トラスカラとの戦闘がまだ終わる前、またモクテスマからの使者の一団がやってきた。大勢の従者を率いた何人かの首長たちである。彼らは、スペイン人の戦いぶりを観戦して、その威力に驚き、恐怖の念を抱いた。そして、大量の金、その他の贈り物を差し出しながら、自分たちの王は、喜んでスペイン王に臣従するし、貢ぎ物も差し上げるから、首都にだけはこないでもらいたい、と願っている旨《むね》を伝えた。使者たちはまた、トラスカラ人たちは悪い奴らだから信用しないように、とコルテスに忠告した。トラスカラ人たちは、逆にメシカ人たちを悪しざまにいい、彼らは陰謀を企んでいるに違いないから、トラスカラにとどまるように、と強く主張した。しかし、どんなことがあってもメシカの首都テノチティトランに行こう、というコルテスの決心は固かった。

チョルーラの大虐殺

スペイン人たちは、トラスカラで約二〇日を過ごした。首長たちは、彼らに三〇〇人の美しい女性と、首長の娘たちを何人か贈った。コルテスはこれを受け入れ、貴族の娘は部将たちに、あとは一般の兵士たちに分配した。

コルテスは首長たちに、邪教を棄《す》てて真の神を信ずるように強く促した。しかし、ふたりの従軍司祭たちが強制的手段に訴えることに反対し、神殿から神像を除いて、十字架とマリアの絵を立てるだけにとどめた。ただし、贈られた娘たちは全員が洗礼を受けたようである。

スペイン軍は、一五一九年一〇月一一日にトラスカラを出発した。海岸を出てから二ヵ月が経過していた。センポアランの軍勢に加えてトラスカラの戦士と、これに、食糧を運び、食事の支度などをする女性たちが同行したから、雲霞《うんか》のごとき大軍になっただろう。コルテスが次に目標にしたのは、チョルーラだった。ここはメシカと同盟した有力な都市であることが分かっていた。だから避けて通ったほうがよい、という意見もあったが、背後にそのような勢力を残して前進することは不利だというコルテスの判断で迂回《うかい》しないことになった。

トラスカラの首長たちは、チョルーラ人の陰謀を警告した。

最初の晩は野営となり、コルテス自身も溝の中で寝た。翌日、数人のチョルーラの首長たちが訪れて、トウモロコシと七面鳥を贈った。翌日の夜、スペイン軍はチョルーラ域内に入った。チョルーラは古い町だったが、一三世紀にメキシコ中央高原で高い文化を誇っていたトルテカ人が移り住んで以来、ケツァルコアトルという、羽毛が生えた蛇神の信仰の中心となり、この神に捧げられた一二〇段の大ピラミッドが築かれていた。コルテスは、その上に立って、四三〇あまりの神殿の塔を見た、と言って驚いている。チョルーラは、世俗的な王と宗教的な王のふたりに治められていた。

スペイン人たちは、初めから警戒していた。首長たちは、なかなか会いにやってこなかった。トラスカラ人とセンポアラン人は、再びコルテスに警告した。チョルーラでは、街路を

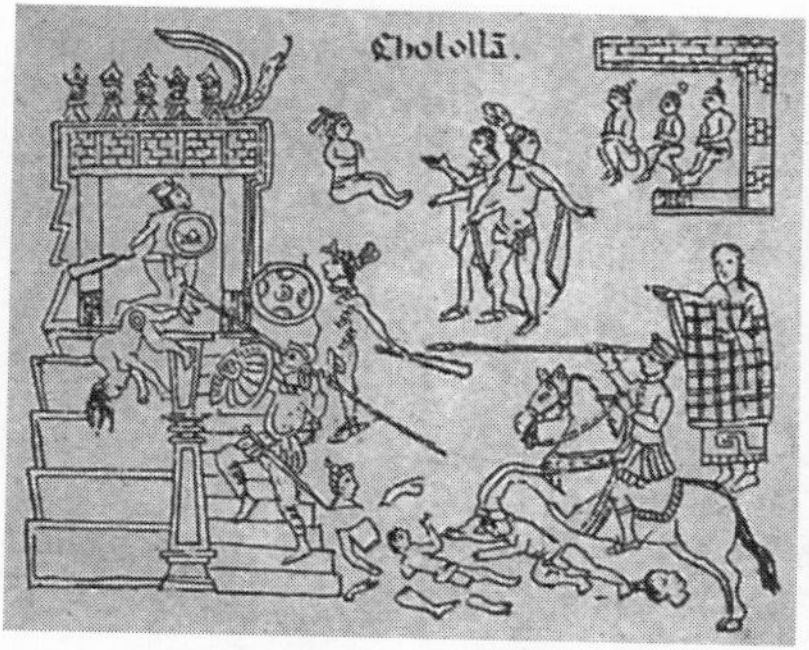

チョルーラの虐殺　チョルーラの神殿に襲いかかるスペイン人とトラスカラの戦士たち。右端には、マリンチェが立っている。（トラスカラの絵文書より）

遮断し、人の動きが慌ただしかった。コルテスは、ふたりの神官を捕らえて拷問した。すると、二万人のメシカ兵がテノチティトランへの街道で待ち伏せている、との自白が得られた。マリンチェも同じ情報を聞き込んできた。コルテスは躊躇《ちゅうちょ》せずに行動を開始した。彼は、ケツァルコアトル神殿前の大広場にチョルーラの首長たちを呼び出した。そして、大広場を封鎖し、首長たちを部屋に閉じ込めて、「メシカ兵を多数待機させ、奇襲を企てているだろう」と、詰問した。首長たちは、メシカ兵がいることは認めたが、モクテスマ王の命令だ、と答えた。コルテスは首長たちを縛り上げさせ、馬に乗り、小銃を発射させた。それが合図だった。恐ろしい大虐殺がはじまり、二、三時間のうちに三〇〇〇人が殺された。そして、トラスカラ人とセンポアラン人の掠奪《りゃくだつ》が二日間続いた。トラスカラ軍は、多数の捕虜を自分の町に連行して、神殿で生贄《いけにえ》に捧げた。チョルーラからは、相当量の金が発見された。

本当にスペイン人を奇襲する陰謀があった

のかどうかは分からない。人口の密集したメシカの本拠に近付くにつれ、神経質になっていたスペイン人たちの思い過ごしだったのかもしれない。ともかくこの事件がおこってからは、「二万人のメシカ兵」は、影も形もなくなってしまった。

コルテスは、モクテスマの使者たちも叱責《しっせき》した。大虐殺の光景を目のあたりにして震え上がっていた彼らは、しどろもどろだったが、王に問い合わせると言って、ひとりの使者が首都に急行した。六日後に使者が戻ってきて、金の皿一〇枚、衣料一五〇〇着、大量の食糧を差し出し、チョルーラ人の陰謀は甚だ遺《い》憾《かん》であるが、余は一切関知しない、というモクテスマの返事をもたらした。そして、スペイン人や多数のトラスカラ人の食糧が供給できないから首都にくるのは思いとどまっていただきたい、という再度の王の願いを伝えた。コルテスはこれを無視して、一一月初めチョルーラを出発した。センポアラン人たちは、掠奪品を担いで海岸に引き返した。しかし、一〇〇〇人のトラスカラ人がスペイン軍に同行した。

湖の中の都テノチティトラン

メシカの首都テノチティトランは、海抜二二〇〇メートルあまりの高原の湖の中の島にあったが、周囲を山脈で取り囲まれていたので、コルテスたちは山越えをしなくてはならなかった。ひときわ高くそびえるのが、ふたつの火山、イスタクシワトルとポポカテペトルだった。その間の峠は海抜四〇〇〇メートル以上あり、雪が降って凍《こご》えるようだった。ほかにもっと楽な道があるのに、コルテスがわざわざこの難路を選んだのは、メシカ軍の待ち伏せの可能性が最も低いとふんだからだった。この道を通ってスペイン軍がメキシコ盆地の見える所まできたのは、三日目になってからだった。霧や靄《もや》に包まれて、高原の盆地に広がる大きな湖が見えた。湖の周りには集落や町がたくさん見え、緑色のトウモロコシ畑が一面に広がっていた。至る所に上がる煙は、人口の多さを物語っていた。

そこへまたモクテスマの使いがやってきて、金の旗、羽毛の旗、金の首飾りを差し出した。「スペイン人たちは」と、あるメシカ側の史料は伝えている。

> 贈り物を受け取ると、微笑み、大喜びし、嬉しそうな様子であった。猿のように黄金を手に取り、満足して座り込み、元気を回復したようであった。彼らは実際、黄金に飢えて

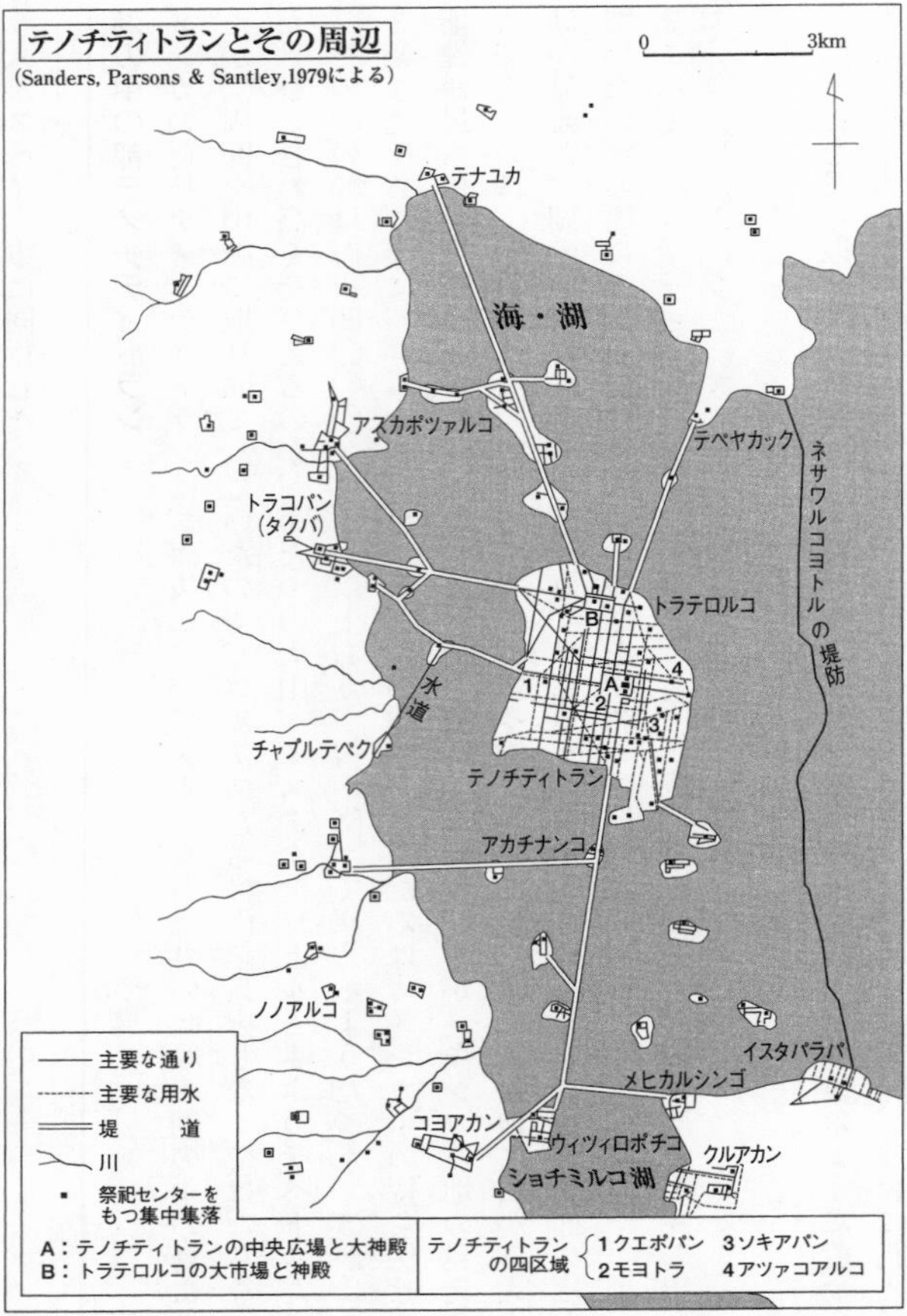
テノチティトランとその周辺
(Sanders, Parsons & Santley,1979による)
0
3km
テナユカ
海・湖
アスカポツァルコ
テペヤカック
ネサワルコヨトルの堤防
トラコパン
(タクバ)
トラテロルコ
B
A
1
2
3
4
水道
チャプルテペク
テノチティトラン
アカチナンコ
ノノアルコ
イスタパラパ
メヒカルシンゴ
コヨアカン
ウィツィロポチコ
クルアカン
ショチミルコ湖
主要な通り
主要な用水
堤　　道
川
祭祀センターをもつ集中集落
A：テノチティトランの中央広場と大神殿
B：トラテロルコの大市場と神殿
テノチティトランの四区域
1クエポパン　3ソキアパン
2モヨトラ　4アツァコアルコ

おり、黄金で服を膨らませ、がつがつと豚のように黄金を欲しがるのであった。

モクテスマは、スペイン人を呪術《じゅじゅつ》にかけて追い返すことはできぬかと思い、呪術師や神官なども派遣した。彼らはスペイン人のもとに向かう途中、ひとりの酔っ払いのような男に出会った。八本の紐《ひも》を胸に巻いたその男は、呪術師たちを叱《しか》りののしり、こう言った。「お前らはなんの役にも立たん。もうメシコは永久になくなるのだ。さあ行け。帰れ。メシコを見ろ。そこでなにがおこっているのか見よ！」。

一同が振り返って見ると、テノチティトランのすべての神殿や家々が燃えていた。気がつくと、酔っ払いは姿を消していた。

このエピソードは、同じくメシカ人の土着史料にも述べられている。メシカの呪術師たちは、ある種のキノコで作った麻薬を常用し、幻覚を見て神と交信すると信じていたから、これはモクテスマの使者たちが実際に見た幻覚だったのかもしれない。モクテスマは、この報告を聞くと、「ただ頭を垂れたままで、首を曲げ、じっとうなだれていた。もう口を開くこともなく、気を落とすだけで、長い間正気を失ったかのようであった」と、同じ史料は伝えている。

峠を下りて、メキシコ盆地に入ったスペイン軍は、まずアメカメカという町に着き、金と四〇人の美女を贈られた。ここでコルテスは、テノチティトランにそんなに近い場所の住民たちも、メシカの重税に非常な不満をもっていることを知った。

そのころモクテスマは、湖の周りの都市の有力首長たちを集めて会議を開いていた。抗戦を唱える者たちもいたが、結局、モクテスマの無気力と敗北感が災いして、なにも決まらなかった。首長たちの間では、異邦人を首都に受け入れざるを得ないだろうという雰囲気が強くなった。

翌日、スペイン軍は湖の南端の町に着いた。そこから湖の中に築かれた堤道を通って、イスタパラパの町に出ると、急に展望が開け、スペイン人たちは思わず息をのんだ。北に向かって広がる大きなテスココ湖の周辺には、幾つもの立派な町が見えた。石造りの高い塔、神殿、王宮などがそそり立ち、その姿を水の面に映している。イスタパラパの西には、メシカの首都テノチティトランに向かう広い堤道がまっすぐに走っている。兵士たちは、そのすばらしい光景に、夢を見ているのではないかと目を疑った。従軍記録者のベルナール・ディアスは書いている。

この驚くべき光景を見て、我々はなんと表現していいか分からなかった。目の前に繰り広げられる光景が、現実かどうかも分からなかった。片側の陸地には大きな町々がある。湖上にはそれにも増して多くの都会があった。水の上には無数の舟が群がっている。堤道の所々には橋が架け渡されている。そして前方には、巨大なメシカの都がそびえ立っている。ところが我々は、四〇〇にも満たない兵力だった。

スペイン人たちが、最後の堤道を通ってテノチティトランの入り口に着いたのは、一五一九年一一月八日の午前だった。そのときの情景をコルテスは、カルロス一世宛ての書簡で、簡潔に描写している。

湖上のテノチティトラン　テスココ湖の湖上に浮かぶ首都は、ユニークな構造をもつ。中央の島に三方から堤道が通じ、西岸から水道が引かれている。

市《まち》のすぐ近くに、幅一〇歩ほどの木造りの橋があり、そこで堤道は切れていました。（中略）この橋を渡りますと、かの首長ムテスマ〔モクテスマ〕が、二〇〇人の首長たちとともに我々を出迎えにまいりました。首長たちはみんな素足で、彼らの風習に従い、他の者たちとは違う、もっと豪奢《ごうしゃ》な盛装で、街路の両側の壁寄りに二列になってやってまいりました。街路は広々としてとても美しく、また、まっすぐでありますので、（中略）端から端まで見通すことができます。そして両側には、住宅や寺院など、まことにすばらしく壮大な建物があります。ムテスマは、左右にひとりずつ首長を従え、街路の真ん中をやってまいりました。（中略）私は馬から降り、彼を抱擁しようとひとりで進みました。すると彼に付き添っていたあのふたりの首長は、彼に触れさせまいと、手で私を制し、彼らもムテスマも、大地に接吻《せっぷん》する儀式を行ないました。

モクテスマは神聖な王だったから、その体に触れてはならなかったのである。また臣下たちは、彼を直視することも許されなかった。

モクテスマとの会見

モクテスマはコルテスたちを案内して、父王アシャヤカトルの広壮な宮殿へと導いた。そして、たくさんの衣服をコルテスに贈ってから、こう話し出した。

自分たちは、もともとこの土地の者ではなく、ひとりの王に率いられて、はるか遠くの国からここにやってきたよそ者である。長い年月を経て、王がこの地に戻ってきたところ、昔の臣下たちもこの土地の人間になってしまっていて無視された。そこで王はやむな

コルテスとモクテスマの出会い　右から4人目がコルテス。（ディエゴ・ドゥランの絵文書より）

くここを立ち去ったが、私は、この王の子孫がいつの日か戻ってきて、この地を征服し、私たちを家来にするに違いないと信じていた。あなたがたは太陽の昇る方角からきた。私は、あなたがたこそ、あの昔の王の子孫であると信ずるから、あなたに服従し、主として仰ぐつもりだ。

この言葉は、ベルナール・ディアスはじめ何人かの記録者によって記されている。その後三〇年ほどして、ベルナルディーノ・デ・サアグンというフランシスコ会士が、再来を信じられていた王とは、ケツァルコアトルという、メキシコの伝説に出てくるトルテカの王である、と書いているが、その根拠は示していない。ケツァルコアトルは人身御供《ごくう》に反対して国から追われ、再来を予告して蛇《へび》の筏《いかだ》で東の海に去ったとされている。

とにかく、モクテスマの恭順な態度はコルテスを安心させた。彼は何人かの部将を引き連れて、人口二〇万といわれる大都市テノチティトランの所々、方々を見物しながら、六日間を過ごした。当時のヨーロッパで、これだけの人口をもつ都市はなかった。そしてただ人が多いというだけでなしに、交通、清掃、給水、汚物処理などが組織的に行なわれ、清潔で秩序ある都市生活が営まれていることに、スペイン人たちは感嘆したのだった。

彼らの目を驚かせたのは、テノチティトラン北部にあるトラテロルコの大市場だった。そこは「サラマンカの広場の二倍の広さがあって、全部軒廊《けんろう》で取り囲まれ、毎日六万人以上の人たちが集まって、あらゆる品物を取引していた」と、コルテスは報告している。

しかし、スペイン人たちの目を背けさせる、恐ろしいものもあった。大市場の脇に、大きな基壇の上にのった神殿があり、一一四段の階段がそこに通じていたが、登ってみると、神殿の壁は血でよごれ、人間の心臓が捧げられていた。メシカ人の宇宙観によれば、太陽の生命を維持するために、人間の心臓を捧げて元気を与えることが、宇宙の維持と人間の生存のために必要なのであった。コルテスはモクテスマに対し、メシカの間違った信仰をやめ、我々の真の神の教えに従うように、と説得した。

確かにコルテスは敬虔《けいけん》なキリスト教信者であり、ことごとにメキシコの異教が邪悪であることを説いて、悪魔の偶像崇拝をやめ、真正な教えの道に入るよう現住民たちに説き続けた。しかし、コロンブスと比べた場合、コルテスの人間像は、なにかある新しい特色をもっていたように思われる。宗教心と物欲の矛盾した混淆《こんこう》であるという点では同じなのだが、コルテスにはコロンブスにない、現実に対する正しい判断力と的確な行動力があった。彼は、コロンブスのように、自分を神の使徒とみるよりも、異教のイスラム教徒と戦う『ローランの歌』の主人公になぞらえ、聖戦の騎士の意識に燃えていたようである。これは、八世紀以来、国土回復のためにイスラム教徒と戦い、征服を繰り返した戦士たちの姿勢と似ていた。コルテスが南スペインに生まれた一四八五年は、まだスペイン人がグラナダの最後のイスラム教徒と戦っているさなかだった。彼がメキシコの土を踏んだ一五一九年は、イサベル女王とフェルナンド王がグラナダを奪回し、国土回復戦争を完遂してから二七年しか経っていなかった。異教徒に対する戦争の記憶はまだ生々しくスペイン人たちの脳裏に刻まれていた。イスラム教徒たちと戦ったスペイン人は、神に仕える敬虔なキリスト教徒であったと同時に、イスラムの財宝や身代金《みのしろきん》を狙《ねら》う物欲の人でもあった。中世人コロンブスとは違う

テノチティトラン大神殿　落成の記念碑石。火山岩。メキシコ市出土。復古典期後期（1250～1521年）。

くのである。

この「征服者《コンキスタドーレス》」という新しい型の人間たちが、これからアメリカ大陸の中に侵入してい

コルテスの決断

モクテスマは、コルテスに会う度に贅沢《ぜいたく》な贈り物をした。したがって、ベラクルスを発って以来、彼が受け取った金は、相当の量に達した。当然、モクテスマを捕らえて金を全部奪ってしまえ、という気持ちは彼の心のうちにきざしていたろう。しかし、それには口実が必要だったし、また王がどこに宝を蓄えているのかも分からなかった。ところが、ふたつの事件がおこって、状況が一転した。

コルテスは、モクテスマの許しを得て、礼拝堂を居住する宮殿の中に造らせたが、その工事の過程でスペイン人の大工が、ある部屋の扉がふさがれた痕跡《こんせき》を見いだしコルテスに報告した。コルテスが扉を開かせたところ、中には幾つもの部屋があって、それらには、編籠《あみかご》に入れた大量の金銀、ヒスイ、羽毛の製品が見つかった。とくに黄金の量はすばらしかった。コルテスは、口止めをして、モクテスマには秘密にし、また元通りに漆喰《しっくい》で固めて扉を封印した。この宝のうわさは、たちまちのうちにスペイン人の間に広まった。

それからまもなくして、コルテスのもとに、ベラクルスの守備隊から手紙が届いたが、それを読んだコルテスの顔は曇った。分隊長はじめ数人のスペイン人が、海岸地方に駐屯する

メシカ人に殺されたというのである。しかも、そのうちひとりの首がモクテスマのもとに送られてきた。この機をつかんでコルテスは素早く行動した。すなわち、五人の部下を連れ、約三〇人の武装兵に警備をさせて、モクテスマの宮殿に行き、王にベラクルスでのメシカ軍の行動をなじって、今すぐに自分が宿舎にしているアシャヤカトルの宮殿に移るよう要請した。いや、それは命令に近かった。というのは、もしそれを拒むならばあなたを殺す、と言明したからである。モクテスマは、長時間にわたって抗弁したが、ついに屈して亡《な》き父王の宮殿に移った。

王が白い人間たちの虜《とりこ》になったという知らせは、燎原《りょうげん》の火のように町中に広がった。モクテスマは、それまでどおりに侍女たちにかしずかれ、臣下を接見し、行政上の命令を下すことができた。また、神殿の祭祀《さいし》の長として、人身御供《ごくう》を捧げ続け、祭典を主宰した。しかし、彼はもはや主権者ではなかった。彼は自分の国を支配し続けたが、スペイン人が彼を支配したからである。コルテスがこのクーデターをおこしたのは、一五一九年一一月一四日だった。

やがて、ベラクルスから、現地メシカ軍の司令官と息子、および一五人のメシカ人が送られてきた。彼らはコルテスに引き渡され訊問を受けた。司令官は初め、すべて自分の意思でやったことで王は関係ない、と言い張ったが、拷問を受けて前言を翻した。コルテスはモクテスマに向かって、あなたは許すが、この者たちは厳罰に処する、と言い放った。一五人のメシカ人たちは、大広場の大ピラミッドの前に引き出され、火刑に処せられた。モクテスマは、鎖につながれてそれを見せられた。大勢のメシカの住民がその光景を見守ったが、一言も声を発しなかったという。

スペイン人たちの黄金への限りない執着

モクテスマを監禁したことで、スペイン人たちは一応安心したが、逆にこの行為が、メシカ人の一部に敵意を抱かせることになったのではないか、という心配も生まれた。王を捕らえたとはいえ、数十万の敵に囲まれている、とも言えるのだ。湖上の島の一部に孤立して、逃げ道もない。コルテスは、万一の場合に備えて、小さな帆船を四隻造らせた。スペイン人たちの立場は決して安定しているとは言えなかった。一五一九年の末には、モクテスマの甥《おい》でテスココ（テスココ湖東岸の都市国家）の首長カカマツィンの蜂起《ほうき》計画が発覚している。この機会にカカマツィンだけでなく、ほかの多くの都市国家の首長たちが逮捕され鎖につながれた。この状況下で、コルテスはふたつのことを実行した。

まず、スペイン人の支配の基礎を固めるために、モクテスマをはじめ首長たちを集めてスペイン国王に忠誠を誓わせ、次に、本来の目的である金探しを集中的に行なうことにしたのである。

コルテスは、一五二〇年の初頭に、モクテスマに命じ、多くの首長たちを集めさせ、その前でスペイン国王カルロス一世に臣従することを誓わせた。それに先立ち、コルテスは演説して、メシカの国は昔、この地を治めた異国の王がまた戻ってくることになっていたことを強調し、自分はその王に遣わされた者である、と言って、メシカ人に対するこの要求を正当化しようとした。しかし、この時点では、コルテスはキューバ総督の命令を無視して、国王の認可なしに、勝手に行動していたのである。次に、第二の点だが、もともとスペイン人たちは、金の亡者だった。そこへもってきて、モクテスマが事あるごとにスペイン人たちに金を贈るので、彼らの金に対する執着は募る一方だった。スペイン国王に忠誠を誓わせた儀式のあとで、コルテスは、国王陛下はイタリアの戦争で莫大《ばくだい》な戦費を必要とされているのだから、もっと金を寄贈してもらいたい、とモクテスマに要求した。

コルテスはモクテスマに、金の産地を聞き、またメキシコ各地の貢納表を調べて、偵察隊を派遣した。二〇日後、全員戻ってきて成果を報告し、入手した金を差し出したので、産金地の状況が大体明らかになった。金はほとんど河床から採れる砂金だった。モクテスマはスペイン人を集めて、それらの金を全部寄贈する旨《むね》を伝え、また自分の宝の部屋をスペイン人が開けたことも承知しているが、それもみなあなたがたのものだ、と宣言した。スペイン人たちは狂喜した。「コルテスも我々一同も、偉大なモクテスマのこのすばらしい厚意と気前のよさに、言葉もなく立ち尽くすばかりだった。そして、非常な敬意を表して、兜《かぶと》を脱ぎ、感謝の言葉を述べた」と、記録者ベルナール・ディアスは記している。三日がかりで宝は分類、計量された。

さて、その金の量だが、コルテスの公式発表によると、延棒《のべぼう》にされたものが全部で一六万ペソ、それに金銀細工品が七万五〇〇〇ペソ、合計二三万五〇〇〇ペソだったという。これは、約一トンにあたる。一六万ペソのうち、王室に納めたのが三万二四〇〇ペソ、残りの約一二万八〇〇〇ペソの五分の一をコルテスが取り、更に探検のために投資した経費を差し引いて隊員に分配すると、隊長格の騎士が約五〇〇ペソ、歩兵が一〇〇ペソの分け前にしかならず、非常な不満が沸き起こった。ベルナール・ディアスなどは、実際にはその四倍の六〇万ペソあったはずだ、と書いている。七〇万ペソという説もあった。コルテスは、今後幾らでも金は手に入るのだから、といって一同をなだめた。

一五二〇年の三月に入ってから、ある日モクテスマがコルテスに会見を申し込んできた。モクテスマはいつになく毅然《きぜん》とした態度で、首長たちの間に不満が募り、不穏な気が漂っているから、スペイン人たちは帰国したほうがよい、とコルテスに忠告した。恐らく、スペイン人たちが大神殿を清掃して聖母像を飾り、ミサを行なうようになって、メシカ人の宗教がないがしろにされたので、民衆の間に不満が高まったこと、また、トラスカラ人を含む数千の客人の食糧補給が、各首長の大きな負担になって堪え難くなったことなどが原因で強硬な態度をとったのだろう。首長たちが、武力蜂起《ほうき》を相談しはじめたことは事実だった。コルテスは、一応了解したような態度をとり、我々は帰国してもいいが、ただし船がないので、海岸で造らなければならない。だから、技術的な援助がほしい、と要請した。

　コルテスの意外に素直な反応にモクテスマは喜んで、協力を約束した。もうこれだけの金を手渡したのだから、未練もなく立ち去ってくれるだろう、と彼は期待したのである。しかし、コルテスはそんなに甘くはなかった。自分たちがこの土地を去るときには、スペイン国王に引き合わせるためにモクテスマも同行する、と言い放った。恐らく彼の真意は、船が完成したらスペインに金を送り、エスパニョラ島のサント・ドミンゴに応援と補給を求めて、メシカ支配を固めるつもりであったらしい。ところが四月初め、ベラクルスの守備隊から、船団が現われた、という知らせが届いた。九ヵ月前、スペイン国王に派遣した使者たちが援軍をもたらした、という楽観説を唱える者もいたが、コルテスはもっと悪い事態を懸念して緊張した。キューバ総督ベラスケスの命令に背いて出発したことが、絶えず彼の頭の中に気がかりとしてあったのである。

第五章　対決

キューバ総督の命令に背いて出発したコルテスを追って、ナルバエスの率いる追討軍がメキシコに到着する。全勢力を結集したコルテスは、テノチティトランに残留部隊をおいて、急ぎ海岸に向かい、ナルバエス軍と対決する。

ベラスケスの執念

正体不明の船隊が現われたとの知らせに、コルテスはさっそく五人の部下を海岸地方に派遣した。彼は極度に神経質になっていた。そして、万一を考えて、先にメシカ（アステカ）の国の視察に派遣したふたつの部隊――メキシコ湾岸のコアツァコアルコスに派遣した一五〇人の兵と、チナントラに派遣した部隊――に使いを送り、必要があればすぐベラクルス市方面に移動できるよう待機せよ、と伝えた。しかし、二週間たったが、なんの報告も返ってこなかった。

船隊の指揮官は、パンフィロ・デ・ナルバエスという、ベラスケス総督の部下だった。コルテスの心配は当たっていた。船隊はコルテスの援軍ではなしに、コルテス討伐のために派遣された部隊を乗せていたのである。この船団の派遣に至るまでには、スペイン本国でいろいろな派閥間の抗争があった。

コルテスは、ベラクルス市を海岸に建設してから、ふたりの使者に国王宛ての市会の書簡と、金を主体とするメシカの財宝を持たせて、一五一九年七月一六日に本国に送り出していた。彼はスペインに直航するように命じていたのだが、使者のひとりが、キューバのマリエルにある自分の荘園に寄ることを希望し、三日間そこに停泊して、飲料や食糧を積み込んだ。当然のことながら、メキシコのニュースはすべてのスペイン人たちの注意を引き、メシカの莫大《ばくだい》な宝がスペインに送られようとしていることが評判になった。この知らせはベラスケスを激怒させた。彼は使者たちの船を海上で抑留しようとして、ふたりの腹心を派遣したが捕捉《ほそく》できなかった。そこで、そのひとりゴンサーロ・グスマンが一九年一〇月一五日にスペインに向け出発した。ベラスケスは、当時インディアス（アメリカ大陸）関係の重要事項を一手に扱っていた通商院の権力者フォンセカに宛てて書いた、コルテスを糾弾する書簡をグスマンに持たせてやった。

コルテスの使者は、一〇月末にスペインに着いた。まだグスマンの船は到着していなかったが、ベラスケスの礼拝堂付き神父がたまたまキューバから帰っていて、フォンセカに圧力をかけ、コルテスが国王や自分の父親宛てに送った、黄金をはじめとする財宝を差し押えてしまった。神父は、コルテスの使者たちが乗ってきた船をキューバのベラスケスのもとに送り返すことを通商院に要請した。

しかし、たまたま一五一九年は、スペインにとって多事多難な年であった。一五一六年、スペイン国王としてフランドル地方のハプスブルク家から渡来したカルロス一世は、一九年六月に神聖ローマ皇帝（ローマ皇帝としてはカール五世）に選出されて、そのため莫大な借金を負い、またドイツに行ってアーヘンで戴冠式《たいかんしき》に臨み、帝国の経営に専念しなければならなかった。そのためスペインの各地の貴族たちと紛争をおこしながら、議会で多額の税金納入を要求していた。そのため騒然とした空気が国中に充満していた。カルロスは、できるだけたくさんの資金をスペインで調達して、故郷に向かう大船団を準備することで頭がいっぱいだった。そこで、インディアスの問題は、ハプスブルク家の家臣ガッティナラに一任した。その結果、それまでインディアスについて、ほとんど絶対的であったフォンセカの力に翳《かげ》りが見えはじめた。ベラスケスの書簡を読んだ彼は、コルテスの使者たちを逮捕して縛り首にしたい気持ちであったが、ガッティナラはメシカの宝に驚嘆し、コルテスの行動に興味を示したので、そのようなことは到底不可能な雰囲気だった。

「ユカタン島のカピタン」

一五一九年七月一六日にコルテスが送り出したふたりの使者は、メデリンからセビリャに出てきた、コルテスの父親マルティンと手を組んで対策を協議した。結局、国王に直接訴えるのが一番ということになって、機会を求めたが、カルロス一世は多忙で謁見はなかなか実現しない。三人は各地を移動するカルロスの宮廷のあとを追い、翌二〇年三月、トルデシリャスでやっと謁見が可能になった。カルロスは、セビリャからメシカの財宝を持ってこさせ、それを見て非常に印象づけられたと伝えられる。廷臣たちも皆、驚嘆した。しかし国王は、コルテスの請願、とくにメシカの国の征服の公認に関しては、なにも実質的な答えを与えなかった。恐らくフォンセカの力がまだ働いていたのだろう。宮廷は三月二六日、スペイン北西部のサンティアゴ・デ・コンポステラに着いた。

このガリシアの僻地《へきち》で、異例のカスティリャ議会が開かれ、カルロス一世は三年間スペインを留守にして、帝国の諸問題を処理する旨《むね》を宣言し、巨額の課税を強引に承認させた。カルロスは、神聖ローマ皇帝としてヨーロッパに君臨するために、天文学的な額の資金を必要としていたのである。宮廷の上から下までが金に飢えていた。この状態がコルテス一派に幸いした。黄金豊かな新しい国が征服されたとなれば、もちろん大歓迎である。差し押えられていた財宝の一部は、さっそくマヨルカやチュニスなどの防衛費に回され、恐らくは、五月二〇日にコルーニャからフランドル地方に向かって出帆したカルロスの船団にも用立てられたと思われる。また、五月一〇日付けの勅令は、コルテスの代理人たちが、財宝の一部をコルテスに対する補給物資の購入と輸送のために使うことを許可している。カスティリャ諮問《しもん》会議は、メキシコ問題を討議したが、結局コルテスはお咎《とが》めなしとなった。彼が希望したメキシコ総督ないしは長官の称号は得られず、ただ「ユカタン島のカピタン（隊長、指揮者）」という曖昧《あいまい》な職名で呼ばれたに過ぎないが、コルテスを反逆者として処刑することを求めるベラスケス側の意図は完全にくじかれた。諮問会議は賢明にも、結論を先延ばしにしたのである。フランドル地方に向かって出帆したそのとき、国王や重臣たちにとって、メキシコ問題などほとんど念頭になかっただろう。

コルテス追討軍の出発とメキシコ到着

本国からの反応がないので、キューバ総督のベラスケスは、いらだつあまり、ついに自己の権限によって、メキシコのコルテスに軍隊を差し向ける決心をした。コルテス船隊のキューバ出帆の直後に、カルロス一世から「前線総司令官《アデランタード》」の称号を与えられていたことも彼を強気にした。ベラスケスは、資力を傾けて、大小一八隻の帆船と、九〇〇人の大部隊を編成し、そのうち騎兵と小銃手がそれぞれ八〇人、射手が一五〇人であった。この指揮を信頼する部下のパンフィロ・デ・ナルバエスにゆだねた。一五二〇年三月には、もう出発の準備は完了していた。

この情報はすぐにカリブ海の他の島々に伝わった。当時、エスパニョラ島のサント・ドミンゴの総督および政庁《アウディエンシア》は、インディアスすべての土地に関して管轄権をもつとされており、ナルバエスの船隊の出発に危惧の念を抱いた。まだインディアス植民地の行政が固まっていないという今、スペイン人同士の軍事的対決を引き起こすようなことは、どう考えても問題がある。そのような結論に達した政庁は、バスケス・デ・アイリョンという特使をキューバに派遣して、ベラスケスを説得することにした。

アイリョンが到着したとき、ベラスケスはすでに船隊とともにキューバ島の西部に行っていた。アイリョンは現地に赴いてベラスケス、ナルバエスと話し合おうとしたが、ふたりとも聞く耳をもたなかった。結局、船団は予定通りキューバを出帆してメキシコに向かった。アイリョンは二隻の船でそのあとを追った。二〇年三月五日のことだった。スペイン人のほかに、多数のキューバ住民が使役のために連行されていた。キャッサバその他の食糧も十分に積み込まれた。そのほかこの船隊は、目に見えない船客を乗せていた。それは一五一九年にスペイン南端のアンダルシア地方で発生し、瞬く間にエスパニョラ、キューバなどの島々に伝わって猖獗《しょうけつ》を極めた天然痘《てんねんとう》のウイルスだった。「旧世界」の疫病に全く抵抗力をもたないカリブ海の住民は、この病気のため激減していた。一五一九年五月、サント・ドミンゴの一役人は、天然痘により、島の原住民は事実上絶滅した、と報告している。

ナルバエスの船隊は、それまでの探検船隊と同じように、まずユカタン半島のコスメル島を目指したが、そこから沿岸航海をして、コルテスが以前（一九年四月）に上陸したサン・ファン・デ・ウルーア島に到着したのは、二〇年四月一九日だった。ところが、アイリョンの船が先回りをしてすでに到着していた。驚いたことに、彼の船には、早くもメキシコで商売をしようとたくさんの品々を積み込んだ商人が乗っていた。

ナルバエスは、上陸地にサン・サルバドールという町を建設し、市会をつくった。そしてトトナカ人に優しい態度をとって懐柔しようとした。アイリョンの存在は、部下たちに、ナルバエスが必ずしも王室から全面的な支持を受けて行動しているのではないことを察知させて具合が悪かったので、彼はアイリョンを乗ってきた船に監禁し、結局はサント・ドミンゴに送り返してしまった。アイリョンはナルバエスを非難する手紙をスペインに送り、それがコルテスの一派に有利な証言となった。

正体不明の船団が現われたとき、コルテスは未確認の到着者の正体を確かめるために、五人の部下を海岸地方に派遣していた。しかし、彼らの報告が届く以前に、モクテスマはナルバエスと接触をもっていた。彼のもとに海岸地方の部下から、一八隻の船が到着している様《さま》を描いた一枚の絵が届いた。モクテスマはこの情報をコルテスには伝えず、秘《ひそ》かに海岸地方に使者を送って、ナルバエスに自分の苦衷を訴えた。ナルバエスは、自分はスペイン国王のため、この国に植民するためにやってきたのであり、モクテスマを釈放して、盗まれた品物を返還させる、と使者に約束した。

これに対してモクテスマは懐疑的な反応をした。彼は根底的にスペイン人たちを信頼できなかったのであろう。むしろ彼は、スペイン人たちが分裂していることを印象づけられた。モクテスマはコルテスに絵を示し、このように船が海岸にきているのなら、もう船を新しく造る必要はないだろうから、早くスペインに出発したらどうか、と促した。コルテスも、部下から一向に情報が入らないので、いらだちを感じ、オルメード神父に書簡を持たせて海岸に派遣した。と同時に、ひとりの兵士をベラクルスの守備隊長ゴンサーロ・デ・サンドバルのもとに送った。

そのころサンドバルのもとには、ゲバラという神父をはじめ三人の使者が訪れ、ベラスケス総督が任命したこの地の「軍事総督《カピタン・ヘネラル》」としてナルバエスが到着したから、その指揮下に入るように通告した。これに対してサンドバルは、ためらうことなく三人を逮捕し、荷担《タ》ぎ人《メ》の背に縛り付けて、二〇人の兵に監視させながら、テノチティトランのコルテスのもとに送り出した。彼らの到着によってコルテスは初めてベラスケスの追討軍が到着したこと、また、自分の派遣した五人の部下がナルバエスに捕らえられたことを知った。しかし、彼は意外にも神父たちの縄を解いて、自分の部下の手荒な扱いを詫《わ》びた。そして、たくさんの宝物を贈って、メシカの国がどんなに黄金の豊かな国であるかを説明し、巧みにナルバエス軍の兵力、装備、士気などについて聞き出した。コルテスは、ナルバエス軍がそれまで「新世界」で編成された最大の部隊であることを察したが、その士気は必ずしも高くないことを見てとった。またアイリョンがサント・ドミンゴの政庁の特使として一緒にきたことも聞き、ナルバエスが政庁の全面的支持を受けているのではない、と判断した。実際、追討軍の隊員の大部分は、ナルバエスの掲げる大義名分などどうでもよかった。新しく発見された黄金郷が彼らの最大の関心事だったのだ。

心理戦

コルテスは心理戦に訴えることを決意した。まず、捕虜を海岸に送り返したが、ひとりの部下を同行させ、かなりの量の黄金を携行させた。一同が海岸に着いたとき、すでにオルメード神父が到着し、ナルバエスにコルテスとの協力を説得しつつあった。ゲバラ神父もすっかりコルテスの金の贈り物に懐柔され、メシカの国の壮大さと富について誇大宣伝をした。おまけに同行したコルテスの部下が追討軍の隊員たちに金を配り、事を構えずにコルテスと協力することがいかに賢明かを説いた。大部分の者は動揺しはじめた。

コルテスにとって、道はふたつしかなかった。メシカの首都テノチティトランでナルバエスの到着を待つか、または積極的に海岸に下って対決するかのどちらかである。彼はためらわなかった。いついかなる状況にあっても、彼は積極主義者だった。ペドロ・デ・アルバラードに一二〇人の兵を託してモクテスマを預け、一五二〇年五月初め、テノチティトランを出発して海岸地方に向かった。兵力はわずか八〇人だった。ただしトラスカラの戦士多数が従った。モクテスマは一〇万人の戦士と三万人の荷担ぎ人《タタメ》を提供しようと言ったが、コルテスはこれを断わり、私が必要とするのは神の御加護のみだ、と言明した。

チョルーラでは、メキシコ湾岸のコアツァコアルコスに派遣されていた一五〇人の部隊が、コルテスの指示に従って待機していた。やがてナルバエスのもとに行ったオルメード神父が合流し、海岸地方の情勢を伝えた。神父から、モクテスマとナルバエスがすでに連絡を取り合っていることを知らされて、コルテスは怒りの色を示した。しばらく行って、コルテスたちは、またナルバエスが派遣した数人の使者たちに会った。ひとりの書記がコルテスの面前で、自分の指揮下に入れ、とのナルバエスの書簡を読みはじめると、コルテスはそれを遮って、貴殿が国王の書記である証拠をお見せいただきたい、と要求した。もちろん相手は、国王の信任状もなにも持っていなかった。コルテスはいったん使者たちを逮捕させ、数日監禁したあげくに、釈放して贈り物を与え、甘い言葉で自分の側につくことの利を説いた。彼らがナルバエスのもとに去るとき、すっかり態度を軟化させていたことは言うまでもない。このころまでに、コルテスに従っていた数千のトラスカラの戦士たちは、少しずつ消えて、ひとりもいなくなってしまった。彼らはスペイン人たちの争いに巻き込まれたくなかったのだろう。

その後何回か、コルテスとナルバエスの間に使者が交換されたが、両者の態度は基本的に変わらなかった。コルテスは機会あるごとに黄金を与えて、ナルバエス側の兵士たちの気を引いたので、ナルバエス軍からは脱走者が出はじめた。敵陣にスパイも放った。やがてそのような脱走者たちを集めて、ベラクルスからサンドバルが合流し、コルテス軍は三七〇人に膨れ上がった。交渉を続けながらも、コルテスは決戦を覚悟していた。

ナルバエス軍はセンポアランに進出し、その外郭に騎兵や大砲を配置したが、折からの大雨でよもや敵襲はあるまいとたかをくくり、馬や兵器を置き去りにしたまま町に帰った。幹部たちはピラミッドの上の建物にこもって休んでいた。そして、ひとりの斥候が敵の接近を報告に戻ってきたときも、気にもとめず、「心配するな。奴《やつ》を捕まえたら耳を切り落として食ってやる！」と、豪語した。

コルテス軍も雨の中で不愉快な一夜を過ごしたが、このようなときこそ攻撃の好機だというコルテスの言葉に励まされて出撃を待っていた。彼は、ナルバエスを最初に捕らえた者には一〇〇〇カステリャノスの金を与えると約束した。暗闇《くらやみ》の中の攻撃だったから合言葉も決めた。それはエスピリトゥ・サント、すなわち「聖霊」だった。

ナルバエスの敗北

奇襲は一五二〇年五月二九日の早朝に行なわれた。まだ暗く、軍勢は大雨に包まれて見分けがたかった。敵陣のすぐ手前でふたりの歩哨《ほしょう》に遭い、ひとりは捕らえたが、もうひとりは逃亡した。コルテスは素早く捕虜を尋問し、敵軍の配置を聞き出した。センポアランは一年前に滞在した所だから、神殿や建物の配置はよく分かっていた。大砲や馬が郊外に放置されていると知ると、彼は直ちにサンドバルに六〇人の兵を与え、ナルバエスの眠るピラミッドに直行させた。雨はやみ、たくさんのホタルが空を飛んでいた。

逃亡した歩哨は、まっすぐにナルバエスのいるピラミッドに行った。隊長を起こして敵襲を告げると、彼は武装しながら部下たちに、敵襲だ、とどなった。敵が到着するまでにまだ時間があると思っていたらしい。しかし、いきなり「国王陛下万歳！　エスピリトゥ・サント！」という喚声があがったので、ナルバエスは狼狽《ろうばい》した。サンドバルが先頭に立って、六〇人の歩兵がすでにピラミッドを駆け上がって切り込んできたのである。ナルバエスと約三〇〇人の護衛兵は、暗闇の中で、敵と味方の区別もつかずに剣を振り回した。乱闘の中で、「助けてくれ！　殺される！　目をやられたぁ！」というナルバエスの絶叫が聞こえた。サンドバルは、降伏しなければ藁《わら》屋根に火をつけると威嚇《いかく》した。応答がないので火が放たれた。その明かりの中で、右目から血を流したナルバエスと、戦意を喪失したその部下たちの姿が見えた。彼らは直ちに降伏した。広場に配置された大砲や騎馬もたちまちのうちに押収された。小銃は雨で火薬が湿って発火しなかった。要するに、コルテスは完全勝利をおさめたのである。ナルバエスは三年間の虜囚生活ののち許され、一五二八年、フロリダ遠征を行なっている（「エピローグ」）。

コルテスは降伏した敵の部将たちを寛大に扱った。彼らはすべて彼の麾下《きか》に入ることを誓った。ナルバエスが連れていた道化のギデーラという黒人は、おどけて「ローマ人も貴殿のごとき手柄をたてた者はおりませぬ」と言った。記録者ベルナール・ディアスによれば、ナルバエスが「拙者を捕虜にした貴殿のお手並みは、この上なくお見事でしたぞ」と、言ったのに対し、コルテスは、いや、私がこの国にきてからやったことのうちで、最も取るに足りない仕事だったよ、と冷ややかに答えたという。しかし、内心ではコルテスも大変得意だったらしい。のちに彼はジャマイカ総督フランシスコ・デ・ガライに、「作戦においてはオクタヴィアヌスのごとく幸運で、征服においてはカエサルのごとく、ハンニバルのごとく困難を克服した」と、言ったそうだから、まさしく英雄気取りだったわけだ。

彼の部下の中にも、戦後処理に不服を唱える者が出た。例えば、アロンソ・デ・アビラという者は、コルテスがアレクサンドロス気取りで、一緒に戦った味方よりも、破った敵に温情を示す、と言って非難している。古典時代の英雄や偉大な戦士の像が、絶えずメキシコ征服者たちの念頭にあったようである。

ナルバエス軍を吸収したおかげで、コルテスの兵力は、歩兵一三〇〇人、小銃手、射手各々八〇人、砲二〇門、騎馬九八頭となった。彼は、先にナルバエスが建設を宣言したサン・サルバドールを廃止し、パヌコ地方の海岸に新植民地を建設するために一二〇人を派遣した。また、金産地と目されるコアツァコアルコス川流域にも別の一二〇人を送った。

本隊は首都帰還の準備を終え出発を待っていた。そのとき、青天の霹靂《へきれき》のように、突発事件がおこった。テノチティトランから、メシカ人が蜂起《ほうき》してスペイン人を包囲している、という凶報が入ったのである。

第六章　「悲しき夜」

テノチティトランに帰ったコルテスが発見したのは、蜂起したメシカ軍に包囲され、孤立した留守部隊だった。合流して抗戦するが、捕虜のモクテスマ王も死に、コルテス軍は劣勢に立つ。一夜、隠密裡に首都を脱出しようとするが、敵に発見され、甚大な被害を受ける。この「悲しき夜」ののち、コルテスはやっとの思いで同盟者トラスカラ人の地にたどりつく。

メシカ人の怒り

いったい、どうしてそのような事態が発生したのか。

一五二〇年五月初め、コルテスがナルバエス軍と対決するため、テノチティトランを発つとき、ペドロ・デ・アルバラードに一二〇人の兵をつけて、留守中の守備を委託したことはすでに述べた。数十万の首都およびその周辺の住民に取り囲まれ、海岸に向かったコルテスの動向も分からぬままに、スペイン人たちが、孤独で不安な毎日を送ったであろうことは容易に想像できる。

大虐殺　メシカ人の大祭典を自らの恐怖心から「反乱」と見なして、奇襲攻撃をかけ、大虐殺を行なったスペイン人兵士たちと、殺されたメシカ人たち。（ディエゴ・ドゥランの絵文書より）

コルテスが出発した直後に、メシカ（アステカ）人たちはトシュカトルの大祭の準備をはじめた。一六世紀の記録者であり、古代メキシコの宗教に関する本の著者であるディエゴ・ドゥラン神父は、トシュカトルは、五月二〇日にはじまるメシカ短暦の第五の月であり、この月の一日にトシュカネトティリストリという祭りが盛大に行なわれた、と言っている。この祭りのとき、突如としてスペイン人がメシカ人の虐殺をはじめたのである。

ドゥラン神父によれば、トシュカトルとは「乾き」を意味した。つまりそれは、旱《かん》魃《ばつ》の季節だったのである。したがって大祭の主な目的は雨乞《あまご》いであった。それは、メシカの主神ウイツィロポチトリ、テスカトリポカ、シウコアトルなどに祈りを捧げる、複雑な祭式より成っていた。この祭りでは、一年間テスカトリポカ神の化身として、神自体と同じように崇拝された美青年が、生贄《いけにえ》に捧げられ、人々はその肉を食い、血を飲んで、聖なる神との一体感を味わった。これはキリスト教の聖体拝領と同じ思想である。祭りの頂点は、戦士、神官、庶民、女子供すべてが参加して行なわれる音楽入りの大舞踏であった。原色のはでやかな頭飾りや装身具をつけ、毒々しく身体装飾をした人々が乱舞する、踊りと喚声と絶叫と奇妙な怪《あや》しい笛と打楽器の音。それは、有機的な世界が解体し、善と悪、昼と夜、聖なるものと冒瀆《ぼうとく》が境を失って混淆《こんこう》する「反乱」の世界であった。スペイン人たちが、この異文化の異様な祭祀《さいし》的混乱の中に、自分たちに対する反乱の気をかぎとって恐怖したとしても、別に不思議はないだろう。

祭りを執行するに先立って、モクテスマはコルテスとアルバラードに許可を求め、人身御《ご》供《くう》を捧げないという条件で承認を得ていた。戦士が武器を携行すること、ウイツィロポチトリの神像を大ピラミッドに再び据《す》えることも禁じられた。しかし、祭りの日が近付くにつれて高まってゆくメシカ人の興奮の気に、アルバラードは言いようのない不安を感じた。また、つねづねメシカ人との戦争で捕らえられた戦士たちが、テノチティトランのピラミッド上で生贄《いけにえ》に捧げられているのを知っているトラスカラ人たちも、自分たちやスペイン人たちが奇襲を受けて捕虜にされ、大祭で生贄として捧げられるのではないかと心配していた。

こうした疑心暗鬼のうちに、彼らは大祭の日を迎えた。アルバラードは生贄が用意されているのを知った。また、ウイツィロポチトリの神像が大ピラミッドの裾《すそ》に置かれ、引き上げられんばかりになっている、という報告も受けた。踊りがはじまったとき、何人かのスペイン人は、大神殿広場の三つの門のそばにいた。アルバラードを含むその他の者たちは、群衆の中に交じっていた。集団的恍惚《こうこつ》が絶頂に達したとき、スペイン人たちはいきなり剣を振ってメシカ人たちをめった切りにしはじめた。以下は、フランシスコ会士ベルナルディーノ・デ・サアグンが編纂《へんさん》したナワトル語によるメシカ人の証言である。

祭りがはじまり、人々は踊り、歌い、歌に歌が重ね合わされたとき、スペイン人たちは殺したいという衝動に駆られた。彼らは武装して走り出し、すべての入り口をふさいで、だれも外に出られないようにした。そして、祭りの人々を殺戮《さつりく》するために聖なる広場に殺到した。剣を持ち、木や鉄の武器を抱えていた。そして、踊り手たちの真ん中に走り込んで、太鼓の間に割って入り、それを叩《たた》いていた男に襲いかかって両手を切り落とした。頭も切り落とした。首は遠くに転がった。あらゆる人に襲いかかって刺し殺し、切りつけた。後ろから襲いかかると、倒れる者の腸《はらわた》が飛び出した。頭を叩き割られた者は、頭蓋《ずがい》が押し潰《つぶ》されて粉々になった。肩を切られた者もあった。体が切り開かれ、切り刻まれた。ももやふくらはぎにも斬りつけた。腹にも切りつけた。すると腸が全部床にこぼれ落ちた。それでもなお逃げようとする者もいたが、無駄で、悪臭を放つ腸を引きずるだけだった。どうあがいても逃げ道はなかった。むりやりに逃げようとする者もあったが、門の所で虐殺された。

中には壁をよじ登って逃げた者もあった。神殿に逃れて助かった者もいる。また、死んだ人たちの間に入り、死んだふりをして助かった者もいた。だが、立ち上がったら最後、刺し殺された。勇士たちの血は川のように流れ、広がり、血と腸の悪臭が立ちこめた。スペイン人たちは神殿の中に走り込み、隠れている者たちを殺した。彼らはそこら中を走り回り、隅まで引《ひ》っ掻《か》き回して、狩りたて、殺したのである。

やがてメシカ人たちの反撃がはじまった。スペイン人はすぐさま守りを固めると同時に、メシカ人に鉄の矢を射かけ、小銃を放った。またモクテスマに足枷《あしかせ》をした。モクテスマは無傷だったが、彼を囲んでいたメシカの貴族たちの多くは惨殺された。メシカ人たちは、壁によじ登って中庭に入り、スペイン人に迫ろうとした。スペイン人だけでなく、トラスカラの戦士たちも必死で戦った。それほどメシカの攻撃は熾烈《しれつ》だったのである。テノチティトランへの堤道の至る所に架け渡された木の橋は取り外され、コルテスが非常のときのために造らせた小帆船も全部焼かれた。スペイン人たちは、完全に孤立してしまった。もう食糧の調達もままならなかった。メシカ人のスペイン人に対する怒りと鬱憤《うっぷん》が爆発したのである。しかし、彼らにも弱点があった。王のモクテスマが敵の手にあったので、なかなか戦闘の指導者を選び出せなかったのである。

コルテスの帰着

そのころコルテスは、テノチティトランへの道を急いでいた。急行軍でトラスカラを経由してメキシコ盆地に入ると、通る町通る町に人気《ひとけ》が薄いのに気付いた。テスココで一泊したが、首長たちは不在だった。用心のため、テスココ湖の北岸を大回りして、最も短いタクバ(トラコパン)からの堤道を渡り、首都に接近した。不思議なことになにも抵抗はなかった。首都に入ったのは、六月二四日、海岸を出発してから二週間目だった。

「町にはほとんど人影はなく、十字路の門のうち幾つかは開け放しになっていたので気味悪く思いました。しかし、敵が、自分たちのしたことのために恐れを感じて逃げたのだろう、と解しました。そこで、私が戻れば、彼らを安心させられるだろう、と思いました」と、コルテスは国王への報告書簡に記している。しかし、彼は思い違いをしていた。メシカの戦士たちは、じっとコルテス軍の動静を監視し、追い詰めて攻撃をしかけるために、わざと抵抗しないで市内に導き入れたのだった。

籠城《ろうじょう》中のスペイン人たちは、涙を流さんばかりに喜んだ、とコルテスは書いているが、それについて記録者ベルナール・ディアスはなにも記していない。彼はただ、モクテスマが出てきてコルテスを抱き、ナルバエスに対する勝利を祝ったが、コルテスはろくに耳を貸そうとしないので、王は落胆して部屋に引きこもってしまった、とだけ述べている。恐らくコルテスは、モクテスマが自分に内緒でナルバエスと通じていたことを根にもっていたのだろう。

コルテスは、アルバラードに事の顚末《てんまつ》を説明させた。アルバラードはあくまでメシカ人の側に反乱の陰謀があったと言い、彼らは最初からそのつもりで武器を隠していたのだ、と主張した。それに対してコルテスは非常に怒り、「全く取り返しのつかぬ、ばかなことをしてくれた。そんなことは全くあり得ない」と言った、とベルナール・ディアスは伝えている。

コルテスの首都到着後三日目に、メシカ軍の攻撃ははじまった。まさに人海戦術というべき戦法であり、道を埋め尽くし、塔や平屋根の上に群がって、石や槍《やり》を投げつけ、矢を射込んだ。そしてスペイン軍の陣地に乱入し、火を放って焼き殺そうとした。ほんの数日でスペイン人の間からは四六人の死者が出た。コルテスは、モクテスマに付き添っていたイスタパラパの王クイトラワックを釈放して敵陣に送り、攻撃を中止し、大広場の市場を再開するよう説得させようとした。ところがこれが裏目に出た。クイトラワックは戻らなかった。彼はモクテスマの弟だった。メシカ人たちは、監禁されて無力になったモクテスマを見棄《みす》てて、クイトラワックを指導者に選んだのである。クイトラワックは有能な軍事指導者であることが証明された。メシカ軍の攻撃はますます激しくなった。

スペイン人たちは、以前と変わらず、テノチティトランの中央の大広場に面したモクテスマの父アシャヤカトルの宮殿に住んでいた。広大な建物だったので、一〇〇〇に余る兵士たちを容れるに十分だった。トラスカラの戦士たちは、広い中庭に野営した。この宮殿を中心に市街戦が行なわれ、その激しさは日毎に増した。メシカの戦争はふつう、広い野外で行なわれるので、戦士たちは市街戦には慣れていなかったが、数がものをいった。攻撃を受け、幾ら死者が出ても、スペイン軍が疲労して手を休めると、たちまちまた盛り返してくる。そのうち狭い街路にバリケードを築いて防戦しはじめた。スペイン軍は大砲や小銃で真ん中に突破口を開けようとしたが、すぐにふさがれた。コルテスは、木材で動く壁を作らせ、小銃手や射手がその後ろに隠れて前進しようとしたが、壁はすぐ壊された。絶え間なく喚声がおこり、石や矢が四方から飛んできた。「敵は本当に強かった。トロイアのヘクトル一万人とローラン一万人をそろえても、彼らには勝てないと思われた」と、ベルナール・ディアスは書いている。ホメロスや、中世フランスの武勲詩の人物をあげているところが、当時のスペイン人の意識を示していておもしろい。

イタリアに従軍した経験のある三、四人の兵士がいたが、彼らが繰り返し神に誓って言うには、キリスト教徒間の戦いでも、フランスやトルコの砲兵、小銃兵との戦いでも、これほどの激戦はなかった。また、あのインディオたちのように、勇敢に隊列を密にして崩さない戦士は見たことがない、とのことだった（ベルナール・ディアス）。

モクテスマの死

この猛攻を前にして、さしものコルテスも前途暗澹《あんたん》たる思いに、考え込んでしまった。話し合いが行なわれ、いろいろな意見が出たが、結局は、首都撤退を条件に停戦を申し込むほかないだろうということになった。とくに、ナルバエス軍から移ってきた者たちの怨《うら》みはひどく、彼らはコルテスを罵倒《ばとう》した。停戦の申し入れには、モクテスマを使うのが一番だろうということになった。しかし、コルテスのこの意向が伝えられると、モクテスマは、今更なにを言うのか、もうあんな男の嘘《うそ》の約束など信じられるものか。すべてはあの男の責任だ、と言って部屋から出てこようとしなかった。オルメード神父とひとりの部将が、下手《したて》に出て丁重に頼み込んだ末、やっとモクテスマは承知した。しかし、「臣下たちはもう私のもとを離れ、別の指導者を選んだのだから、言ったところで無駄だ。皆、この町で死ぬ運命にあると心得よ」と、にべもなかった。

モクテスマは、ふたりの騎士が差し出す盾に守られながら、壁の上に立った。そしてかつての臣下たちに語りはじめた。このときの状況については、いろいろな説がある。コルテス自身は、国王に宛てた報告書簡の中で、モクテスマは話しはじめる前に、飛んできた礫《つぶて》に打たれて倒れた、と書いている。記録者ベルナール・ディアスは、メシカ人の四人の部将が涙を流しながらモクテスマに語りかけ、我々はクイトラワックを新しい王に選んだ、敵を殲滅《せんめつ》するまで戦うと神に誓ったのだから攻撃はやめない、どうか神々があなたをお守りくださり、生き抜かれたならば、また従前通り王としてお仕え申し上げます、と言ったと伝えている。そして、モクテスマは、この言葉が終わるやいなや飛んできた石に打たれて重傷を負った、と付け加えている。これに対してメシカ側の史料の中には、モクテスマはスペイン人に刺し殺されたとしているものもある。いずれにしても、彼はコルテスにとって、もはや無用の存在になってしまったのであった。

モクテスマは翌日、すなわち一五二〇年六月三〇日の朝逝去した。オルメード神父が改宗を勧めたが、彼は拒み続けた。というよりは、興味を示さなかった。彼は、傷の手当ても断わった、食物をとろうともしなかった。モクテスマはもう生きる意志を失っていたのである。彼が死んだとき、コルテスも将兵も皆泣いた、とベルナール・ディアスは書いている。「私は、捕虜のふたりのインディオに、モクテスマの遺体を運び出させました。ふたりは、彼を肩に担いで人々の所に運んでいきましたが、遺体をどうしたかは存じません」と、コルテスはスペイン国王に報告している。遺体は、その後コプルコという所に運ばれ、火葬にされた。

再び激しい戦闘がはじまったが、コルテスは首都撤退をはっきり決意していた。問題はその時期だった。スペイン人の中に、ボテリョというローマにいたことのある男がいて、占星術に詳しいとのことだった。彼が言うには、今晩直ちに脱出しないと、だれひとりとして生き延びることは不可能だ、と占いに出たとのことである。部将たちはコルテスに迫って即刻撤退を要求した。コルテスは、初め頑強にこの案に反対した。首都を撤退して宝を失うより、この身を切り刻まれたほうがましだ、とさえ言い放った。しかし、結局は彼も撤退に同意せざるを得なかった。

急いで準備が進められ、夕刻にはそれがなんとか終わった。堤道の所々に設けられていた橋の大部分は破壊されていた。唯一の可能性は、西のタクバに向かう堤道を行き、橋が破壊された箇所には用意した板を渡して前進することだった。それにはかなりの困難が予想されたが、ためらっている場合ではなかった。さっそく四〇人で持ち運びできる木製の大きな板が用意された。荷物をまとめるときに問題になったのは、宝の輸送だった。モクテスマの宝のほかに、コルテスの命令でメキシコ中から集めた金が相当な量に達していた。金は大部分、延棒《のべぼう》にしてあったが、当時の慣習に従って王室のため、その五分の一を納入する義務があったので、輸送責任者が決められた。兵士は各々自分の取り分を携行したが、指揮官たちの分がかなりな量にのぼるので、王室の分と合わせて、運搬のために馬八頭と、八〇人のトラスカラ人が動員された。それでも積み残された量のほうがずっと多く、七〇万ペソに達した。宮殿の広間に積まれたこの金の山を指さして、コルテスは、メシカ人に取られてしまうくらいなら、だれでもいい、持っていけ、と言った。大勢の者たちがこれに群がったが、その大部分は旧ナルバエス軍の兵士たちだった。彼らは、このすぐあとで、高い代価を支払うことになる。

首都脱出

記録者ベルナール・ディアスによれば、七月一日の早朝、そぼ降る雨の中を出発したときには、スペイン人一三〇〇人あまりと、二〇〇〇ないし三〇〇〇人のトラスカラの戦士たちがいた。雨は姿を隠すのに好適だった。幸い街路には人影がなく、メシカ人たちも全員眠っているように思われた。無事に市街地を抜け、タクバに向かう堤道の入り口までできた。堤道の切れ目に橋を渡し、全員が渡り終わってから、橋を次の切れ目まで運んでさらに前進することになっていた。橋を全員が渡りきるまで警護するために、トラスカラ兵四〇〇人と、スペイン兵一五〇人が選ばれた。もちろん、彼らが橋を運ぶことになっていた。

大砲を運ぶためには、トラスカラ兵二〇〇人とスペイン兵五〇人が選ばれた。先頭に立つのは、選り抜きの勇猛な騎士数名に率いられた、若くて勇猛なスペイン兵一〇〇人だった。コルテス自身は、五〇人の兵士とともに、荷担《タ》ぎ人《メ》、雑用係のトラスカラ人、それに捕虜を連れて、隊の中程に位置し、適宜援軍が必要になった箇所に出動することになっていた。殿軍《しんがり》には、アルバラードほか一〇〇名ばかりの騎兵と、一〇〇人以上の歩兵、および旧ナルバエス軍のほとんど全員がつくことになった。

首都脱出　スペイン軍敗戦の「悲しき夜」のとき、堤道の切れ目で、湖上からの猛烈なメシカ軍の襲撃を受けるスペイン兵とトラスカラの戦士たち。（トラスカラの絵文書より）

最初の切れ目に橋を渡して前進しようとしていたとき、ひとりのメシカ女性がスペイン人に気がつき、「メシカ人よ、集まれ、敵が逃げようとしている！」と、いきなり大声で叫んだ。大神殿の上にいた神官たちは、太鼓を鳴らして非常呼集をかけた。みるみるうちに、戦士たちを乗せたカヌーが漕ぎ出されて、堤道の周りを埋め尽くした。前衛隊は慌てて、用意していた橋を渡して走り出し、後続の者の前進を促した。しかし、本隊の三分の一も渡らないうちに、どっと敵軍が押し寄せてきた。陸上からだけでなく、湖上のカヌーからも石や矢を投げかけてくる。なんとか全員が渡り終わって、スペイン人たちが橋を外して持ち上げようとしたとき、それは地面に食い込み過ぎていたので、幾ら力を入れても持ち上がらない。そこでスペイン人たちは橋を見棄《みす》てて次の堤道に移ろうとした。しかし橋がないのだから一度湖の中に入ってまた次の堤道によじ登らなければならない。大部分の者たちは、堤道の上に孤立した形となった。

それからは地獄絵のような凄惨《せいさん》な場面になった。堤道の切れ目がくる度に、泳ぎ渡らなければならない。重い荷物を持った者は溺《おぼ》れ死ぬ。溺れ死なないまでも、水中で自由を失ってもがくところを、船の上からメシカ人に石や槍《やり》で殺される。そういう者の中には、欲張って持てるだけの金を持って撤退してきた旧ナルバエス軍の兵士たちがたくさんいた。しまいには溺死者《できししゃ》の死体の山ができあがり、その上を後続の者たちが必死で踏みつけて向こう岸に渡った。

しかし堤道の上に残された者たちはもっと悲惨だった。三方を取り囲まれて、逃げ道はなかった。喚声をあげて迫るメシカ軍は猫が鼠《ねずみ》をなぶるように、包囲の輪をじわじわと進め、間断なく飛道具《とびどうぐ》を打ち込んできた。スペイン軍の捕虜となっていたテスココの王や、モクテスマの子たちや、占星師のボテリョや、トラスカラの戦士たちの多くが殺された。いや殺された者はまだ運がよかった。多くの者は生きながらにして捕虜にされ、のちにピラミッドの上で生贄《いけにえ》に捧げられて、心臓を刳《えぐ》り取られたのである。

スペイン軍の敗戦「悲しき夜」

命を全うして対岸のタクバに着いた者はわずかだった。コルテスは、国王に対する報告書箇の中で、一五〇人のスペイン兵と、二〇〇〇～三〇〇〇人以上のトラスカラ兵が死んだ、と書いている。この数は史料によってかなり差があり、多い場合には三〇〇ないし四五〇人のスペイン兵、約四〇〇〇人のトラスカラ兵が死んだ、とされている。痛手だったのは、六九頭の馬のうち残ったのはたった二四頭であり、大砲、小銃などの多くが失われてしまったことである。

その晩、コルテスたちはひとつの神殿を占領して休息したが、たちまちメシカ軍に包囲され、一時間も休むことができなかった。まだ暗いうちに脱出したが、敵はどこまでも執拗《しつよう》に追跡してきた。トラスカラ人たちは、あくまでコルテスに忠実で、テスココ湖の北を回ってトラスカラまで行けば安全だから案内する、と申し出てくれた。全員が綿のように疲れきっていたが、前進しなければ死あるのみだった。このスペイン人にとって悲惨極まりない敗戦の夜は、メキシコの歴史の上で「悲しき夜《ノーチェ・トリステ》」と呼ばれている。そしてコルテスたちが休んだ大きな糸杉が、「悲しき夜の木」として今でもメキシコ市内に残っている。しかし、この悲惨な状況下にあっても、コルテスは心の奥底で、生き延びてまたこの町に戻ってくることを考えていたらしい。彼は、メシカ軍の攻撃を、あくまでインディオたちの反乱と呼び続けた。タクバに着いたとき最初に発した質問は、船大工のマルティン・ロペスが助かったかという質問だった。傷は負ったが助かった、と聞くと、コルテスは「これでいい、さあ、出かけよう」と言ったという。

湖の北を回ってトラスカラまでは一六〇キロメートルもあった。しかもメキシコ盆地の外輪山を越えなければならない。コルテスは出発を命じた。泥と血にまみれ、絶望の淵《ふち》に沈みきった将兵は、首をうなだれ、ほとんど惰性でヨロヨロと前によろめいて行った。もしメシカ軍の主力が、直ちに追っ手をかけてきたとしたら、それでコルテス軍は間違いなく全滅しただろう。ところがクイトラワックに率いられたメシカ軍は、スペイン人たちを神域から追い出すことに成功して大喜びし、ピラミッドや王宮の清掃をしたうえで、何百人という捕虜たちを、ひとりひとり生贄に捧げはじめていた。

コルテス軍は、湖畔の町をひとつひとつ通りながら、現在でも残る、先アステカ期の大遺跡テオティワカン（テノチティトランの北東）のそばを通過して、オトゥンバに出た。そこまでも絶えず少数の敵の攻撃を受けて、残った兵士は三四〇人、それもほとんどが傷を負っていた。ところがこのオトゥンバで、メシカの新王クイトラワックが、大軍を率いてスペイン軍と決戦を交えようとしていたのである。野を埋め尽くした敵の大軍を見て、コルテスは、「今度こそは本当に最後だと思った」と言っているが、スペイン人たちは必死の抵抗を試み、乱戦の末、結局騎兵の活動が功を奏し、クイトラワックはスペイン軍撃滅をあきらめて、退去していった。

このオトゥンバの戦いが最後の戦いだった。数時間にわたる激戦の末、辛くも生き延びたスペイン人たちは、山を越え、高原に出て、やがてトラスカラ領内の町に入ることができた。翌日、マシシュカツィン、シコテンカトルはじめトラスカラの首長たちが、はるばるその町までやってきて、スペイン人たちの災難をいたむとともに、奇跡的に生き延びてトラスカラにきてくれたことを、心から喜んでくれた。ベルナール・ディアスによれば、助かったスペイン兵は三四〇人、それに二〇頭の馬と一二挺《ちょう》の大弓と七挺の小銃が残っていたという。

「辺境の固め」

この町でコルテスは、スペイン人たちに思いきった命令を出した。テノチティトランから持ち出した金を一切差し出せ、というのである。態勢を立て直すための資金にするのだから、違反者は厳重に処罰する、という断固たる態度だった。しかしこれがどれほど実行されたかは明らかでない。

それからまもなくしてスペイン人たちはトラスカラに移ったが、彼らの知らないうちに、クイトラワックは秘密の外交政策を展開していた。彼は六人の密使をトラスカラに送り、我々はつまるところ同じ祖先をもち、同じ血を分かち合う人間たちであり、同じナワトル語を話す者たちだから、この際協同して侵入者スペイン人に当たるべきではないか、とトラスカラの首長たちに説かせたのである。コルテスにかつて痛めつけられて遺恨をもつシコテンカトルの息子は、積極的にこの意見に同調した。しかし彼の父親や、大首長のマシシュカツインが強硬に反対したため、この提案はお流れになった。

クイトラワックは、この失敗の後、ミチョアカン地方（メキシコ中西部）に住むタラスコ人の王たちに呼びかけた。タラスコの王たちは協議をしたが、メシカ人の奸智と謀略に悩まされ続けてきたのだから、今更メシカ人と同盟するのは考えものだ、とする意見が勝ちを占めて、ここでもメシカの使者たちはむなしく引き揚げた。

確かに、トラスカラの首長たちはコルテスに好意をもっていたが、その反面、コルテスにきつい要求を突きつけてきた。第一に、トラスカラはチョルーラを領有したい。第二にメシカ人を破ったのちには、テノチティトランに自分たちのための特別の砦《とりで》を造りたい。第三に戦利品はスペイン人と山分けにしたい。第四にテノチティトランを治める者がだれであろうと、永遠にトラスカラ人は税を払わないようにしたい、というものだったが、非常の際であったから、コルテスはこれらの要求をすべて呑《の》んだ。

クイトラワックは、スペイン人たちの来襲を予想して、なんとか味方を増やそうとした。その後も、支配下の各地に使者を送り、スペイン人を殺したり、自分の領内から追放した町は、一年間納税を免除するとの布告を出したが、ほとんど効果はなかった。

他方、トラスカラのコルテスは、三つの問題を抱えていた。

第一は、海岸のベラクルス市との連絡であった。まだ「悲しき夜《ノーチェ・トリステ》」の実態はベラクルスに知らせていなかった。そこで味方の損害についてはなにも言わないで、ただテノチティトランを退去したことだけをベラクルスの守備隊長に伝えた。そして至急援助を送ることを要請し、またいかなる船もキューバに行かせないように厳命した。まもなくベラクルスからの援軍がやってきたが、それは病み果てた七人の男たちに過ぎなかった。

第二は、この地方の治安状態が極めて悪く、ベラクルスとの連絡に事故がおこりがちだったことだ。コルテスは、ナルバエス撃破後の六月、海岸からテノチティトランに向かう途中、トラスカラに何人かの病人とともに、金、銀、衣服などを残していった。首都に入ったのち、ひとりの部将に四五人の歩兵と五騎の騎兵をつけて、この預け物を回収し、海岸まで輸送するよう指令した。彼らは、トラスカラで二〇〇〇ペソの金をふたつの箱に詰め、その他一万四〇〇〇ペソの小粒の金を袋に詰めて海岸に向かったが、トラスカラを出てまもなく、カルプラルパンという所で、原住民の待ち伏せにあって全員殺害され、宝を奪われた。その前にもスペイン人の使者が殺されたことがあった。そこでこの地方の治安を回復させなければ、海岸地方との連絡は極めて不安定な状態になるであろうと思われた。

第三の問題は、スペイン軍の陣内からおこった。おもに旧ナルバエス軍の兵士たち、そしてそれに若干のコルテスの部下も加わって、あのように大きな敗北をこうむったのだから、もはやこの国にいてもむだである、早くキューバに帰りたいという合意書を起草し、コルテスに突きつけてきた。それに対してコルテスは得意の長広舌を振るって、今撤退しては、これまでの国王陛下に対する奉仕も一切むだになる。この大きく豊かな国が、このままみすみす失われてしまってよいのか、と逆に兵士たちに問いただした。結局、コルテスの弁舌がものをいって、兵士たちは要求を取り下げざるを得なかった。

二〇日間トラスカラで休養してから、コルテスは軍を率いてテペアカ地方に向かった。距離はわずか六四キロメートルしかない。しかし地勢が険しいので、着くまでにかなり手間取った。コルテスはあらかじめテペアカの首長たちに使者を送り、なぜスペイン人の旅行者たちを殺害したのか、と問いただした。そして、メシカ人はスペイン国王に忠誠を誓いながらスペイン人を何人も殺した。メシカ人および彼らに同調してスペインに敵対する者たちは、奴隷として売られなければならない、と伝えた。

二日後に、スペイン軍はテペアカを攻撃した。郊外のトウモロコシと竜舌蘭《りゅうぜつらん》の畑で、激しい戦いが展開されたが、今度も騎兵の活躍が敵にとどめを刺して、スペイン人の勝利に終わった。コルテスは、直ちに町に入り、一五二〇年九月四日付けで、そこに「辺境の固め《セグーラ・デ・ラ・フロンテーラ》」と称する町を建設することを宣言した。

新都市建設後コルテスのとった「懲罰」は厳しかった。テペアカの多くの男性が殺され、女子供が奴隷にされたばかりでなしに、その周囲の多くの町々でも、同様なことが行なわれ、全部で一万五〇〇〇ないし二万人の人々が殺されたという。これが正確な数かどうかは分からないが、コルテスは、「辺境の固め」のために、思い切った手段をとったことは確かである。

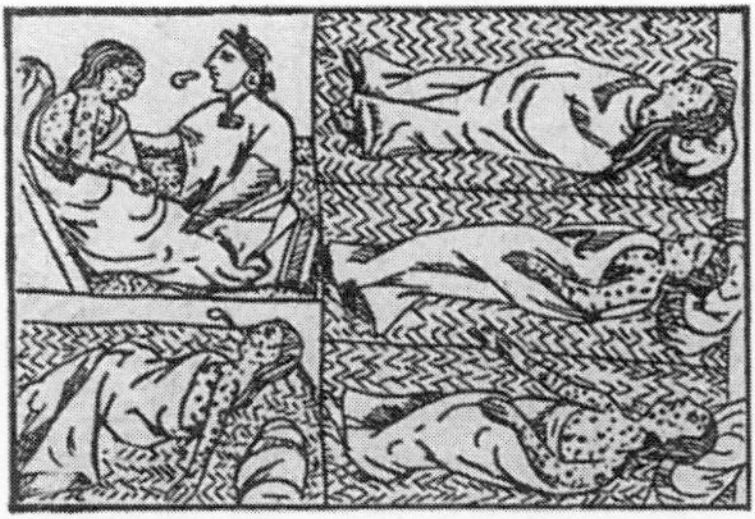

悪疫に苦しむメシカ人　スペイン人を追い払ったものの、思わぬ敵が彼らを襲った。未経験の天然痘であった。(フィレンツェの絵文書より)

天然痘の流行

そのころテノチティトランでは、新しい事態がおこっていた。メキシコで初めての天然痘《てんねんとう》の流行がはじまったのである。

四八ページ、九七ページで述べたように、一五一九年に、南スペイン・アンダルシア地方で発生した天然痘は、その年のうちにカリブ海の島々に伝わって、その住民をほとんど根絶やしにした。全く抵抗力をもたない原住民にとって、これはまさしく死の病であった。この恐るべき天然痘が、恐らくパンフィロ・デ・ナルバエスのコルテス追討の船隊とともに、ユカタン地方をはじめとして、メキシコ沿岸の各地に恐ろしい勢いで拡《ひろ》がりはじめたのである。メキシコの中央部に天然痘が拡がるきっかけになったのは、ナルバエスの軍に参加していた黒人の荷担《タ》ぎ《メ》人が、センポアランで発病したのがはじまりだった。そこからこの疫病は驚くべき速さでメキシコ高原に伝わり、二〇年一〇月末からは、スペイン人退去後のテノチティトランを荒らし回った。新王クイトラワックは、たった八〇日間王位にあっただけで、この病のため病没した。注目すべきことは、この病が原住民に死の鐘を鳴らしたにもかかわらず、スペイン人はほとんどこれから免れていたという事実である。すでに天然痘のウイルスに抵抗力をもった者たちが、スペイン人部隊の大部分を占めていたのであろうか。

天然痘の魔手は、トラスカラにも伸びてきた。そして、コルテスが信頼していた大首長マシシュカツィンもそれに感染して死んだ。彼は臨終のときキリスト教に改宗することを望んだので、コルテスはオルメード神父を遣わした。そして洗礼を受け、信者として死んだ。天然痘の蔓延《まんえん》はメシカ社会に一大打撃を与えた。

多くの住民が死亡したため、一五二〇年の収穫の大祭は中止になり、収穫自体も人手不足のためにままならぬ状態になった。この情勢が、征服者コルテスに有利に働いたことは確かである。

テノチティトランでは、新しい王が選ばれた。クイトラワックのいとこのクアウテモックだった。彼は、モクテスマのいとこであり、先王であったアウィツォトルの子だった。二〇代半ばの若さであり、勇猛な戦士としてもすでに頭角を現わしていた。幸い疫病を免れたこの青年王が、これから征服者コルテスと対決することになる。

第七章　英雄の敗北

捲土重来を期したコルテスは、外交と戦略に手腕を発揮して、反メシカの諸民族集団を糾合し、多数の帆船を湖上に浮かべ、周囲の都市国家をひとつひとつ攻略しながら、クアウテモック王に指揮された、首都防衛軍に迫る。

再びテノチティトランへ

コルテスがテペアカを征服し、そこにスペイン人の町「辺境の固め《セグーラ・デ・ラ・フロンテーラ》」を建設したのは、ただ単に海岸との交通の安全を確保するためだけではなかった。それまでにも過大な負担をかけてきたトラスカラにこれ以上依存することは、下手をすれば両者の関係に破綻《はたん》をきたすような軋轢《あつれき》や紛争の種をまくことにもなりかねない、と考えたからだ。再起してテノチティトランを再征服するためには、資源や資金を蓄積することが必要だ、とコルテスは考えていた。しかし、それをトラスカラから調達することは好まなかった。トラスカラ人との関係は良好にしておきたかった。なぜなら、彼らは、メキシコに孤立したスペイン人たちの唯一の頼みであり、友人であったからだ。それほどコルテスたちは、敵だらけだった。

テペアカの征服は、同時にその町のテノチティトラン支配を断ち、それまでメシカ（アステカ）の首都に送られていた貢納品を、すべてコルテスのもとに取り上げることを意味した。テペアカの征服後、コルテスはそこを基地として周辺の都市を征服し、服属させることによって、自己の勢力範囲を拡大するとともに、税を取り立てて、戦略のための物質的基礎を固めたのである。また彼は、部下たちを各地の金産地に派遣し、金の蓄積に努めた。コルテスにとって幸いだったのは、そのころ相次いで海岸地方にスペイン人の船が着いたことである。メキシコのうわさを聞いてやってきた冒険者たちだったが、彼らは補充兵力として役立った。また商人たちも一儲けを企んでやってきた。例えば、カナリア諸島の商人たちが、「新世界」で売れそうな武器や軍需品を満載してキューバに送った船が、メキシコのうわさを聞きつけてベラクルスに現われた。ベラクルスの市長は、コルテスの指示通り、商品を船ごと買い取った。乗員は喜んでコルテスのもとに向かった。このときも、多分それまでにベラクルスに貯蔵された金が使われたのだろう。コルテスはまた、エスパニョラ島のサント・ドミンゴにも補給を求めて四隻の船を派遣している。

この期間にコルテスが実行したもうひとつの計画は、一三隻の小帆船の建造だった。初めにテノチティトランを制圧したときにも、彼は緊急時に備えて四隻の小帆船を造らせた。それらはすべてメシカ人の蜂起《ほうき》のときに焼かれてしまったが、湖の島の上にあるテノチティトランを攻略するためには、堤道よりも水上から直接攻撃するほうがよい、と彼は判断したのである。「悲しき夜《ノーチェ・トリステ》」を生き延びた船大工マルティン・ロペスが、トラスカラの工人たちを指揮して造船に専心した。

やがて、人員、武器、弾薬、食糧の補給など、すべての条件が満たされて、コルテスは、一五二〇年の一二月中旬トラスカラに帰った。そして、二週間の滞在ののち、同じ月の二八日、いよいよテノチティトラン再攻略に出発した。率いる兵は約六〇〇人。そのうち騎兵は四〇騎、小銃手と射手が八〇人だった。多数のトラスカラ戦士があとに従った。そしてメキシコ盆地の外輪山脈の峠を越えて、盆地に入っていった。前進するにつれて周囲の峰々に狼煙《のろし》の煙があがるのが見えた。もう、湖畔の各都市では、スペイン軍の接近を知って警戒していたのだ。最初の目標は、湖の東岸の要衝テスココだった。

テスココは、テノチティトランよりも歴史が古く、強大な王国だった。一四世紀の初め、メシカ人が北方の蛮族としてメキシコ盆地に入ってきたときには、すでに文明の中心として重きをなしていた。しかし、メシカ人たちは、一四世紀の間にめきめきと力をのばし、一五世紀初め、テスココおよびタクバ（トラコパン）と三者同盟を結ぶまでになった。そして、一六世紀初めまでには、このふたつの都市国家を従属的な地位に陥れて、メキシコの覇者となった。テノチティトランは、テスココの王に対して強い影響力をもっていたから、この町を降して支配下に置くことは、コルテスにとって、最初にしなければならない重要事だった。

テスココに迫ると、テスココの王コアナコチツィンからの使者が、和平の印に金の旗を掲げてコルテスの陣営を訪れ、スペイン軍を歓待する準備をするから、すぐには町に入らず、一晩だけ郊外で過ごされたい、と要請した。コルテスはこの申し出を受け入れながらも、使者たちに厳重な抗議をした。実は、コルテスらがトラスカラに向かって退却中に、五五人より成るスペイン人の部隊が、国内の金探しの旅から首都に戻りつつあり、テノチティトランの事件を知らずにテスココ領内を通過した。コアナコチツィンはこの部隊を攻撃させ、虐殺したのち、捕虜になった者たちを神殿で生贄《いけにえ》に捧げ、金を全部奪ってしまったのである。コルテスはこのことを使者たちに厳しく責めたて、金の全額返済を求めた。テスココ人たちは、すべてはメシカ王の命令でやったことであり、自分たちの責任ではない。また金はすべてテノチティトランに運んだ、と弁解した。

一夜明けて、一二月三一日、スペイン軍はテスココの町に入りはじめたが、人影がなく、しんとしていた。コルテスは何人かの兵たちに、神殿の上に登って偵察させると、テスココ人たちは皆、町から出て、カヌーで去っていくか、徒歩で山のほうに退去してゆくところだとの報告だった。コアナコチツィンもすでに脱出していた。コルテスは素早く、まだ町に残留していた町の上層部の人間たちを集め、コアナコチツィンの逃亡によって王位がからにな
ったから、と宣言し、王族のひとりのテココルツィンという者に洗礼を受けさせてから、形だけの合意を取り付けて、新テスココ王とした。これを聞きつけて、テスココの二万五〇〇

〇の人々は続々とまた町に戻ってきた。

テスココの中のある神殿で、生贄《いけにえ》に捧げられたスペイン人と馬の遺骸《いがい》が見つかった。コルテスは国王への報告書簡で、「上手に鞣《なめ》され、足も蹄鉄《ていてつ》もうまく縫い合わされた五頭の馬の皮と、スペイン人たちの衣類、所持品がたくさん勝利の印として偶像に捧げられているのを見ました」と書いている。

テココルツィンという人物についてはあまり多くのことは知られていないが、まもなく病没して、そのあとにイシュトリルショチトルという王がたてられた。二〇そこそこの若さだったが、勇猛な戦士で、しかもメシカのモクテスマが自分を差し置いて、コアナコチツィンをテスココの王に指名したというので、猛烈な反テノチティトラン派であった。この若い軍事指揮官が、テノチティトラン包囲戦においてコルテスのために大いに尽くすこととなる。

コルテスの作戦は、テスココを基地に、テスココ湖の周りの有力な都市国家を、ひとつひとつテノチティトランから切り離してゆくことを目標にしていた。スペイン人に忠節を誓い、協力すれば同盟者として優遇する。しかし、抵抗すれば容赦なく攻撃し、絶滅させる、というのが彼の方針だった。

三日後、テスココの支配下にあるコアトリンチャンはじめ、ふたつの町の王がコルテスのもとに現われ、服従を誓った。これが、クアウテモックの耳に入り、クアウテモックは彼らに使者を送って、スペイン人たちはいずれ撃滅されるのだから、自分に対する忠節をないがしろにするな、と譴責《けんせき》した。王たちはこの使者たちをコルテスに引き渡した。コルテスは、彼らをテノチティトランに帰し、クアウテモックに、過去を忘れて和解しようと申し出た。

攻撃の準備

コルテスが最初に武力攻撃に訴えたのは、テノチティトランの南の湖岸にある、人口一万のイスタパラパの町だった。この町から湖の中を北に向かって堤防が延びており、塩分を含んだテスココ湖の水からテノチティトランを隔てていた。コルテスに率いられた二〇〇人余のスペイン軍は、三〇〇〇あまりのトラスカラの戦士団とともにこの町に迫ったが、メシカに忠誠を誓うイスタパラパ人が、八〇〇〇を超えるメシカ軍の増援を得て、猛烈な反撃を加えてきた。スペイン軍は苦戦したが、やがて押し返して敵をイスタパラパに追い詰め、女子供も含めて六〇〇〇人以上を虐殺したという。トラスカラの戦士が、メシカ人に対する恨みに燃えて、殺戮《さつりく》をやめなかったことがひとつの原因だが、これ以後コルテスは、彼らの行き過ぎに、当惑すら感ずるようになる。

日が暮れて、スペイン人たちは町のある建物で一夜を過ごすことにした。ところが突然町中にすごい轟音《ごうおん》がおこり、洪水のように水がなだれ込んできた。メシカ人たちがテスココ湖の堤防を切ったので、二二ヵ所から塩水が押し寄せてきたのである。スペイン人とトラスカラ人は、ずぶ濡れになりながらほうほうの体で逃げ出し、追撃してくるメシカ軍と戦いながら、闇《やみ》の中をテスココに引き揚げた。「一番こたえたのは」と、記録者ベルナール・ディアスが書いている。「イスタパラパの住民とメシカ軍が、建物とカヌーから浴びせてきたあざけりの喚声だった」。

逃げ帰ったとはいえ、スペイン軍のイスタパラパ破壊は、メキシコ中央高原の住民たちに、非常なショックを与えた。コルテスのもとに、自発的に服従を申し出てくる首長たちが相次いだ。しかし、テノチティトランの支配力は、容易なことでは揺るがすことができなかった。テノチティトランは、テスココ湖の周囲の諸都市に部隊を送って、スペイン側に寝返りをうたないように監視させた。そして、大部分の都市は、まだメシカ人の統制下にあった。これにはひとつ問題が絡んでいた。人口二〇万といわれるテノチティトランおよびトラテロルコの食糧の確保のためには、周囲の農村地帯を支配する諸都市国家の協力がどうしても必要だった。ところが、数千のトラスカラ軍を抱えるコルテス側にとっても、食糧の確保はすべてに先決しなければならなかった。そこで、時が経過するにつれて、諸都市の奪い合いは熾烈《しれつ》になった。テスココ湖の南、チャルコ湖東岸のチャルコと、その南東のトラルマナルコの首長たちが使者を遣わし、コルテスに仕えたいが、メシカの軍隊が駐留しているので、なんとかしていただきたい、と申し出てきた。コルテスは、約三〇〇人の兵に二〇騎をつけて、多数のトラスカラの戦士とともに送り出した。激戦の末、メシカ軍が壊滅して、チャルコとトラルマナルコは、コルテスの支配下に入った。コルテスは、このとき捕虜になったメシカの要人八人を、テノチティトランに送り返し、クアウテモックに再度和平を申し入れた。でき得ることなら彼も流血や殺戮を避けたかった。とくに、戦闘の度毎にますます残忍になっていく、血に飢えたようなトラスカラの戦士たちを、彼はもてあましはじめたらしい。しかし、今度も返答はなかった。クアウテモックは徹底抗戦を決意していたのである。

この困難な局面を打開するために、コルテスはある作戦をたてていた。まず、トラスカラから、船大工マルティン・ロペスに造らせていた小帆船を輸送させて、湖上の兵力とする。その活動と相呼応しながら、湖の周辺の主要都市を一つ一つ占拠して、少しずつテノチティトランを孤立させ、兵糧攻めにする。そして、それが完了してから、堤道に沿い、また水上から、首都に総攻撃をかけようというのである。大体このシナリオに沿って作戦は実行された。

包囲作戦

一五二一年の一月末、コルテスは、二〇〇人の歩兵に一五騎をつけて、小帆船受け取りのため、トラスカラに送り出した。小帆船とはいえ、トラスカラから、険しい山地を越えて一六〇キロメートルの険しい道程である。指揮はゴンサーロ・デ・サンドバルにゆだねられた。彼は、途中、かつてスペイン人が殺され金が奪われた事件があったカルプラルパンで、事件の真相を調査するよう命じられていた。その町に着くと、住民は皆、逃亡して人気《ひとけ》がなかった。だれもいない神殿に入ったサンドバルたちは、身の毛もよだつような光景を見た。記録者ベルナール・ディアスは書いている。

我々は、殺害されたスペイン人の血が壁一面に飛び散り、偶像にかけられているのを見た。そして、皮を剝《は》ぎ取られたふたつの頭と、手袋の革のように鞣《なめ》された皮を見た。頭は、顎髭《あごひげ》をつけたまま、ひとつの祭壇に捧げられていた。同様によく鞣《なめ》した馬の皮が四頭分あった。馬の毛と拍車は、大きな神殿の偶像に捧げられ、スペインの衣服もたくさん捧げられていた。そして、建物のある柱に、〈ここに、不幸なるファン・ユステ、多くの同胞とともに監禁さる〉と消し炭で書かれていた。

生贄（いけにえ）　スペイン人たちが捕まると馬とともに生贄に捧げられた。（フィレンツェの絵文書より）

サンドバルの一行が更に前進を続けると、トラスカラの近くで、八〇〇〇人以上のトラスカラ人が、解体した帆船の材料を担いで行進してくるのに出会った。そのあとには、同じ数の、羽飾りをつけ武装した戦士が従い、さらに食糧輸送の人員二〇〇〇〇人も続いていた。サンドバルたちは、手間が省けたと喜び、合流してテスココに引き返した。隊列は一〇キロメートルも続いたという。途中、メシカ軍の襲撃を警戒しながら前進し、一同が歓呼の声に迎えられてテスココに到着したのは、二月一八日ごろだった。しかし、すぐに帆船を湖に浮かべてはならなかった。多数のメシカのカヌーが水上を徘徊していて、いつ攻撃してこないとも限らなかった。そこでコルテスは湖岸からテスココの町まで堀を作らせ、水を引いて、いつでも出動できるように帆船を待機させた。

　湖上から攻撃をかける準備を進めながら、コルテスは、それまで比較的放置していた、湖の北岸の遠征を二月に開始した。テスココ湖の北にはシャルトカン湖があり、その湖上の島に同名の町が造られていた。スペイン軍はそこを掠奪破壊すると、翌日には西岸のクアウティトランに入り、更にテナユカ、アスカポツァルコを制圧して、五日目に要衝タクバに入った。ここからは、テノチティトランに向かって最短の堤道が通じているから、首都攻撃を開始するには格好の場所だった。また、スペイン人にとっては、あの「悲しき夜《ノーチェ・トリステ》」のつらい思い出の場所でもあった。堤道はきれいに修理されていた。コルテスはそれに沿って何度か攻撃をかけてみたが、本気で攻勢に出る気はなかった。

　テスココに帰ってきたコルテス以下のスペイン人たちは疲れきっていた。新しい町々からの服属の要請も相次いだが、現状では、そのすべてに応じるわけにはいかなかった。まずいことに、このころスペイン軍内部に反乱計画がおこり、コルテスは通報により、首謀者を逮捕、処刑して事なきを得たが、この事件で、旧ナルバエス派とのしこりがまだ残っていることが明らかになった。

しかし、その反面、いいこともあった。新しい援軍がサント・ドミンゴ市からベラクルス市に到着したのである。二〇〇人が十分な兵器、弾薬と七〇ないし八〇頭の馬とともにコルテスの戦列に加わることとなった。当時、サント・ドミンゴはメキシコのうわさでもちきりであり、また同地に定着した富裕なジェノヴァ商人の中には、メシカ征服に投資してもいいと考える者たちがいたという。なお、この援軍には、免罪符を持った一神父が同行しており、テノチティトランに行ってから兵士たちに売りさばいて、金を貯えて帰国したと伝えられる。

その直後、コルテスは、部下にカルロス一世への報告書簡を持たせて、スペインに派遣している。国王および自分の家族のための、相当量の金の輸送も託したという。彼は、まだ国王の認可なしでメシカ征服を行なっていた。金に窮したカルロス一世の心を捉《とら》えるためには黄金が一番だということを、よく知っていたのである。

帆船の組み立てを待つ間に、コルテスはメキシコ中央高原南方の情勢を安定させるため、自ら、三〇騎と三〇〇人の兵士、多数のトラスカラ、テスココの戦士を率いて、四月五日にテスココを出発した。そして、いたる所でメシカに加担する勢力の強い抵抗を受けながら、クエルナバカ（テノチティトランの南）まで遠征し、帰途テノチティトランの南のショチミルコを攻撃、占領した。このときの戦いでは、メシカの戦士たちがスペイン人から奪った武器を使用したのが注目される。コルテスはこの激戦で落馬し、すんでのところで命を落とすところだったが、部下に救われた。メシカ人は十分彼を殺すことができたのだが、敵を生贄に捧げるため捕虜にする、という彼らの戦争の原則がそれを妨げた。

総攻撃の開始とメシカ軍の反撃

ひとつひとつテスココ湖周辺の町がテノチティトランの支配を脱してゆくにつれ、メシカ（アステカ）王国の足場は揺らぎはじめた。もっとも深刻になってきたのは食糧問題だった。ただでさえ多かったテノチティトランの人口は、周辺の町々から召集した兵士で更に膨らんでいた。食糧不足がはじまった。コルテスはもちろんこの情勢を察知していた。彼はひたすら帆船の完成を待った。そして、味方についた都市に兵力の供給を求めた。トラスカラはじめ多くの都市から、一五万の兵が集まった、とコルテスは書いている。スペイン軍の兵力は、歩兵七〇〇人、騎兵八六人、射手、小銃手が一一八人だったと伝えられる。大砲は三門、帆船に積み込む小さな砲は一五門あったが、火薬は十分とはいえなかった。銅の矢尻をつけた五万本の矢が用意された。帆船には、それぞれ二五人の兵と約六人の小銃手と射手を乗り組ませた。

帆船が完成し四月二八日に進水した。全軍が集合して、オルメード神父がミサを行なった。そのあとでコルテスは、タクバ、コヨアカン、イスタパラパに基地を置き、互いに連絡しながらテノチティトランを攻撃することを決めた。タクバ、コヨアカン行きの部隊は五月二二日に出発し、イスタパラパ行きの部隊はその九日後に出発した。そして、六月一日に帆船は活動を開始した。さきのイスタパラパ攻撃のときメシカ人たちが堤防を切ったことが、帆船の行動を容易にした。

コルテスは、初めテスココ湖の南東にある小島に、大勢のメシカ兵がいて、戦況を観察し、しきりに狼煙《のろし》をあげてテノチティトランに信号を送っているのに気がついていた。接近すると、雨霰《あめあられ》と矢や石が飛んでくるので、攻略を決意し、帆船隊から上陸を決行して敵を殲滅《せんめつ》した。そして、イスタパラパからの堤道とコヨアカンからの堤道の合流点であるショロコの重要性に注目し、ここに作戦本部を設けることにして、コヨアカンとイスタパラパから兵力を引き抜き、大砲をそこに据《す》え付けさせた。ここを起点にした攻撃は容易に進捗《しんちょく》し、スペイン軍は、一時

小帆船で首都を攻撃するスペイン軍
15門の砲が積み込まれ、強大な威力を発揮した。（フィレンツェの絵文書より）

テノチティトランに押し入って、大神殿群のある中央広場に迫ったが、メシカ軍の抵抗は激しく、結局は撤退した。

最も難航したのは、タクバの堤道から首都入りしようとした一隊だった。指揮者は「悲しき夜《ノーチェ・トリステ》」のきっかけをおこし、また退却のときに殿軍を務めたペドロ・デ・アルバラードで、記録者ベルナール・ディアスも隊員として加わっていた。コルテスは六隻の帆船をさいて、堤道を進む部隊の左右を護らせたが、この方面での敵の抵抗は最も激しく、一進一退の状態が、一ヵ月近くも続いた。

その間に、南からの攻撃路を完全に確保したコルテスは、それまで全く手をつけていなかった、北のテペヤカックから首都に通ずる堤道の攻撃を開始させた。ここがテノチティトランへの食糧供給路だと見抜いたからである。船隊の援護はあったけれども、この堤道の前進も困難を極めた。堤道の切れ目の橋は破壊されていただけでなく、その首都側の端には、バリケードが築かれ、周りの水面には杭《くい》が一面に打ってあって、船隊は近付くことができなかった。コルテスは、二度ばかり首都に直接なぐりこみ作戦を敢行し、そのうち一度は中央広場近くまでメシカ軍を追撃したが、拠点を築くことは不可能で、結局は押し返された。

ベルナール・ディアスは、タクバ堤道の戦いでおこった悲劇的な事件について記録している。

コルテスは、堤道を前進するとき、必ずその切れ目を、石や土などで埋めておくように命令していた。ところがその攻撃で、敵がどんどん退却しはじめたので、アルバラード隊は追撃に熱中するあまり、命令を忘れ、ある切れ目を飛び越えたまま、埋めないで突き進んでしまった。ところがこれがメシカ軍の策略だった。アルバラード隊が追撃に夢中になっているときに、カヌーに乗った敵の一隊が、その切れ目まで漕ぎつけ、先をとがらした杭を一面に打ちつけた。そしてそれが終わったころ、堤道上を逃げていたメシカ軍は、くるりと向きを変えて、急に反攻にうつり、逆にアルバラード隊を押しまくりはじめたのである。切れ目の所まで逃げてきた彼らは、バタバタと杭の上に落ちて負傷し、落命した。ベルナール・ディアスも数人の敵兵に腕を捕まれたが、必死に切りつけて、それを振りほどき、九死に一生を得た。六人のスペイン兵が捕虜になり、ピラミッドに引き立てられていった。

これよりも、もっと悲惨な戦闘が行なわれたのは、六月三〇日のことである。その日、コルテスは、南と西の両方から、首都に総攻撃をかけることを決心していた。夜明け方に攻撃が開始された。

コルテス軍は、全速力で南の堤道を進み、なんなく首都に入った。別動隊との合流点が、島の北側のトラテロルコの市場の大広場と定められていたので、大急ぎで島を縦断しはじめたが、気味の悪いことに、抵抗はほとんどなかった。この湖上の島には縦横に小運河がめぐらされていてとくに首都の中心部と、北部のトラテロルコの境には、幅の広い運河が流れている。そこまでコルテスが着いてみると、もちろん橋は全部破壊されているので、応急的に

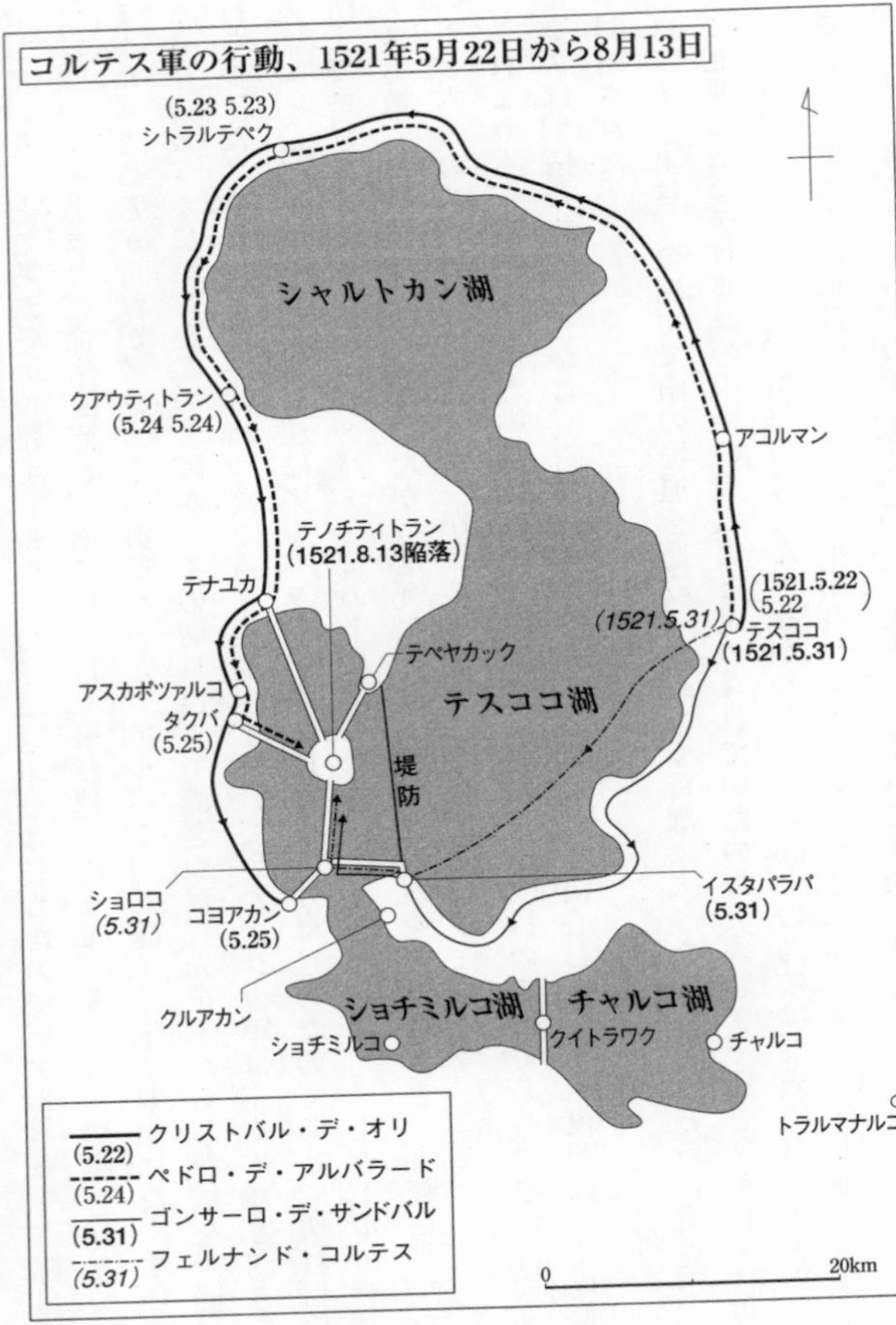
コルテス軍の行動、1521年5月22日から8月13日
(5.23 5.23)
シトラルテペク
シャルトカン湖
クアウティトラン
(5.24 5.24)
アコルマン
テノチティトラン
(1521.8.13陥落)
テナユカ
(1521.5.22
5.22)
(1521.5.31)
テスココ
(1521.5.31)
テペヤカック
アスカポツァルコ
テスココ湖
タクバ
(5.25)
堤防
ショロコ
(5.31)
ココヨアカン
(5.25)
イスタパラパ
(5.31)
クルアカン
ショチミルコ湖
チャルコ湖
ショチミルコ
クイトラワク
チャルコ
トラルマナルコ
(5.22) クリストバル・デ・オリ
(5.24) ペドロ・デ・アルバラード
(5.31) ゴンサーロ・デ・サンドバル
(5.31) フェルナンド・コルテス
0
20km

水の中に生えている葦《あし》とか、その辺りに散らばっている木材などを投げ込んで足固めし、向こう岸に渡った。

ここからトラテロルコの広場までは、わずか数百メートルである。タクバの堤道を攻め寄せてくるスペイン軍の喚声や銃声も聞こえてきた。作戦は成功か、と思われたそのとき、曲がりくねった露地や、雑多に立ち並ぶ民家の陰から、いきなりメシカの大軍が飛び出し、弓、石投げ器、槍などで、猛攻を加えてきた。たちまちのうちにスペイン軍は、運河の所まで追い詰められた。ところが運河を仮に埋めてある葦や木材は、なだれ込んでくるスペイン兵に踏みにじられると、四散して足場の用をなさなかった。大勢のスペイン兵とトラスカラの戦士が、運河の上をカヌーで攻め寄せてくる敵軍の捕虜となった。

コルテスは、国王への報告書に、「私は死を決意してその場にとどまり、戦う決意をしました。しかし、私や部下たちにできたのは、せいぜい水に溺《おぼ》れかかったスペイン兵に手を差し出し、救い上げることだけでした」と書いている。

生き残った者たちは、中央広場の近くまで逃げてきた。すると、例の軍神ウイツィロポチトリの大ピラミッドの頂上に、もうもうと雲のような煙が立ちのぼっている。ものすごく大きな容器に、大量の香を焚《た》いていたのだ。明らかに、メシカ人は捕虜にしたスペイン兵を生贄に捧げようとしていたのである。

捕らえられた者たちの運命を、メシカ側の記録はこう記している。

アステカ人は捕虜をヤカコルコ〔テノチティトランの一地区〕に連行した。厳重な監視のもとに引っ立てていった。捕虜の中には、号泣するもの、掌《てのひら》で口を打つものなどいろいろいた。ヤカコルコに着くと、彼らは長い列をつくって並ばされ、ひとりひとりピラミッドの頂上に引きずり上げられて、神官たちの手で、神への生贄とされた。最初にスペイン人、その次に同盟者のインディオと、全部の者が死刑に処せられた。

同じ光景はスペイン側の将兵の目には、どのように映ったか。ベルナール・ディアスの記録があるので、それを参照してみよう。

ベルナール・ディアスの加わった隊は、タクバ堤道からテノチティトランに衝《つ》き入ろうとしたが、途中でこれもメシカ軍の猛反攻を受けた。羽毛や飾りを振りかざした彼らは、血がまだダラダラと流れる五つの人間の首をスペイン軍の中に放り込んできた。捕虜になったスペイン兵の首だった。

死にもの狂いの敵の猛攻に、ひとたまりもなく首都から追い出された彼らは、堤道の上をタクバに向かって退却したが、そのとき、ゾッとするような薄気味の悪いラッパと太鼓の音がどこからともなく聞こえてきた。「悪魔の楽器のような、この世で最も陰惨な音」だったとベルナール・ディアスは書き、同時に、そのときの戦いのすさまじさは、「今、筆を執って当時を回想しただけで、あの戦闘の中に再び加わり、その光景を眼のあたりに見る思いだ」とも書いている。

しかし、その敵の追撃を振り切って、堤道の上を、はるか遠くまで逃げのびてきたとき、また再び陰鬱《いんうつ》極まる、ウイツィロポチトリの太鼓や、ホラ貝、笛、ラッパ、そのほかありとあらゆる不気味な音が鳴り響いたので、我々が振り返ってみると、それらの音が鳴らされている大ピラミッドの上の階段を、コルテスが敗走したとき、敵に捕らえられた我々の仲間が、犠牲に捧げられるため、無理やりに引きずり上げられるのが見えた。悪魔の偶像の置かれている、頂上の神殿の前の空間に捕虜たちが引きずり上げられると、その多くの者の頭に羽毛飾りがつけられ、扇のようなものを持ってウイツィロポチトリの前で踊らされた。踊りがすむと、薄い犠牲用の石の上に仰向《あおむ》けに寝かされ、石のナイフで胸を引き裂かれて、脈うつ心臓が取り出され、その場の神殿に捧げられた。死体は足蹴《あしげ》にされて下の段に転げ落ち、待ち受けていたインディオの執行人の手で腕や足を切り落とされ、顔の皮を剝《は》ぎ取られた（ベルナール・ディアス）。

仲間が虐殺されるのを見ながら、スペイン兵はどうすることもできなかった。いらだたしい憤激を感ずるとともに、明日は同じ運命が自分の身に振りかかるかもしれない、という恐怖が、体を震わせた。

最後の抵抗

六月三〇日の総攻撃の失敗は、ひどくコルテスを落胆させた。メシカ軍がこのように勇敢に抵抗してくるとは、実は彼も予期していなかったのである。

クアウテモックはほくそえんでいた。うまくコルテスの総攻撃を退けたからだけではない。メシカのある神官が、八日以内に白い人間たちは滅ぼされるだろう、という軍神ウイツイロポチトリのお告げを伝えたのである。

メシカの複雑な宗教体系の中で、ケツァルコアトルの神は、天上に上ると、宵《よい》と暁の明星、金星になる、と信じられていた。ところが、金星は太陽に近い星だから、一定の周期をおいて、太陽の後ろに隠れ、そうなると八日間姿を現わさない。その年、つまり一五二一年の七月末から八月初めにかけて、ちょうど金星が太陽の後ろに隠れることになっていた。ケツァルコアトルの勢いがその間弱まる。もしメシカ人が、フランシスコ会士ベルナルディーノ・デ・サアグンが伝えるように、白い人間たちをケツァルコアトルと同一視していたとすると、この期間に反撃の機会がある、と考えたのではあるまいか。

このうわさはメシカの全軍に伝わって、彼らを勇気百倍させた。と同時に、どこからともなくコルテス側に荷担する諸都市の原住民諸族の軍隊にも洩《も》れて、彼らの意気を阻喪させ、その大部分の者が戦列から離れる結果になってしまった。まさにメシカ軍にとって絶好のチャンスだった。彼らは堤道上に布陣してこれを守るのが精いっぱいのスペイン軍に、何十回となく猛攻撃を加えた。無数のカヌーが、再び湖上を動きはじめた。

ところがスペイン軍は、思いのほか平然として堤道上の陣地を守り抜いた。と言うのは、細長い堤道の幅いっぱいに、大砲、小銃その他の飛道具《とびどうぐ》を並べて、メシカ軍を迎撃したので、幾ら怒濤《どとう》の勢いで彼らが進撃しても、猛烈な砲火を浴びて、前進できなかったのである。そうこうするうちに、幸運の八日間は瞬くうちに過ぎ去ってしまった。

大神殿を攻撃するコルテス軍　先頭に立てたトラスカラの戦士の勇敢さが目立つ。（トラスカラ絵文書より）

自分たちの呪術《じゅじゅつ》的な知識に、生存の根をおろしていたメシカ人たちにとって、予言と予兆の解釈が外れたことは、大きな精神的ショックになった。と同時に、いったん戦列を離れた親コルテス派の原住民たちは、再びスペイン軍のもとに復帰しはじめ、それに新しく協力を誓う部族まで続出して、その数は、実に一〇万を超した。秤《はかり》は逆の方向に傾きはじめたのだ。

スペイン軍の攻勢が再びはじまった。コルテスは、青年王クアウテモックに軍使を送り、降伏を勧告したが、相手は頭からはねつけた。コルテスの出した条件は、クアウテモックの命を許すばかりでなく、統治者としての権利も認める、という寛大なものだったのに——。クアウテモックの態度は実に英雄的だった。いい加減な妥協よりは、決定的な勝利か敗北のいずれかを選ぶ、というのが彼の決意だった。彼の陣営の中には女子供がたくさんいた。彼は、メシカ人全員を、首都に集めていたのだ。彼ら全員が死んで滅び去るか、またはもとの栄光と権力を取り戻すか、道はひとつしかなかった。

すでにクアウテモックの陣内では、食糧の欠乏がはじまっていた。餓死者が出はじめていた。本土からの水道が切断されていたから、飲み水も欠乏し、雨水を飲むよりほかなかった。湖は塩水湖だったから、塩辛くて水は飲めなかった。メシカ側の記録はこう伝えている。

すべての民衆が少なからず苦しみ、飢えを忍んだ。多くの者が飢え死にした。もはやきれいな水、澄んだ水は飲めず、塩水ばかり飲み、そのために多くの人々が死んだ。多数の者が赤痢にかかって死んだ。人々はなんでも食べた。こうもり、燕《つばめ》、トウモロコシの茎、生麦を食べた。ツォンパントリ、水棲《すいせい》の百合、金盞花《きんせんか》、鞣《なめ》し革、鹿の皮を食べた。皮を焼き、火にあて、焙《あぶ》り、火にかけて食べた。また弁慶草《べんけいそう》や泥をかんだ。これほどの苦難はかつてなかった。包囲されてすさまじい状況となり、餓死者が大量に出た。そして包囲は次第に狭められ、我々は徐々に後退を余儀なくされた。

クアウテモックとその部下たちの固い決心を知ったとき、コルテスは徹底的な攻撃を行なう覚悟を決めた。彼自身がヴェネツィアにも喩えた、この美しい壮大な都が破壊されるのは惜しかったが、ほかに方法はなかった。敵から遮蔽物《しゃへいぶつ》を奪うために、彼はテノチティトランの南端から、建物を一軒ずつ完全に破壊し、その屑《くず》で運河を埋めて、道を造りながら、北進していった。中央広場は占拠され、メシカ人はじりじりと追い詰められて、島の北部のトラテロルコ地区に退いていった。そこは、テノチティトランと違って道幅が狭く入り組んでいて、攻撃は困難だったが、焦土戦術が功を奏して、スペイン軍は着々と前進し、トラテロルコの大ピラミッドにも火がつけられた。

数万のメシカ人たちは、とうとう島の東北の一角に追い詰められてしまった。食物はもうなにもなく、水も一滴も残っていなかった。コルテスから何度も投降の勧告が行なわれ、メシカの高官が交渉に出てきたが、その度に決定的な表現は避けて、返事を先延ばしにしようとした。

ある日、日が暮れると空に不可思議な光が現われた。メシカ側の記録はこう伝えている。

日が暮れると、雨になり、小雨が降った。夜がふけると炎が現われた。それはまさしく炎のように見え、空からきたかのごとく現われた。渦巻きのように円を描き、回転しながら進んだ。まるで燃えさしが破裂したかのように、あるものは大きく、あるものは花火のごとくであった。銅色の風のごとく舞い上がり、激しく音を立て、ぱちぱち、ばんばんと鳴った。堤防を取り巻き、そして湖の中ほどまでくると、そこで消えた。

だれも叫び声を上げず、だれ一人声を出さなかった。

クアウテモックの降伏

メシカ軍の守る地域はますます狭められていった。陸から迫る大軍と、水上から大砲と矢を射かけてくる一三隻の船隊にはさまれて、もうどうすることもできなくなっているのに、彼らはまだ戦意を棄《す》てなかった。八月一三日、クアウテモックは、隠し持っていた五〇隻のカヌーに部下の主だった者を乗せて、本土に向かって逃亡しはじめた。しかしスペイン軍は直ちに気がついて、その船隊の追跡をはじめた。小帆船と丸木舟では、もちろん勝負にはならなかった。ガルシア・オルギンという者の指揮する帆船が、クアウテモックの舟にたちまち追い付いて、王とその妃《きさき》を捕虜にした。

トラテロルコの大ピラミッドの上で、水上の追跡を見ていたコルテスは、王が捕らえられたのを見とどけると、ある建物の平屋根の上にできるだけ立派な椅子《いす》を持ってこさせて、応急の接見場を作らせ、彼の到着を待った。やがて、オルギンとその上官ゴンサーロ・デ・サンドバルにはさまれて、クアウテモックが姿を現わした。オルギンは、自分が上官であるからという理由で、クアウテモック捕縛の功績を横取りしようとするサンドバルに強く抵抗していた。コルテスは、ヌミディアの王ユグルタの捕縛をめぐって争ったスラとマリウスみたいだな、と古典の知識をひけらかしてふたりをからかった。実際このときのコルテスは、古典時代の人物気取りだった。

クアウテモック王は言った。〈私の務めは終わった。力尽きました。だが私は降伏したのではない。力ずくで捕虜にされたのです〉。そして、コルテスが腰帯にはさんでいる短刀を指さし、激情を込めて、〈私を刺してくれ〉と言った。熱い涙が彼の頬を伝わって流れた。だがコルテスは、王を抱擁しながら、マリンチェを介して、その勇気をほめ讃えて、〈あなたのいったいなにが非難に価しようか〉と言った。

以上が、記録者ベルナール・ディアスの伝える、メシカ（アステカ）王国最後の王、クアウテモック敗北の情景である。首都包囲戦がはじまってから、七五日目だった、とコルテスは国王宛ての報告書に記している。

クアウテモックの捕縛　捕虜となりコルテスの前に引出された、メシカ最後の王。（トラスカラの絵文書より）

廃墟《はいきょ》となったテノチティトランに残された人々は、水も食糧も住む家もなく、退去するほかはなかった。そのとき、「もうたくさんだ。ここを離れよう。草でも食べよう」という叫び声があがった。これを聞くと、民衆はとぼとぼと堤道の上を去りはじめ、湖の中へ入っていく者さえいた。ある者は腹まで水が届き、ある者は胸まで、また、ある者は首まで達した。深い所では水に潜ってしまった者もいた。子供たちは背中に負われて、泣き声をあげた。中には喜び、愉快そうに歩き、道に群がる者もいた。舟を持つ者は全員夜出発したが、翌日になってもなお出ていく者があった。互いにぶつかり合うようにして去っていった。

スペイン人はあらゆる所で盗みを働き、強奪した。黄金を求めていたのである。ヒスイや羽毛あるいはトルコ石には目もくれなかった。黄金は女性の胸やスカートの中などどこにでもあった。また男の腰布や口の中のどこにでもあった。そして、スペイン人は女のうちから、きれいな者、黄色い者、黄色い体の者に分け、選び出した。一部の女は、襲われそうになると、体に泥を塗り、古着やぼろぼろの服を着たのであった。また、男の中からも強い者、勇敢な者、次に若い者が数人選び抜かれた。使者として働かせるためで、使い走りと呼ばれた。顔に焼き印を押したり、顔に色を塗ったり、唇に塗料を塗ったりした。

我々が盾をおいたのは、すなわち我々が降参したのは、三の家の年の一の蛇《へび》の日であった。

メシカ暦の三の家の年の一の蛇の日とは、一五二一年八月一三日であった。

第八章　太平洋と中央アメリカ

メシカ征服を完了したコルテスは、コロンブス以来の課題だった香料諸島への近道海峡探索のため、カリフォルニア地方の探検をはじめた。また南方のホンジュラス地方にも、同趣旨の探検隊を派遣して、隊長に背かれると、自ら現地に赴いた。他方、コルテス麾下のアルバラードは、グアテマラ・マヤの征服を開始する。

征服の承認

敗者のクアウテモックに対して、降伏の日には、まるで騎士道物語の主人公気取りで鷹揚《おうよう》に応対したコルテスも、いざ黄金と宝のことになると、別人のようになった。部下たちが強い圧力をかけたので、コルテスは、クアウテモックはじめ彼の重臣を喚問し、宝の在りかを厳しく追及した。彼らの答えは、自分たちが最後にテノチティトランから退去するとき乗っていたカヌーから、あなたがたが押収したものがすべてだ、と言うだけで、幾ら問い詰めても、それ以上の答えは引き出せなかった。やがて苛酷《かこく》な拷問がはじまり、クアウテモックは柱に縛り付けられ、足を油に浸されたうえ、火をつけられた。彼はその後歩行の自由を失い、足を引きずるようになってしまった。

メシカ（アステカ）から取り上げた金に、その後各地から集めたものを加えると、一八万五〇〇〇ないし二〇万ペソだっただろうと言われる。王室への五分の一税の三万七〇〇〇ペソ差し引かれた残りが、征服参加者に分配されたが、コルテスは最高の二万九六〇〇ペソを取り、主だった部将たちにも数千ペソの割り当てがあった。残りの約一二万ペソが一般兵士七五〇人に分けられたから、ひとりあたりの取り分は平均して一六〇ペソとなった。命を懸《か》けて戦った征服者たちは、これでは到底満足できなかった。コルテスが秘密の金を横領したとか、幹部が一八万ペソ以上の金を山分けした、とかのうわさが飛んだので、この不満を解消させるために、各地の首長たちに、更に多くの金の上納が命じられた。

金が思ったほど手に入らないとなると、征服者たちは、エンコミエンダ、つまり原住民の分割を強く要求した。エンコミエンダはニコラス・デ・オバンド総督時代に、エスパニョラ島ではじまった制度であり、征服した地域の住民を征服者に割り当てて、その保護とキリスト教化を寄託する代わりに、彼らから税金を取り、彼らを使役する権利を与えるものであった。これには弊害が多いので、修道会からの批判もあり、王室はエンコミエンダの下付に積極的でなかった。コルテスも、国王の承認を得なければ、これは実行できないはずだったが、一五二二年四月に最初のエンコミエンダを許さざるを得なくなり、翌月一五日付けで、カルロス一世にエンコミエンダの許可を懇請した。これに対して国王は、翌年六月の書簡で不許可を申し渡した。しかし、そのときまでに、すでに数百のエンコミエンダが成立しており、コルテスは再び国王に手紙を書いて、カリブ海でおこったような弊害は防止するよう努力するから、お許しいただきたい、と懇願した。もちろんコルテスは、自分自身にもお手盛りでたくさんの優良なエンコミエンダを割り当てた。

コルテスは、これまでにも特使をスペインに送って、国王にメシカ征服の事業を承認し、それにふさわしい職を与えることを要請していたが、カルロス一世の不在のため、なかなか反応がなかった。テノチティトラン占領後、南方のコヨアカンに居を定めた彼は、一五二二年五月一五日付けで国王への三番目の書簡を起草し、金その他の財宝をつけて、改めて新しい特使をスペインに派遣した。財宝の内容は、金五万ペソ、真珠、ヒスイ、それに三頭のジャガーなどであった。ところが、このとき送った二隻の船が、アソーレス諸島とスペインの間で、フランスの海賊ジャン・フレリに襲われて、宝はすべて強奪された。これはコルテスにとって大きなショックだったが、幸いにも別にもう一隻の船が、国王宛て書簡の写本と幾らかの宝を持って一一月八日にスペインに着いた。

カルロス一世は、一五二二年の七月一六日にスペインに帰っていた。テノチティトラン陥落の報は、その年三月一日にスペインに達していたし、国王は新たに自分の領土に加えられたメシカの国について、十分興味を抱いていた。コルテスからの申請を、重臣たちを通じて知らされたカルロス一世は、メキシコ問題に関して検討する委員会を作らせた。そのメンバーの中には、かつての実力者フォンセカは入っていなかった。彼はハプスブルク王朝期に入って、急速に権力を失いつつあったのである。委員会の答申に基づいて、一〇月一五日、カルロス一世はコルテスの業績を全面的に認めて評価し、彼を、「ヌエバ・エスパニャ（メキシコ）の総督および前線総司令官《アデランタード》」に任命した。そして、三六万六〇〇〇マラベディスの年俸が下付されたが、この額は、かつてのエスパニョラ島総督オバンド、パナマ（ダリエン）総督ペドラリアスの年俸に等しく、それから七年後、ペルー（インカ）の征服者フランシスコ・ピサロに、征服に先立って約束された年俸のちょうど半分にあたった。

コルテスと太平洋

待ちに待ったこの任命の知らせがメキシコにもたらされたのは、翌年九月一三日だった。つまり、コルテスが第三の報告書簡を書いてから一六ヵ月後であり、異常に長い時間がかかったわけだが、彼はこの間すでに実質上のメキシコ総督として統治を開始していた。

まず、メシカが制圧し貢納させていた諸地方を中心として、メキシコの各地方への遠征が行なわれた。これは、ひとつには、黄金の分配に不満をもつスペイン人たちの気を逸《そ》らすことが目的だったかもしれない。メキシコ湾岸のコアツァコアルコス地方、パヌコ地方、テノチティトランの南東のオアハカ盆地、西部のミチョアカンおよびコリマ地方、そして太平洋岸のサカトゥーラ、トゥトゥテペックなどに部下のカピタン（隊長、指揮者）たちが遠征したが、いずれも主目的は黄金だった。ミチョアカンの原住民史料は、「この人たちは、それをあんなに欲しがるところをみると、食べるに違いない」と記している。これらの探検の結果集められた金は、コルテスのもとに差し出されたが、彼がそれを自分の懐に入れた、というわさが絶えなかった。

コルテス自身も、自ら軍隊を率いて、パヌコ地方の遠征を行ない、三万ペソを費やしたが、得るところはほとんどなかった、と嘆いている。この地方に住むワステカ人は、前にもジャマイカ総督ガライの侵入を受けたことがあり、スペイン人に対しては敵対的であり、コルテスもその抵抗に手を焼いた。コルテスだけでなく、他の地方に向かったスペイン人たちも、ほとんどの地域で強い抵抗を受けており、それに反発して残虐な行為を繰り返した。

これらの遠征の中でひとつ注目されるのは、太平洋岸への進出である。テワンテペックおよびサカトゥーラ地方に四人の部下が派遣されたが、コルテスが信頼していた部下のゴンサーロ・デ・サンドバルは、コンセプシオン・デ・サカトゥーラ市を建設し、ベラクルス市から造船資材、器材を運ばせて、二隻のカラベル型帆船と二隻のブリガンティン型帆船を完成した。これらの船のうち四隻は火災で焼失したが、コルテスがこれにくじけず、再度ベラクルスから材料を運んで船隊を再建したことが、彼が太平洋に異常な興味を抱いていたことを示している。彼の計画の目標は三つに要約できる。ひとつは、メキシコ西海岸の探検である。第二は、大西洋と太平洋をつなぐ海峡の探索である。そして第三は、香料諸島（インドネシア東部のマルク諸島）の探検である。

コルテスのメシカ攻略作戦のさなかに、例のマゼランの太平洋航海が行なわれていた。マゼラン船隊が目標の香料諸島に着くのは、テノチティトラン攻略の三ヵ月後だから、もちろんコルテスはそのことを知らなかった。当時の地理学的観念では、太平洋とインド洋がはっきり区別されておらず、アメリカ大陸の西岸に出れば、東洋や香料諸島への航海は容易であると考えられていた。一五二二年五月一五日、というと、マゼラン船隊の生き残り一八名が、世界周航を成し遂げてスペインに帰着する約四ヵ月前だが、コルテスは国王宛ての第三書簡で次のように書いている。

南の海〔太平洋〕が発見できれば、陛下に対して、極めて大きな、また意義深い御奉仕ができるものと思い、喜んでおりました。とりわけ、インディアスの航海につき、なんらかの知識と経験のあります者は皆、この地域で南の海を発見すれば、必ず金・真珠・宝石および香料が豊富にあるたくさんの島々を見つけだし、その他多くの未知のものや驚嘆すべきものを発見できるに違いない、と考えていたからであります。

つまり、西廻り航路が香料諸島への近道だ、という観念は、この当時、すべてのスペイン人が抱いていたものだし、マゼランの航海が太平洋の大きさを明らかにしたのちも、決して衰えなかった。そして、そのため、アメリカ大陸のどこかに、大西洋と太平洋をつなぐ海峡があるだろうという期待をもって、多くの航海者たちが探検を行なった。海峡は、マゼランその人が発見したわけだが、それは、あまりにも天候の厳しい高緯度の地にあったから、依然として中央アメリカから北アメリカにかけての、どこかもっと便利な場所に、別の海峡があるのではないかという期待が強かったのである。コルテスも、国王に対する別の書簡で、「この海峡の大秘密」という表現を使っている。コルテスは、メキシコ西海岸のどこかに海峡がないかと考えて四回にわたって探検隊を組織した。カリフォルニア湾の奥に目標の海峡はないかと疑っていたが、彼が晩年の一五四二年に派遣したロドリゲス・カブリリョの船隊が、カリフォルニア半島の北端まで航海して、この可能性を否定した。

コルテスは海峡を探したばかりではない。直接、香料諸島にも船隊を派遣している。メキシコ西海岸のテワテネホから、一五二七年に出帆して太平洋を西に向かったアルバロ・デ・サアベドラの四隻の船隊は、香料諸島のティドーレ島で、ポルトガル人に対抗して頑張っていたスペイン人たちを援助するために、コルテスが、自ら出資して編成したものだった。サアベドラはなんとか香料諸島に到着したが、メキシコに帰航しようと二度も試みたが失敗し、彼自身は途中で病没した。

ホンジュラス遠征

コルテスは、海峡の探索を大西洋岸でも行なわせた。一五二三年、部下のクリストバル・デ・オリを、海路、中央アメリカのホンジュラスに派遣して、そこにスペイン人の植民地を建設させ、更にカリブ海をパナマ地方まで探検させたのも、海峡発見が主目的だった。ところが、このホンジュラス遠征が、コルテスの運命を狂わせることになった。

オリは、初めのうちはコルテスの信用を得ていたが、一五二一年の夏、エスパニョラ島の監察官タピアがメキシコにきたとき、それに与したりして、不審な行動があった。恐らく、そのころからコルテスは彼を疎外しはじめたようである。遠隔地の探検を命じたのも、その忠誠心を試そうとする意図があったからなのかもしれない。任地に到着すると、オリはコルテスに反旗を翻して、独立を宣言した。コルテスは怒って、部下であり自分のいとこであるフランシスコ・デ・ラス・カサスを派遣して彼を討伐させようとした。ラス・カサスは船が難破してオリ側の捕虜になったが、脱出に成功して、状況を逆転させ、オリを捕らえて処刑した。

ところが、コルテスはこのことを知らず、自ら軍を率いてホンジュラスに向かう決心をし、一五二四年一〇月一二日に大部隊を率いてメキシコ市（旧テノチティトラン）を出発した。兵力は恐らく、約一〇〇騎の騎兵と五〇人ばかりの歩兵だったろうが、そのほかに、三〇〇〇人ばかりのトラスカラ、テスココ、メシカの人々がつき従った。その大部分が荷担ぎだったのだろう。そして、音楽師、軽業師、道化まで連れていったという。捕虜になった元メシカ王クアウテモックとタクバの王も一緒だった。熱帯雨林の暑さと湿気の中の行軍は、困難を極めた。死者が続出し、食糧が不足して、士気も上がらなかった。メキシコと中央アメリカには、古くから通商網が発達していて、密林の中にも道は通っていた。コルテスは、メシカの商人たちから、中央アメリカの交通路に関してなんらかの情報を得ていたのかもしれない。

ユカタン半島の付け根の部分を通ってホンジュラス湾に向かう行程で、キリスト教に改宗したひとりのメシカ人が、クアウテモックが反乱の陰謀を企てているとコルテスに注進した。多数の現地人に囲まれて、密林の中で孤立していたスペイン人たちは、神経をとがらし、コルテスはふたりを呼び出して尋問した。メシカの貴族の何人かは、クアウテモックがタクバの王は、黙ってなにも言わなかった。結局、ふたりは有罪とされ、大きなセイバの樹に中心となってスペイン人に奇襲をかけようとしていることを認めたが、クアウテモックと吊《つる》されて絞首刑となった。一五二五年の初めだった。ことの真偽のほどは分からないが、記録者ベルナール・ディアスは「不正の極みだ」と言ってコルテスの決定を非難している。

コルテスは、ついにドゥルセ湾のナコに着き、オリの処刑を知った。しかし、すぐにメキシコには帰らず、そこからホンジュラスのもうひとつのスペイン居留地であるトルヒーリョ（一五二五年建設）に移って、ニカラグア方面への進出を計画しはじめた。ところが、やがてメキシコから使者が訪れ、コルテスの長期不在がスペイン人の間に不安を引き起こし、彼が死亡して部隊は全滅した、とのうわさが流れて、植民地は混乱の極みにある、との知らせを伝えた。コルテスは即刻帰還を決意し、メキシコ行きの船に乗ったが、二度も暴風にあってひどく手間取り、キューバ経由でメキシコ市に帰ったのは、一五二六年六月になってからだった。無駄な遠征のために、二年間も空費してしまったのである。

コルテス、スペインへ帰国

なるほどメキシコ市は恐ろしい混乱に陥っていた。反コルテス派がのさばって、コルテスのいとこのロドリーゴ・デ・パスを拷問し、殺害したのを始めとして、コルテス一派に対する策略、陰謀が横行していた。首領が帰ってきて、一応反対派の野望は抑えられたが、七月に入ってすぐ監察特使《フエス・デ・レシデンシア》がベラクルス市に到着したとの知らせが入った。

この監察は、高官も含むすべての行政官が、任期中、または任期終了後受けるもので、誠実に任務を果たしたか、収賄等の不正はなかったか、などが厳しく審査されるのである。コルテスにとって、これは寝耳に水の知らせだった。在任中の特使の派遣は、王室がコルテスの統治に関して疑惑を抱きはじめたことを意味する。事実、彼がメキシコの最大権力者となり、莫大《ばくだい》な富を貯《たくわ》えつつあり、しかもその彼が任地を二年間も不在にして、植民地が乱れているとなると、本国政府がおかしいと思うのも無理はなかったろう。宮廷では反コルテス派の策謀と讒言《ざんげん》が日増しに盛んになり、コルテスが黄金を王室に無断で横領しているとか、メキシコに自分の王国を築く野望をもっているとかのうわさが絶えなかったのである。

コルテスは、表面上にこやかに特使を迎えた。しかし、しばらくのち、特使は熱病で急死した。コルテスと食事中に毒殺されたとの説もある。彼に同行した老人の王室財務官が、代理に監察を行なうことになったが、話にならない小役人根性を丸出しにして、独断的な監察を行ない、コルテス派を憤激させた。しかし、コルテスはこれを抑え、自分はコヨアカンの邸宅に引きこもった。やがて王室が、現地の状況を知って、コルテスの本国帰還を希望しているとの知らせが入った。コルテスは、この際カルロス一世に直訴して、疑いを晴らそうと決心した。

コルテスは一五二八年三月、ゴンサーロ・デ・サンドバルと、トラスカラ、メシカの貴族たち何人かを伴ってベラクルスを出発した。五月初めスペインのパロス港に到着し、港の近くのラ・ラビダ修道院にしばらく滞在した。その直後、右腕と頼むサンドバルが急逝したのは、コルテスにとって大きな痛手だった。まだ三一歳という若さだった。

コルテスは、まず故郷のメデリンに帰って父親の死を悼み、更に旅を続けて、七月、アラゴンのモンソンで、カルロス一世に拝謁することができた。カルロス一世は心からコルテスを歓迎し、メシカ征服の労をねぎらうとともに、ひざまずく彼を自分のそばに座らせ、オアハカの侯爵に叙する旨《むね》を伝えた。これは七月六日付けで文書化され、更にそれを追いかけて出されたふたつの文書によって、オアハカ盆地、メキシコ市およびその近隣に、二〇の大きな町や村を含み、二万三〇〇〇人の住民を擁する大エンコミエンダが彼に与えられた。官職としては、ヌエバ・エスパニャ、すなわちメキシコと南海の前線総司令官《アデランタード》、の称号が与えられた。「南海」とは太平洋のことであり、それがどの範囲を指すのかは明らかでないが、そこで発見、征服される土地からの収益の一二分の一がコルテスのものになることになった。

この結果は一応満足すべき成果ではあったが、ひとつコルテスにとって気がかりな点があった。それは、一五二二年に与えられた、ヌエバ・エスパニャの総督の称号が消えていたことである。ここには、成立したメキシコ植民地の行政権を、王室が自らの手に収めようとする意図が示されていた。すでに前年一二月に、メキシコに「政庁《アウディエンシア》」を設置する旨の勅令が出され、二八年の一二月には、その議員たちがメキシコに赴任することになっていた。アウディエンシアとは、広汎な行政、司法権限をもち、国王に直属しその代理として政治を行なう統治機関である。したがって、これは行政面ではコルテスの上位に立つべきものであった。この点に不吉な予感を感じながらも、コルテスは一応自分の征服の業績が再確認されたので、メキシコに戻ることにした。

それに先立って、コルテスは、新たな妻を迎えた。先妻カタリーナは、メシカ征服直後、キューバからメキシコに渡来したが病没していた。新しい花嫁は、エストレマドゥーラ随一の実力者ベハール公の姪《めい》であり、アギラール伯の娘であるファナだった。

事業家コルテス

コルテス夫妻は、一五三〇年三月頃セビリャを発ち、七月一五日にベラクルス市に着いた。彼の不在中赴任した政庁《アウディエンシア》のメンバーは、私服を肥やそうとして非行を重ね、極めて不評判だったので、王室は彼らを罷免《ひめん》し新議員を任命した。新議員らはコルテスにやや遅れて一二月にメキシコに到着し、翌年から政庁の運営をはじめた。そして三五年一一月には、ヌエバ・エスパニャ（メキシコ）初代副王アントニオ・デ・メンドーサが赴任して、政庁議長を務め、国王の名代として植民地の統治を開始した。こうして王室は、コルテスの手から新植民地の行政権を完全に奪い取ってしまったのである。それは、初めコロンブスに協約で、発見地の副王、総督の地位を約束しながらも、結局は「大海の提督」という実権を伴わない称号だけを残して、彼を政治の埒外《らちがい》に追いやってしまったイサベル女王、フェルナンド王の使ったものと同じ手口だった。

このような状況の変化の進展に、非常な不満を感じながらも、コルテスはどうすることもできなかった。もし新しい土地の統治権を手に入れようとするならば、南海探検によって、第二の新黄金郷を見いだすほかはなかった。行動派の彼はさっそくそれを実行に移し、一五三三～三四年に探検船を派遣したうえ、三五年には自ら二隻の船を指揮して、カリフォルニア湾を探検し、カリフォルニア半島の南端にラ・パス市を建設した。三九年にはウリョアの探検船隊が派遣され、カリフォルニア半島が島ではないことが証明された。しかし、物質的な実りはほとんどなかった。カリフォルニアとは、「アマゾンの女王カリファの国」の意味である。当時スペインで大流行していた騎士道小説の中に出てくるこの伝説の黄金郷を、探検の結果に幻滅したスペイン人が自嘲的につけた地名だといわれる。また、三七年、香料諸島に派遣したエルナンド・グリハルバの探検も失敗に終わった。

メキシコに帰着してからのちのコルテスは、クエルナバカ（メキシコ市の南）に居城を定め、むしろ事業家としての手腕を発揮したと言っていいだろう。彼は、各地の広大な所有地に農園を営み、コムギ、ブドウ、オリーブなどを作らせるとともに、多数のアフリカ人奴隷を使ってサトウキビ栽培をはじめた。桑の木を移植して蚕《かいこ》を飼い、絹の生産も計画した。鉱山開発にも関心をもち、一五三四年にはタスコ銀山の開発権を得て投資し、収益を上げた。ミチョアカン、オアハカなどで、原住民の奴隷一〇〇〇人を使役して金を採取させ、年間一万ペソ以上の収益を上げたという。エンコミエンダから納められた税金は、公式的には年間四万ペソであったとされるが、実際には八ないし一〇万ペソぐらいであったろうと言われる。

商業、貿易もコルテスの関心事であった。新メキシコ市の中心部に五〇ブロックの土地をもち、その土地や店舗などの建物を賃貸して収益を上げた。建築には、自分のエンコミエンダの住民を動員した。また、太平洋探検のために建造した船を利用して、自分のエンコミエンダの産物をパナマやペルーに輸出した。確かにコルテスは、太平洋探検などの事業に莫大《ばくだい》な金を投入したことは事実だが、反面、事業家としては大きな成功を収め、着実に財産を築いたと言える。

晩年のコルテスは、このように産を成したが、政治的には不遇だった。彼と副王メンドーサは、互いに煙たい存在であり、両者ともなるべく相手に触れまいとした形跡が濃厚だが、ただひとつ、コルテスの「南海」探検については、副王は自分の権限に関することとして積極的に干渉した。恐らく、未開拓の北方の土地から、ある修道士がもたらした黄金の国のうわさに動かされ（「第一五章　エル・ドラードとアマゾンの国」）、それをコルテスに先駆けされることを恐れたのだろうと言われている。彼は副王と折衝を重ねたが、互いに自分の法的権限を主張しあって、なんの結論も出なかった。

コルテスは、この点に関してカルロス一世に直接訴えるため、一五四〇年、スペインに再度帰国した。国王は国外に行って不在だったが、高官たちの応対は礼儀正しく、敬意に満ちていた。インディアス（アメリカ大陸）植民地問題を扱うインディアス顧問会議を訪問したときにも、議長自らが戸口まで出迎え、椅子《いす》を与えられて会議の席に列した。しかし、一年間待っても、なんの反応もなく、彼の訴えは砂上の楼閣のように消えていった。四一年には、カルロス一世のアルジェリア遠征に参加したが、乗船した提督の船が難破し、なにも活動できないで終わった。

それから六年間、コルテスは、セビリャ郊外のカスティリエハ・デ・ラ・クエスタの城のような大邸宅に住み、幻滅と苦渋の日々を過ごしたが、一五四七年一二月二日、六三歳で逝去した。

アメリカ大陸の征服者たちは、死に臨むと、死後の神の審判を恐れてか、自分の原住民に対する罪や行き過ぎを懺悔《ざんげ》することが多かった。コルテスも例外ではなかった。没年の一〇月一一日に署名した彼の遺書において、彼は、自分の配下の住民たちが、正当と考えられる以上の税を支払わないよう措置すること、彼らに課する労役の実情を正しく調査し、それにふさわしい代償を支払うことなどを定め、更に住民に労役を課することの正当性について疑義を表明している。そして最後に、「インディオの奴隷」を良心に背かず所有することができるかどうかについては、大きな論争が行なわれてきたが、自分にはその結論は出せなかったので、相続者の息子マルティンおよびその子孫が、労を惜しまずこの問題を考究するよう命じている。

グアテマラ・マヤの征服

一五二一年にメシカを征服したのち、コルテスが各地に派遣した部下たちの中でも、初め太平洋岸のトゥトゥテペックに遠征し、のちテワンテペックに移ったペドロ・デ・アルバラード（コルテスが一時敗退した「悲しき夜《ノーチェ・トリステ》」のきっかけとなる大虐殺を行なった）は、特筆すべき人物である。人物としても彼はスペインの「征服者《コンキスタドーレス》」の最も代表的なひとりである。テワンテペックから、グアテマラ高地に移ってマヤの征服を行ない、その後、更に他地域に発展して多彩な行動を繰り広げた。常に行動的で、危険を恐れず、黄金のためには命を懸《か》けることをいとわなかった。また、原住民に対して残忍苛酷《かこく》な点でも征服者の典型だった。

コルテスが国王に送った第四書簡に、テノチティトランから二〇〇レグア（約一一〇〇キロメートル）離れた所にある、ウクラクランおよびグアテマラというふたつの町から、約一〇〇人の使者がきて、「陛下の臣民になりたいと申し出ました」とある。ウクラクランはウタトランで、現在のグアテマラにいたキチェ・マヤの都、というよりは、神殿＝城砦《じょうさい》都市だった。グアテマラはメシカのいうクアウテマランで、現地ではイシムチェと呼ばれ、カクチケル・マヤの本拠だった。コルテスは喜んで彼らを迎えたが、メキシコ南部に派遣したスペイン人からの報告によると、それらの地方の住民は、反抗的で、度しがたい、ということだったので、実情を調査させるために、アルバラードに現地を訪れるよう命令したのである。

一六世紀当時、古典時代のマヤ文明はとっくに衰亡していたが、グアテマラ高地には、アステカ文明の影響を強く受けたマヤ人の文化があった。しかし、幾つもの政治単位に分かれ、それらの間の抗争が激しかった。メシカがある強力な新勢力（スペイン人）によって打ち負かされたことを知り、この新勢力を利用しようという思惑があったのかもしれない。キチェとカクチケルは、グアテマラで最も有力な政治集団だった。

アルバラードはグアテマラに入ってから、各地のマヤ人の抵抗を受けた。キチェの首長は、首都ウタトランにアルバラードを招いたが、彼はスペイン人を陥れる陰謀があるとして逆襲し、首長たちを捕らえてウタトランを焼いた。首長たちは一五二四年三月七日に焼き殺された。こうしてグアテマラ最大の政治勢力を抹殺すると、アルバラードはイシムチェに向かい、四月一三日にカクチケルの都に入り歓待を受けた。彼はここに、スペイン人の町イシムチェ・デ・サンティアゴ・デ・ロス・カバリェロス・デ・グアテマラ市（現グアテマラ市）の建設を宣言した。七月二五日のことだった。その後、各地でマヤ人の抵抗と反乱に悩まされ、ポコマム・マヤの都ミシュコを占領し、ラカンドン・マヤも征服して、現在のエル・サルバドルの領域にも兵を進めたが、収穫は少なかった。

アルバラードは、一五二七年スペインに帰り、王室からグアテマラの前線総司令官《アデランタード》の称号を授けられ、サンティアゴ騎士団の騎士となることを許された。グアテマラに戻ってからのアルバラードは、三四年から、「インディアスと南海の大陸発見および征服」を計画し、多数の荷担ぎ人たちを動員して、大西洋岸から太平洋岸まで造船資材を運ばせた。「南海の大陸」がなにを意味するのかはよく分からないが、折しもフランシスコ・ピサロによる、ペルー、エクアドルのインカ帝国征服の報が伝わり、弟のホルヘをグアテマラ総督代理に任命して、五〇〇人のスペイン兵と二二七頭の馬を集め、ペルーに向かった。このとき三〇〇〇人のグアテマラ人を奴隷として連れていったが、彼らのほとんどは、現地に着いてからのアンデス山中の強行軍で命を失った（エクアドルにおけるアルバラードについては、第一一章の「エクアドル・インカとスペイン人の戦い」で述べる）。

グアテマラに戻ってからのアルバラードは、相変わらずなにか新しいチャンスを狙《ねら》って腰が落ち着かず、今度はヌエバ・エスパニャ（メキシコ）副王メンドーサと組んで、当時メキシコの北方にあるとうわさされていた「シボラの七つの都」の探検を計画した。しかし、それを実行する前に、メキシコ北部でおこっていたチチメカ人の大反乱（「ミシュトン戦争」）の鎮圧に力を貸すことを副王から求められ、ノチストランの砦《とりで》の攻撃に参加したが、一五四一年七月四日、作戦中、事故で馬に押しつぶされて死去した。

アルバラードは、グアテマラのマヤの征服者となったが、その北のユカタン地方のマヤの征服は、一五二六年一二月八日、グラナダにおけるスペイン国王とフランシスコ・デ・モンテーホとの協約に基づき、モンテーホとその同名の子によって行なわれた。ここでもマヤ人の抵抗は強く、やっと征服の目処《めど》がついて、ユカタン半島の北部にメリダ市が建設されたのは、一五四二年一月六日だった。しかし、その後、植民地時代を通じて、ユカタン地方のマヤ人は、スペイン人の統治に対してしばしば反乱をおこした。

第九章　南の海の探検

パナマ在住のスペイン人たちの中で、ただひとりバルボアの遺志を受け継いで、「南の海」に関心を抱き続けるフランシスコ・ピサロは、同志を募って探検を開始した。三回にわたる困難な探索と努力の結果、南アメリカ大陸のアンデス山中に眠る「黄金帝国」の存在を知り、エクアドル海岸に上陸して、南下をはじめる。

フランシスコ・ピサロの登場

「太平洋の発見者」でもあるヌニェス・デ・バルボアを、一五一九年一月半ばに処刑したパナマ（ダリエン）総督ペドラリアスは、その年の八月一五日に、パナマ地峡の太平洋岸にパナマ市を建設し、そこを基地として探検を開始した。したがって、パナマ地峡の大西洋岸より太平洋岸が重要視されることになったわけだが、彼が関心を示したのは、パナマから南ではなく北の地方だった。すなわち、中央アメリカの南部の、現在のコスタ・リカ、ニカラグアにあたる地方である。バルボアが「南の海《マル・デル・スル》」に興味をもったのに対して、これは対照的

ピサロ　インカの征服者。1532年、インカ帝国皇帝アタワルパを捕らえて、莫大な黄金を奪った。

であったが、そこにはふたつの動機が隠されていた。ひとつは、その当時スペイン人たちが大きな興味をもっていた、北の海と南の海、すなわち大西洋と太平洋をつなぐ海峡がどこかにあるのではないか、という期待だった。もうひとつは、フェルナンド・コルテスがメキシコに発見したような黄金郷が、メシカ（アステカ）の国のもっと南の、中央アメリカのどこかにあるに違いないという確信だった。

　ペドラリアスは、早くから部下たちをコスタ・リカ、ニカラグアなどに送って、レオン、グラナダはじめ幾つかの町を建設させた。一五二〇年以降コルテスによるメシカの国の征服と、その驚くべき宝のうわさは、当然パナマに達し、そこにいるスペイン人たちを強く刺激した。ペドラリアスがその先頭に立って、コスタ・リカ、ニカラグア地方の探検に力を入れたのも無理はない。二四年のコルテスのホンジュラス遠征も、勿論ペドラリアスを刺激した。彼は二七年、自らニカラグア総督として現地に赴任し、三一年に没するまでその地にあった（第二章の「ペドラリアスのその後」）。

これに対して、パナマから南の地方は、ほとんど無視されていた。しかしペドラリアスも、南の地方に全く注意を払わなかったわけではない。一五二二年には、パスクアル・デ・アンダゴーヤという部将にパナマから南の地方を探検させている。この征服者が侵入したのは、パナマ地峡の付け根にあるチンチャマ地方およびその南のピルー（ペルー）地方だった。アンダゴーヤは、ピルーのある首長から、南に黄金の豊かな国がある、と聞かされるが、それがどの程度はっきりした情報であったのかは知られていない。しかし、彼が現在のコロンビア地方にまで進出していた、ペルー、エクアドルからのインカのバルサ船のうわさを聞いたと考えていいふしはある。いずれにせよアンダゴーヤは、非常に興味深い情報を提供したわけだが、北に目を奪われていた当時のパナマ在住のスペイン人たちの中で、それに興味を抱く者はほとんどいなかった。

ここで唯一の例外として現われてくるのが、フランシスコ・ピサロである。彼は、パナマ地方に大きなエンコミエンダをもつ富裕な人物であり、ペドラリアスに忠実に仕える部下でもあった。

のち、インカ帝国を征服して、ピサロ侯爵となるこの男は、当時のアメリカ大陸のスペイン人たちの中で、典型的な経歴をもつ人物であると言っていい。その生まれは、南スペイン・エストレマドゥーラ地方のトルヒーリョ。出生および幼時に関しては、ほとんどなにも分かっていない。生年は一四七八年ごろだった。もともと寡黙な人であったので、ピサロ自身による証言も非常に少ない。のち、インカ帝国の征服者となっただけに、ピサロにまつわる伝説は極めて多いが、その多くは根拠がない。例えば、トルヒーリョの町に私生児として生まれ、広場に面した教会の入り口に放り出され、豚の乳を吸って育ったとか、豚飼いとして幼少時を過ごした、とかいう話があるが、いずれも全く根拠はない。

実はフランシスコ・ピサロの父親は、れっきとしたトルヒーリョの有力者であった。小貴族の家系で、祖父は市参事会議員を務め、父親もカピタン（隊長、指揮者）の称号をもつ軍人で、グラナダやナバーラの戦いに参加している。このカピタン・ゴンサーロ・ピサロが、トルヒーリョの近くの貧しい農家の娘、フランシスカ・ゴンサーレスに生ませたのが、のちのインカ帝国征服者ピサロだった。ふたりは正式の結婚をしていなかった。

ピサロの前半生

カピタン・ゴンサーロ・ピサロには、たくさんの嫡子と庶子がいたが、その中でフランシスコの名前だけが彼の遺言状に出てこない。これはなにかある特別な事情があったからだと推測される。フランシスコ・ピサロが、父親の家ではなしに、母親のもとで幼時を過ごしたためかもしれない。彼の異母弟たちの何人かは、インカ帝国征服に参加するが、いずれも文字が書けた。ところがひとりピサロだけは、文字が書けず、署名も釘《くぎ》文字で印をつけるだけだった。そこから、彼が恐らくあまり恵まれない環境で育てられたであろうことが推察される。

ピサロ自身の証言により、彼が一四か一五になったとき、故郷トルヒーリョを出たことが分かっている。とすると、これは一四九二年、コロンブスが「インディアス（アジア）への道を発見」したという大ニュースがスペイン中を沸き立たせていたころにあたる。彼はあるいはこの知らせを聞いて、外の世界に大きな関心をもったのかもしれない。一時イタリアの戦争に加わった、とも言われるが、これもうわさに過ぎない。ひとつはっきりしていることは、彼が一五〇二年、ニコラス・デ・オバンドの大船隊に加わってインディアス（アメリカ大陸）に渡ったことである。そのころ、彼は二四歳になっていただろう。

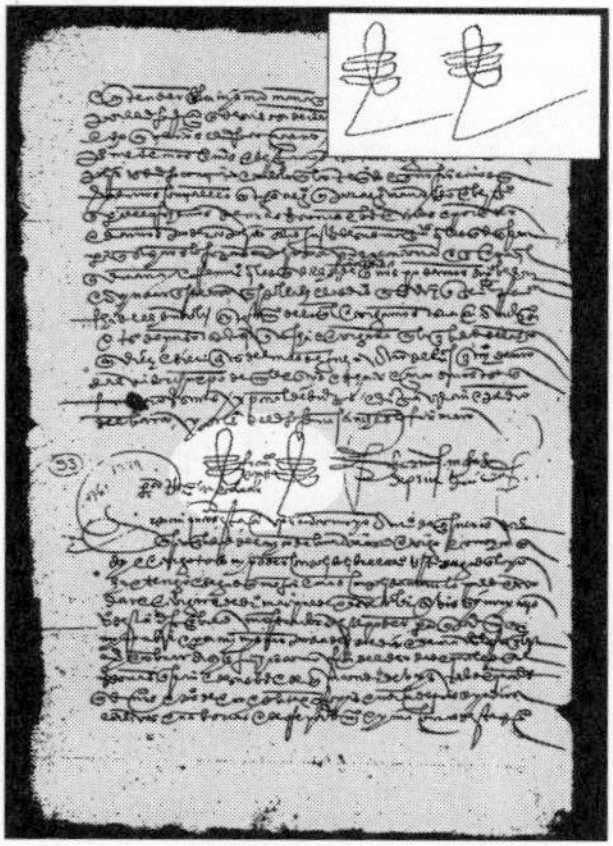

ピサロの署名　1533年の署名（スポットの部分）：ふたつのピサロの署名の間に秘書が「フランシスコ・ピサロ」と書き込んでいる。1529年の署名（上）：ピサロは字が書けなかった。

それから約七年間、ピサロは恐らくエスパニョラ島にいたのだと思われるが、ここでも彼のしたことは、なにひとつ分かっていない。彼の名前が初めて現われるのは、一五〇九年に、アロンソ・デ・オヘーダが、ベネスエラからコロンビアの北岸にかけて探検を行なったときである。ここでピサロは、カピタンのひとりとして登場する。そして、オヘーダがウラバ湾の探検に失敗し、補給を求めてエスパニョラ島に立ち去ったのち、残留部隊の指揮を任せられた（三二ページ）。しかし、まもなく、フェルナンデス・デ・エンシソが着任して、ピサロはその指揮下に入る。そして、このエンシソが、バルボアに取って代わられたときも、ピサロはバルボアの副官としての地位に甘んずる。一五一三年の「太平洋の発見」のときの文書にも、フランシスコ・ピサロの名前は、バルボアの部下の筆頭に書かれている。またバルボアの没落後、ペドラリアスがパナマ地方で権力を握ったときにも、ピサロはその下にあっておとなしく仕えた。

要するに、メシカの征服者フェルナンド・コルテスと違って、フランシスコ・ピサロは、初めのうちは決して権力の頂点に立とうとせず、次席に甘んずる男であった。そして機会が到来すると、自分の財産を投げ出して探検隊のリーダーとなり、乾坤一擲《けんこんいってき》の賭《か》けをして、ついにインカ帝国征服という大事業を成し遂げたのである。

フランシスコ・ピサロは、わずかの兵力をもってインカ帝国を征服し、その皇帝アタワルパを死刑に処した冷酷な人間として描かれる場合が多い。しかし彼を知っていた人間は、皆、人間としての彼に高い評価を示している。例えば、彼の従弟《いとこ》であるペドロ・ピサロは、フランシスコ・ピサロは誠実な、約束を守る人間であり、部下思いの、信義に篤《あつ》い人であった、と述べている。ペドロ・ピサロは一〇代はじめの若さで、フランシスコの従者としてインカ征服に参加し、手記を残した。

コロンブスは人並み勝れた実行力をもちながら、中世的な宗教心と神学的な世界観にあくまでも捉《とら》われていた。コルテスは有能な政治、軍事指揮者としての能力をもつ実力者であったが、絶えず自分をキリスト教の敵と戦う騎士になぞらえ、古典時代や騎士道時代の英雄と自分を比較して陶酔する型の人間であった。しかしピサロはこの両者とは全く違っていた。宗教心の篤い人ではあったが、反面、全く冷徹な現実主義者であり、なんの妄想ももたずに富と征服を追い求める、別のタイプの征服者であった。

探検の開始

フランシスコ・ピサロは、バルボアの副官として絶えず行動をともにした。ところが、パナマ総督ペドラリアスの命令により、バルボアを逮捕したのもピサロだった。彼は当然、バルボアの配下として、南の海の更に南にあるものについて、大きな関心をもっていた。しかし、北西の中央アメリカ地方に関心を注ぐペドラリアスにはあえて逆らおうとせず、秘《ひそ》かに胸の中でバルボアの遺志を継ぎ、パナマの南の地方に眼差しを注いでいたのである。一五二二年のアンダゴーヤによるパナマから南の地方の探検が、ピサロに大きな刺激を与えたことは間違いない。やがて彼は、パナマ市民の中から、ディエゴ・デ・アルマグロという男を選び出し、計画を打ち明けて相棒にした。

アルマグロの前歴についても、ほとんどなにも分かっていない。記録者ペドロ・ピサロは、彼が「非常によい軍人であり、極めて健脚であって、木の生い茂った山の中を、一レグア〔約五・五キロメートル〕先に逃げたインディオでもその足跡を見ながら追い詰めることができた」と、言っている。彼は明らかに野戦派だった。しかし彼は、南の海の探検の指導者のひとりではなく、資金面でも、実際の探検においても、ピサロの下につき、むしろ探検隊の組織のマネージメントに優れた才能を発揮した。ピサロは、一五二〇年代初めには、すでにパナマ地方で大きなエンコミエンダをもち、またパナマ市会の議員のひとりとしても重きをなしていたことはよく知られている。ところがアルマグロの資産や身分については、はっきりしたことは分かっていない。

第三の人物として登場するのは、南スペイン・アンダルシアのオルベーラ出身の聖職者エルナンド・ルーケである。彼は一五一四年にスペインから渡来し、のちパナマ市の司教代理となって、ペドラリアスから、同市の南方にあるタボガ島のエンコミエンダを受領した。彼は、このエンコミエンダの財産をピサロとアルマグロの探検事業に投資したのである。

この三人の協約が成り立って、ペドラリアス総督に許可を申し出ることになった。しかしペドラリアスはこの計画に反対はしなかったものの、あまり積極的な熱意は示さなかった。ペドロ・ピサロの言うところによれば、「彼も三人の仲間に加わることになったが、彼自身はその時点で、金銭その他一切の出資をせず、同地方で発見されるものの中から、加盟したことによって分配される分け前によって、自分が負担すべき費用を支払う、ということを条件にした。これを吞《の》まなければ許可は下りないだろうと思われたから三人はやむなく同意した」。ペドラリアスのこの消極的な態度が、のちにピサロたちにとって、非常に有利な条件をつくりだしたのである。

ペドラリアスと三者の間に協約が成立したのは、一五二四年五月二〇日だった。このときピサロは四六歳または七歳であり、当時としてはもう初老の人間だった。彼は生涯における最後の賭《か》けのために、全財産をなげうって探検を決行するつもりだった。このころから彼の配下となって働きはじめた兵士フランシスコ・デ・ヘレスは、ピサロが、探検の準備のために「財産の大部分を消費した」と述べている。また、同じくヘレスの手になると思われる無署名の記録（『サマノの記録』と呼ばれる）によれば、全部で用意されたのは、四〇トンと七〇トンの帆船と、小さな二本マストの帆船の、合計三隻であった。

一五二四年、三人の間に約束が取り交わされた。ルーケはパナマにとどまって、資金の獲得と、上司、総督との交渉にあたる。アルマグロは兵員の募集と補給を引き受ける。そしてピサロが探検隊を直接指揮することとなり、その年の一一月一四日、ピサロはようやくかり集めた一〇〇人あまりの兵を率いて最初の探検に出発した。

文字どおりヨーロッパ人が初めて足を踏み入れた海である。潮の流れひとつ、季節風の方向ひとつ、分かっていなかった。実は彼らが南下しはじめたときの南アメリカ太平洋岸の気象条件は、一年中で最悪のものだった。ひっきりなしに逆風と波浪に悩まされながら、彼らが上陸を試みた海岸は、至る所、沼沢地とマングローブの林からなる不健康な土地で、原住民の攻撃も激しかった。耐え難いひどい湿気、じっとりぬれた肌に容赦なく群がってくる何万という虫。それだけでも気が狂いそうになるのに、期待していた食用となる果実や動物にはほとんどめぐりあえず、やがて一同は恐ろしい飢えに悩みはじめた。兵士たちの間に、いやしがたい後悔と不満の念がきざしたのも無理はなかろう。それでも期待の黄金国に近付きつつあるという証拠は、少しずつではあるが増えていった。『サマノの記録』には、「訪れた村々で得られた情報によると、内陸に入り大きな山脈を越すと、金をたくさんもつ町々がある、とのことであった」と、書かれている。

第一回探検でピサロが到達した南限は、プンタ・ケマーダという、パナマ市からわずか三〇〇キロメートルほど南の岬に過ぎなかった。ピサロ自身はもっと南下したかった。しかしさまざまの困難な事情はそれを許さず、多少の黄金も集まったことなので、パナマ帰還が決議された。とはいうものの、黄金帝国発見の本来の目的を遂げずに帰るのだから、ピサロはパナマに直行したくなかった。そこで、パナマから少し東方のチュチャマ（チョチャマ、チンチャマとも）の海岸にしばらくとどまって、パナマの反応を見ることにした。

一方、アルマグロは、ピサロ出発ののち、パナマに残って更に約七〇人の兵を集め、あとを追って海路南下したが、注意深く沿岸地方を調査したにもかかわらず、ピサロの居場所を見いだすことができなかった。しかも、プンタ・ケマーダで原住民の猛攻を受けたときに、アルマグロは片目を失ったので、これも一応パナマ帰還を決意、チュチャマで本隊と合流した。どんなことがあっても探検は続行されねばならなかった。合議のすえ、ピサロはチュチャマに残留し、アルマグロが、採集した限りの金と情報を持って、総督に嘆願のためパナマ市に帰ることになった。

ペドラリアスとの契約の成立

しかし、ペドラリアス総督はほとんど関心を示さなかった。大体、アルマグロの持ってきた黄金の量は、お話にならないくらい少なかった。しかも彼が関心をもっていた北方のニカラグアでは、部下が反乱をおこしていた。この頑固な老人を説得することは、単純で口下手なアルマグロの能力を超えることだった。第二回探検隊の見通しは暗かった。ここで再度登場してきたのは司祭ルーケである。彼は弁舌さわやかにペドラリアスに働きかけた。そこでさしもの総督も、ついにしぶしぶ首をたてにふった。その場に居合わせた記録者オビエードは、次のようなペドラリアスの言葉を伝えている。

だが条件がある。これは私の特別の好意だ。それに酬《むく》いるため、黄金で一〇〇〇ペソの分け前を差し出すことを承知してもらいたい。

この金額は、ペドラリアスがピサロたちの探検に寄せる期待の薄さを示す以外のなにものでもない。のちに彼らがインカ帝国から掠奪《りゃくだつ》した山のような財宝のことを考えてみると！

こうして総督の許可は得られた。第一回探検に参加した約二〇〇人のうち一三〇人が死亡していたので、新たに兵が募集され、一六〇人が集まった。船には数頭の馬、武器、弾薬が積み込まれ、直ちに南進が開始された。一五二六年の秋だった。プンタ・ケマーダまでは素通りし、前回と違って順風に恵まれながら、どんどん進んで、二隻の船は、のちサン・ファンの名で呼ばれるようになった川の入江に投錨《とうびょう》した。小さな集落があった。これを急襲したところ、かなりの黄金が得られた。

マングローブの茂みの奥には、大きな集落の存在する気配が感じられた。しかし補給は忘れてはならないし、更に南の海岸を調査することも必要だった。そこで探検隊は三つに分けられた。ピサロは主力を率いて残留してサン・ファン地方を踏査する。一方、アルマグロは補給のためパナマに戻り、別にもう一隻の船はバルトロメ・ルイスという者の指揮のもとに南進することが決定された。

ピサロは奥地に前進した。サン・ファン川は、現コロンビアのブエナベントゥーラ港のすぐ北を流れていて、その辺りではアンデス山脈の一支脈が海岸近くまで迫り、幾つものひだをつくって続いている。原生林をかきわけて進んで行くピサロたちは、「天まで届く木々に埋められた山また山」という困難な地形に悩まされた。

熱帯の花が色とりどりに咲き乱れていたが、木の実を採ればどれも「塩辛くて苦い」。しかし「しまいには飢えをいやすために、そんなものまで採って食べた」と、一兵士は書き残している。がっかりしたことに、どこまで行っても大集落はなかった。川にはワニがいた。スペイン兵でこれに喰《く》われたものも何人か出た。おまけに土地の住民がときどき襲撃してきた。あるときなど、一四人の兵士の乗ったカヌーが川岸に乗り上げたとたん、木陰から一群の待ち構えていた戦士が飛び出してきて、あっという間に全員を虐殺してしまった。

失望の果て、海岸に帰り着いた一行は、「食糧もなく、魚や貝やカニをとって命をつないだ」。パナマに帰りたい、という声が次第に大きくなってきた。ちょうどそのときだった。突然バルトロメ・ルイスが南方の偵察から、吉報をもって帰ってきたのである。

三つに分けられた探検隊のうち、南進したルイスの隊は、順調に航海して初めて赤道を横切り、現在のエクアドル海岸にまで達したが、そのとき彼は異様な船を海上に発見した。それは、長さ一〇ないし一五メートルほどの角材を並べて縛り付けた筏《いかだ》だった。白い木綿布の帆を大きく張っている。船上には小屋が作られていた。ルイスの船を見て、乗り組んでいた褐色の肌の男たちは、驚いて皆、海中に飛び込んだ。スペイン人たちが乗り移って小屋の中を調べてみると、多数の毛織物、土器、鏡、金銀製品、貝殻などが積んであった。これは明

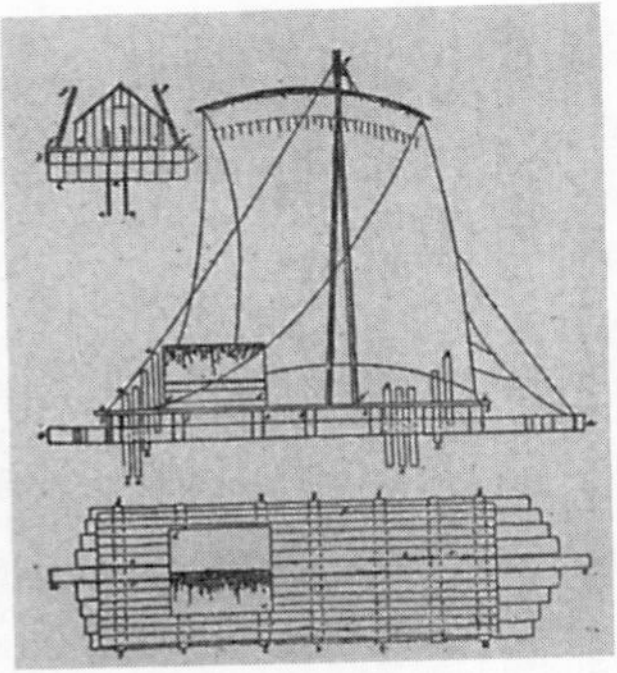

バルサ船　基本的には筏で、帆を張り小屋がついている。北ペルーからエクアドルにかけて用いられていた。

らかに商船だった。南アメリカの太平洋岸では、昔からバルサと呼ばれる筏船による交易が盛んであり、とくにペルー北部海岸とエクアドル海岸の間には盛んな交易があったのである。

この文明の印に驚いたルイスたちは、何人かの者たちを船に引き上げ、同行させることにした。これからの探検の水先案内として使おうと考えたのだが、やがて彼らはスペイン語を覚え、通訳として役立つことになった。

ルイスの報告は、絶望しかけていたピサロたちに大きな希望を与えた。そこへアルマグロが、パナマから補給品と八〇人の兵を連れて戻ってきた。一同は勢ぞろいし、勇躍して南に向かって出発した。

沿岸航海は決して楽ではなかった。食糧の欠乏もひどくなった。やがてスペイン人たちは、エクアドル海岸の町々を発見し、食糧を手に入れようとしたが、しばしば攻撃を受けた。しかし、それまでと違って文明の気配はますます濃厚になってきた。「その地方には多くの食物があり、人々も大変秩序整然として生活していた。町々は街路と広場をもち、中には三〇〇〇戸以上の家をもつものもあった」と、ヘレスは書いている。

ピサロとアルマグロは協議したが、あまりに小人数だったから、とてもこの地の住民の攻撃に抵抗できないということになったので、掠奪《りゃくだつ》した食糧を積んでガリョという島に逆戻りした。そこは島だから安全だった。そしてアルマグロは、パナマ総督の援助を請うために再びパナマに向かった。

ピサロとガリョ島の一二人

ガリョ島に残った者たちは食糧が尽きたので、魚介類と海藻だけで命をつなぐ生活がはじまった。絶え間なく雨が降り熱病が流行した。やがて五ヵ月後やっと救援の船がきた。隊員の大部分は一刻も早くパナマに帰ることを希望した。しかし、ピサロはあくまで探検の継続を希望し、彼に同調する一二人がその無人島に残留することになった。ある記録者は、このときのピサロの決断を劇的なエピソードによって伝えている。残留を宣言したピサロは、片手に抜き身の剣を引っ提げて海岸に立った。そして砂の上に南北を隔てる一本の線を引いてこう言った。

「諸君、聞いてくれ、この線の南には、苦難と飢えと裸と暴風と敗走と死がある。そして北側には安楽と快楽がある。あちら側にあるのは、黄金の国とその富。こちら側にあるのは、パナマとその貧乏生活だ。諸君、どちらの側に行くのか、自分でしかと選んでくれ」。

こう言い放ってピサロは自ら線をまたいで南側に行き、一二人がそれに続いた、という。

それからガリョ島の一三人の苦難の生活がはじまった。頼みにするのはアルマグロの救援だった。パナマでアルマグロは、必死で総督を説得した結果、六ヵ月の期限つきで、ピサロを救援にいくことを許された。ガリョ島の一三人は、近くのゴルゴナ島に移っていた。アルマグロの船がそこに着いたとき、彼らは、七ヵ月間の耐乏生活で痩《や》せ衰え、着物もボロボロになっていたという。

総督から与えられた六ヵ月という期間を最大限に利用して、ピサロたちは探検を継続することにした。そして、エクアドル沿岸を南下し、やがて大きな湾の中にあるトゥンベスという立派な町に着いた。ふたりのスペイン人が上陸してみたが、帰ってきて、町の中に壁で囲まれた大きな建物の中に神殿があり、数知れぬ財宝が眠っている、と報告した。確かにここには大きな豊かな国がある、と感じたピサロは更に南下を命じ、多くの町々や集落を訪れて、ペルー中部海岸のサンタ川河口付近まで至った。そして金、銀、美しい衣料などを手に入れることができた。偵察の結果に満足したスペイン人たちはパナマに帰った。

ピサロとアルマグロは、それまでの探検で金を使い果たし、巨額の負債を負って、新しい探検どころの騒ぎではなくなった。そこでピサロが代表となって、パナマの友人たちから借金し、スペインに帰って、国王から探検・征服の許可をもらうとともに、資金集め、人集めをすることになった。ピサロが、パナマ地峡大西洋側の港ノンブレ・デ・ディオスからスペイン行きの船に乗ったのは、一五二九年の春だった。スペインに着いたとき、折しもメキシコから帰国したフェルナンド・コルテスに、パロス港の近くのラ・ラビダ修道院で出会い、征服の秘策も授けられた、と伝えている記録者がいる。真偽のほどは分からないが、同じ時期に、メキシコ総督ならびに前線総司令官《アデランタード》の称号をもつコルテスが、カルロス一世に報告のため帰国し、王のいるトレドに向かったことは事実だから、ピサロが彼に会うチャンスは幾らでもあったろう。もし会っていたとすると、ピサロは、メキシコの征服者から役にたつ多くの情報を得たことであろう。

ピサロは、一五二九年半ば、トレドでカルロス一世に謁見し、金銀の装飾品、色とりどりの美しい染織作品などを献上して、太平洋の南の神秘の国について詳しく報告した。コルテスの力によって、メシカ王国をスペインの領土にすることのできたカルロスは、同じ大陸に第二の領土拡張の可能性があることに、多大の興味を示した。彼は、宿敵であるフランスのフランソワ一世をパヴィアの戦いで破り捕虜にして、得意の絶頂にあった。そして、ローマに行って教皇から神聖ローマ皇帝の冠を受けることになっていたので、南の海の探検に関する契約は、王妃とピサロの間で取り交わされることになった。日付は一五二九年七月二六日付けになっているが、実際には八月一七日に調印された王室との契約は、いろいろな意味でおもしろい。

まず、ピサロたちは、「テニンプラ（またはテンプラ）」から「チンチャ」まで二〇〇レグア

（約一一〇〇キロメートル）にわたって「ペルー地方」を探検することを許可されている。「テニンプラ」とは恐らく、現在のコロンビアのサンティアゴ川であろうと言われる。チンチャは、ペルー南海岸の有力な首長制社会があった海岸の川の流域であり、その首長はインカに次ぐ権威ある統治者と見なされていた。この地方のことをピサロはすでに知っていたとすると、ピサロらはルイスの案内でトゥンベスに行き、そこから南下して探検を続けたとき、チンチャまで行っていることになる。記録、文書にはなにもそのときの報告は残っていないが、彼らは、インカの国の内情を、もうかなり詳しく調べあげていたのかもしれない。また、すでにペルーという言葉が使われていることにも注目される。アンダゴーヤが探検した、コロンビアの太平洋岸北部のピルーがいつのまにかペルーに転化し、トゥンベス以南の地に適用されていたのであろうか。

もしこのペルー地方の征服に成功した暁には、ピサロは、総督、軍事総司令官、首席裁判官、大警吏、前線総司令官《アデランタード》に任じられ、七二万五〇〇〇マラベディの俸給を下付されることになっていた。アルマグロは、トゥンベス要塞《ようさい》の司令官に任ぜられ、年俸三〇万マラベディ、ルーケはトゥンベス司教、および「インディオ擁護官」に任ぜられ、年俸一〇〇〇ドゥカードと定められた。ただし、これらの俸給は、征服した現地からの収入をもって支払われることになっていた。

一見して分かるように、ピサロはあまりにも多くの肩書きと権力をわがものにしている。

そこで、アルマグロがこれに不満を抱き、それがのちの両者の確執の原因になったと言われる。確かにそうであるには違いないが、実はピサロとアルマグロは初めから対等の立場にはなかった。ピサロのほうが、財力においても社会的地位においても、はるかにアルマグロにまさっていた。また実際の探検においても、絶えず先頭に立って、苦難に耐え、道を切り開いていったのはピサロのほうだった。アルマグロは、後方で補給や交渉にあたる場合のほうが多かった。ピサロの社会的実力は、それからあとのペルー探検の実行にあっても遺憾《いかん》なく発揮される。なお、ピサロとともにガリョ島に残留した一二人には、すべてイダルゴという小貴族の地位が与えられた。

この成果に意気揚々として、ピサロは宮廷を去り、パナマに戻ることになったが、その前に、故郷のトルヒーリョに立ち寄った。親戚《しんせき》や友人たちに探検への参加を勧誘するためである。

人と資金の確保

国王との協約の成立は、ピサロにとって重大な意味をもっていた。第二回探検で、豊かな内容をもつらしい文明が発見されたと聞くと、パナマをはじめ、メキシコ、中央アメリカ、カリブ海諸島のスペイン人たちは、いっせいに目を太平洋の南に向け、隙《すき》あらばそこに付け込もうと狙《ねら》いはじめていた。メキシコの例を見ても分かるように、ひとたび征服が成し遂げられると、富の掠奪《りゃくだつ》が行なわれるだけでなく、新しい国土にまつわるあらゆる経済的利権が発生し、資源の開発や、商業などが興って、大きなビジネス・チャンスが生まれるのである。ピサロは、国王の認可によって、そのすべてを独占することができた。したがって、前二回の探検でほとんど無一文になった彼にも、探検事業に投資しようというさまざまな人が集まりはじめた。そこで資金に関しては、あまり問題はなかろうと思われた。むしろ難航したのは、探検隊員の募集である。

ピサロが故郷のトルヒーリョに帰ったのも、探検の中心になってくれる者たちを、身内や知人の中から募ろうとしたからであった。国王との「協約」において、ピサロは六ヵ月以内に二五〇人の兵を集めねばならなかったが、ただしそのうち一五〇人はスペイン国内で募集することになっていた。結果的に、彼がスペインで集めることができたのは、一二〇人程度だった。この一二〇人の中には、エストレマドゥーラ出身の兵士が最も数が多く、なかんずくトルヒーリョ市の出身者が一七人もいた。そして、その中には、ピサロの異母弟が三人と、ひとりの異父弟と従弟《いとこ》がひとりいた。彼らはいずれも、それからの探検と征服で重要な役割を演ずることになる。

エルナンド・ピサロは、カピタン・ゴンサーロ・ピサロの嫡子であり、長子だったが、一五〇三年ごろの生まれで、早くから父に従って従軍の経験があり、二〇歳そこそこで、歩兵のカピタン（隊長、指揮官）の位を得た。彼がピサロ家の「長」としてペルー遠征に参加し

講談社学術文庫のシンボルマークはトキを図案化したものです。トキはその長いくちばしで勤勉に水中の虫魚を漁るので、その連想から古代エジプトでは、勤勉努力の成果である知識・学問・文字・言葉・知恵・記録などの象徴とされていました。

た意味は大きかった。ファン・ピサロとゴンサーロ・ピサロはそれぞれ一五一〇年および一二年ごろの生まれだったから、二九年当時は、二〇にならない若さだった。ふたりとも庶子だった。異父弟のマルティン・デ・アルカンタラは、フランシスコの母が、のちマルティン姓の男性と結婚して生んだ子供である。

ピサロはセビリャに着くと、兵員輸送のために小型船を含む四隻の船を傭船《ようせん》したが、国王との協約に定められた一五〇人には三〇人足りない一二〇人しか希望者が集まらなかったのを、海外渡航を取り締まっていた通商院の役人の検査でごまかすため、ピサロが三〇人を連れてカナリア諸島に先行したということにして、辻褄《つじつま》を合わせた。船隊は、一五三〇年二月末、現コロンビアのサンタ・マルタ（一五二五年建設）の町に着いた。そこで、現地がろくに食物もないひどい所だ、といううわさを聞いて、二、三人が脱走した。その少しあと、パナマ地峡のノンブレ・デ・ディオスに到着したときにも、病気で何人かが死んだ。パナマでの兵員募集にも困難が予想された。おまけに、ピサロとアルマグロの間に紛争がおこった。アルマグロは、ピサロがあまりにも多くの権威を独占してしまったことに、当然大きな不満をぶちまけた。彼は、ピサロが集めてきた資金を差し押えて、約束どおりに国王と交渉してこなかったのだから、自分の出資分は、ここから全額差し引いて、探検事業から手を引く、と言い張った。そこで、第三回の探検航海が果たして実行できるかどうかもあやしくなってきた。ピサロは、征服が行なわれたあとで、しかるべき恩賞が得られるようにするから、となだめたが、アルマグロは承知しなかった。

ペルー探検にあたって、ピサロ、アルマグロ、ルーケのとったやり方は、いわば共同出資方式だった。ひとつの大きな探検を行なうには、現在の金額でいえば、億を超す高額の資金が必要である。それまで、例えば、マゼランの航海の場合のように、王室または王室と関係が深い事業家が探検に出資したこともあったが、今度の場合は、参加者ひとりひとりが資金を調達、供出し、もし探検の成果が得られた場合にはそれに応じた分配を受ける、というやり方がとられたのである。そこで、だれでもこの探検に参加できるというわけにはいかなかった。一定の資金をもち、自分の大きな装備や食糧を輸送させる従者や奴隷を用意できる者でなければならなかった。食物調達も、原則的に個人個人の責任に任された。そこで、生きた家畜、とくに豚が多数用意された。

しかし、参加者の分担金をもってしても、探検の全費用は容易に調達できなかった。とくに問題は、兵員と装備、器材、食糧を輸送するための船だった。しかし、傭船するにしても、購入するにしても、莫大《ばくだい》な資金が必要だった。ところが、今回のピサロの場合、幸いこの問題がうまく解決した。ニカラグアにいたエルナン・ポンセ・デ・レオンという者が、奴隷を二隻の船に積んで、たまたまパナマに渡航してきたので、ピサロは傭船を申し出た。ポンセは、もしよい土地が発見され、スペイン人のものになったら、自分の友人の某を最も重要な町のカピタンに任命し、また自分にはその土地で最良のエンコミエンダをくれるなら、船を貸そう、と返答した。ピサロはこの条件を承諾して、二隻の船を使うことができるようになった。

船以外にもピサロは莫大な資金を必要としたであろうが、更に幾つかの筋から援助を得た形跡がある。パナマ在住のガスパール・デ・エスピノサという有力者が、エスパニョラ島に本拠をもつジェノヴァ商人と関係が深く、彼らの援助をピサロに周旋してやった、と言われる。当時ジェノヴァ商人たちは、スペインのアメリカ大陸征服の背後にあって、絶えず資金供給者として暗躍していた。彼らは商人として、新しい探検に投資し、それが成功したときには、その地の諸事業を支配して、莫大な利益を上げていたのである。資金が調達されたので、アルマグロも態度を変えて、ピサロ兄弟と和解した。しかし、その和解は表面的なものに過ぎず、アルマグロの心中には、解き難いわだかまりが残って、ことあるごとにそれが噴出した。これが、ペルー征服の経過に大きな影響を与えることになる。

スペインから連れてきた一二〇人は、すでに一〇〇人そこそこに減っていた。しかし、現地であと一五〇人を募集することは、とても不可能だった。そこで、ピサロは、約八〇人を補充し、三七頭の馬を用意して、一五三一年一月二〇日、パナマを出帆し、南の海への第三回の探検に向かった。

エクアドル海岸をゆく

それまでの二回の探検の経験から、沿岸航海をせず、やや南西に針路をとってから、東に回りこむようにして、現エクアドル北岸に着いたのは、わずか七日後だった。ピサロは、そこで一部の兵と、家畜群や荷担ぎたちを上陸させ、船と並行して前進させた。スペイン軍の進行速度は極めて遅く、上陸地点から、エクアドル最南部にあるプナ島に着くまで、ほとんど一一ヵ月近くを費やしている。これは、未知の土地の情勢をよく偵察したためであったが、同時に、エクアドル沿岸地方が意外に物資豊かで、収穫が多かったためでもある。金があればスペイン人たちは目の色を変えてそれを掠奪《りゃくだつ》した。もうひとつ、ベルーガという不愉快な皮膚病や熱病が流行して、病人が続出した時期があったことも、進行速度を遅らせた。

例えば、エクアドル中部海岸のコアケに到着したときのことである。三〇〇〜四〇〇戸の集落のあるかなり大きな町であったが、ピサロ軍はここに奇襲をかけて、大量のトウモロコシとかなりの量の金およびエメラルドを手に入れた。

スペイン人たちは、住民が放置したものを集め、金と銀をひと所に集めた。それは、ピサロからそのように厳命されていたからであり、違反者は死刑と決まっていた。そして、金銀が山と集められたとき、各人の人物と功績に応じて、そこから分け与えることになっていたのである。この取り決めは、この地方の征服の期間、あらゆるところで守られた。

もし金や銀を隠しているのが見つかれば、命を失うというので、だれも恐くてそのようなことをあえてしなかった、と了解されている（ペドロ・ピサロ）。

かなりの量のエメラルドも見つかったが、スペイン軍の兵士たちの中にはその価値を知らない者が多く、ガラスだといって、石の上に載せて槌《つち》で打ちこわした、とペドロ・ピサロは書いている。この探検に加わっていたフランシスコ・デ・ヘレスは、このコアケで、金一万五〇〇〇ペソと銀一五〇〇マルコが得られた、と『サマノの記録』に記している。このようにして集められた金銀財宝は、一隻の船でニカラグアに送られた。ニカラグアのスペイン人たちは、ペルーに関心を抱き、船を仕立てて、土地の原住民たちを従者として同伴し、エクアドル海岸のピサロ軍に参加したのである。

スペイン軍のコアケ滞在は、一五三一年四月一九日から九月一一日までにおよんだが、その間に、パナマから商人がやってきて、カナリア諸島から輸入した乾し肉や、ハムや、チーズなどを兵士たちに売りつけている。これ以後、ペルーの征服には、絶えずスペインの商人たちがまといついてきて、兵士たちに物を売りさばき、彼らが獲得した金銀を巻き上げたのである。

ピサロ軍は、やがてエクアドルの南端まで到達して、大きな湾を渡り、プナ島に上陸した。島の大首長は、友好的にスペイン人たちを迎えたが、数日後、彼の下の首長たちが蜂起《ほうき》してスペイン人を皆殺しにする計画を立てている、とのうわさがピサロの耳に入った。やがて戦いがはじまり、二〇日間戦闘が続いた。ピサロは捕らえた一〇人の首長たちを処刑したが、大首長はスペイン国王への忠誠を誓ったので釈放した。

結局、プナ島は基地として用いるには適当な場所ではない、ということが分かったので、ピサロは筏《いかだ》を作らせて対岸のトゥンベスに移ることにした。

トゥンベスは前にきたときと違い荒廃していた。住民も逃亡して、だれもいなかった。病がはやり、その上、プナ島の住民との戦争があって、町が破壊されたのだという。第二回探検のときに上陸した隊員の見たすばらしい町並みは廃墟《はいきょ》となっていた。しかし、中心部にあった太陽神殿は、スペイン人たちの目を奪った。従軍者のひとり、ルイス・デ・アルセは、次のように記録している。

この町には一〇〇〇軒もの家があっただろうか。インディオの言うには、戦争があり、そのため多数の者が死に、また奥地へ逃げたそうだった。この町には、それまで見たことがなかったような技巧をこらしたひとつの立派な建物があった。その中の部屋に行くまでには、五つの扉があり、扉の間隔は一〇〇ピエ〔約三〇メートル〕以上もあった。人工の土壁が幾つも立ち、色彩模様の部屋もたくさんあった。真ん中には、かなりの大きさの広場があり、更に奥には回廊付きの部屋が並んでいた。その広場の中央には、庭園と泉があった。

このトゥンベスで、ピサロは初めてペルーの国の内紛についての情報を得た。ここには、タワンティンスーユという大きな帝国があり、六年ほど前に疫病がはやって、ワイナ・カパックという王が死んだ、ということだった。この疫病は、非常に流行して多くの人々の命を奪ったというが、恐らくこれは、パナマ地方から伝わってきた、例のウイルス性の伝染病——多分、流感か麻疹《ましん》（はしか）か天然痘《てんねんとう》であったろうと思われる。人間よりも早く目に見えない殺人部隊が到着していたのである。いずれにせよ、ワイナ・カパックが死んだあと、後継者が問題になったが、タワンティンスーユの南部にある、この国本来の都クスコにいたワスカルが即位した。しかし、国の北部にあたるエクアドル地方では、キート（キト、現エクアドルの首都）のアタワルパが強力な軍隊を擁して事実上の支配者として君臨していた。ふたりは異母兄弟だったが、互いに相手に不信感をもち、何回かのやりとりがあったのちに、戦争がおこった。初めからアタワルパ側が優勢で、クスコから派遣されたワスカル軍をリオバンバで大破した。勢いに乗ったアタワルパは、ふたりの将軍に命じてクスコまで進撃させ、首都を占領してワスカルを捕らえさせた。アタワルパも大軍を率いてあとからペルーに向かい、ちょうどそのころ、中部高原のワマチューコまで到達していた。実は、白い人間たちが、数年前からエクアドル海岸に出没していることは、アタワルパも聞いていた。彼はピサロらがトゥンベスに上陸したことも報告を受け、スパイを放って監視していた。そこで、ワマチューコから、その北のカハマルカという町まで引き返し、情報を集めていた。

この大帝国の存在と、最近におけるその内乱について知ったピサロは、アタワルパと会うために、海岸からアンデス高地に向かって前進することを決意した。

ピサロが、部下を率いてトゥンベスを出発したのは、一五三二年五月一六日であった。

第一〇章　カハマルカの悲劇

トゥンベスに上陸したピサロは、情報を集め、タワンティンスーユというアンデス高原の帝国で、ふたりのインカ（王）の間に内戦がおこり、キートに拠るアタワルパが、南方のクスコに拠るワスカルを撃破した直後であることを知る。ピサロは、慎重に準備を整え、アタワルパの滞在するカハマルカに向かって前進する。

クスコの情報

トゥンベスを出発してから九日後に、スペイン人たちは、ある人口豊かな川の畔《ほと》りに到着した。住民たちは友好的で、首長は協力を申し出、下働きの者たちや食糧を用意してくれた。ピサロは、海岸地方に偵察隊を出し、海との連絡もよいことを知ったので、その地にペルーにおける最初のスペイン人の町サン・ミゲル・デ・ピウラを建設することにした。港は物資補給のために不可欠だった。一ヵ月後、パナマの商人たちが、一隻の大型帆船と、数隻の小型船に、物資を満載して到着した。ピサロは、ピウラ地方の首長たちから集めた金でその商品を買い取った。しかも、フランシスコ・デ・ヘレスによれば、パナマで傭船《ようせん》した船の問題もそれで片付いたというから、相当量の金が手に入ったものと想像される。このように、ペルー探検は、現地の豊かな資源や農産物に頼り、更にパナマからの補給を受けながら、順調に進行したのである。

一五三二年九月二四日、ピサロはピウラを出発した。ピウラには五五人が市民として残ったが、そのほかに市民でない者が一〇ないし二〇人いた、という。これは恐らく、一時滞在の商人たちであろう。それでも、すでに各地に援軍が到着していたから、兵力は、歩兵一一〇人、騎兵六七人を確保できた。残留者はいずれもエンコミエンダを受領した。途中から参加した者の中には、のちにコロンビアのムイスカ（チブチャ人の首長制社会）の征服者になったセバスティアン・デ・ベナルカサルや、北アメリカの探検者となったエルナンド・デ・ソトなど、実戦経験豊かな、頼りになる人物がいた。彼らはカピタン（隊長、指揮者）として活躍することになる。

パボールという所まできたとき、そこから二日間の行程の所に、カハスという大きな町があって、アタワルパの軍隊がスペイン人たちを待ち受けている、との情報が入った。ピサロは、ソトに約五〇の兵を与え、アンデス山中のその町に派遣した。

五日後、ソトから報告がきた。スペイン人たちは、険しい山路を登って、一泊二日で目標の町に着いたが、アタワルパの軍隊は、影も形もなかった。ただし、ひとりの役人が出てきて、自分はアタワルパの臣下であり、支配下の町々から貢ぎ物を集めているのだ、と語った。ソトはその男の話から、アタワルパがカハマルカにいて、スペイン人たちを待ち受けていることを知った。役人はまた、そのカハマルカから三〇日行くと、タワンティンスーユ帝国の首都であるクスコがあることを教えてくれた。更に彼は、クスコが非常に大きく、広く、宮殿も壮大で、先帝ワイナ・カパックの遺体が安置された部屋の床は銀製であり、天井と壁は金板と銀板を組み合わせて造ってある、などと説明した。これは、タワンティンスーユ、すなわちインカ帝国の首都クスコに関してスペイン人が得た最初の情報である。

このインカの役人の前で、カハスの首長はひどく怯《おび》えていた。ソトは彼から、その町が内戦でワスカル側についたので、アタワルパ軍の攻撃を受け、一万ないし一万二〇〇〇の人口が三〇〇〇に減ってしまった、ということを聞き出した。ソトは、今後は自分たちがいるから心配はいらない、と首長を励ました。

カハスでスペイン人たちは、おもしろいものを見た。一軒の大きな館《やかた》があり、その中には五〇〇人ばかりの女がいて、糸を紡ぎ、衣服を作り、酒を醸造していた。また大きな倉庫があって、彼女たちの作った物などがぎっしりと収められていた。村の入り口には、何人かの男が逆さづりにされていたので、ソトがその理由を尋ねると、彼らのひとりが、その館《やかた》のある女と情を通じたので、アタワルパの命令で、それを手引きした番人たちとともに処刑された、とのことだった。カハスの首長は、女の館から何人かを引き出し、ソトに与えた。

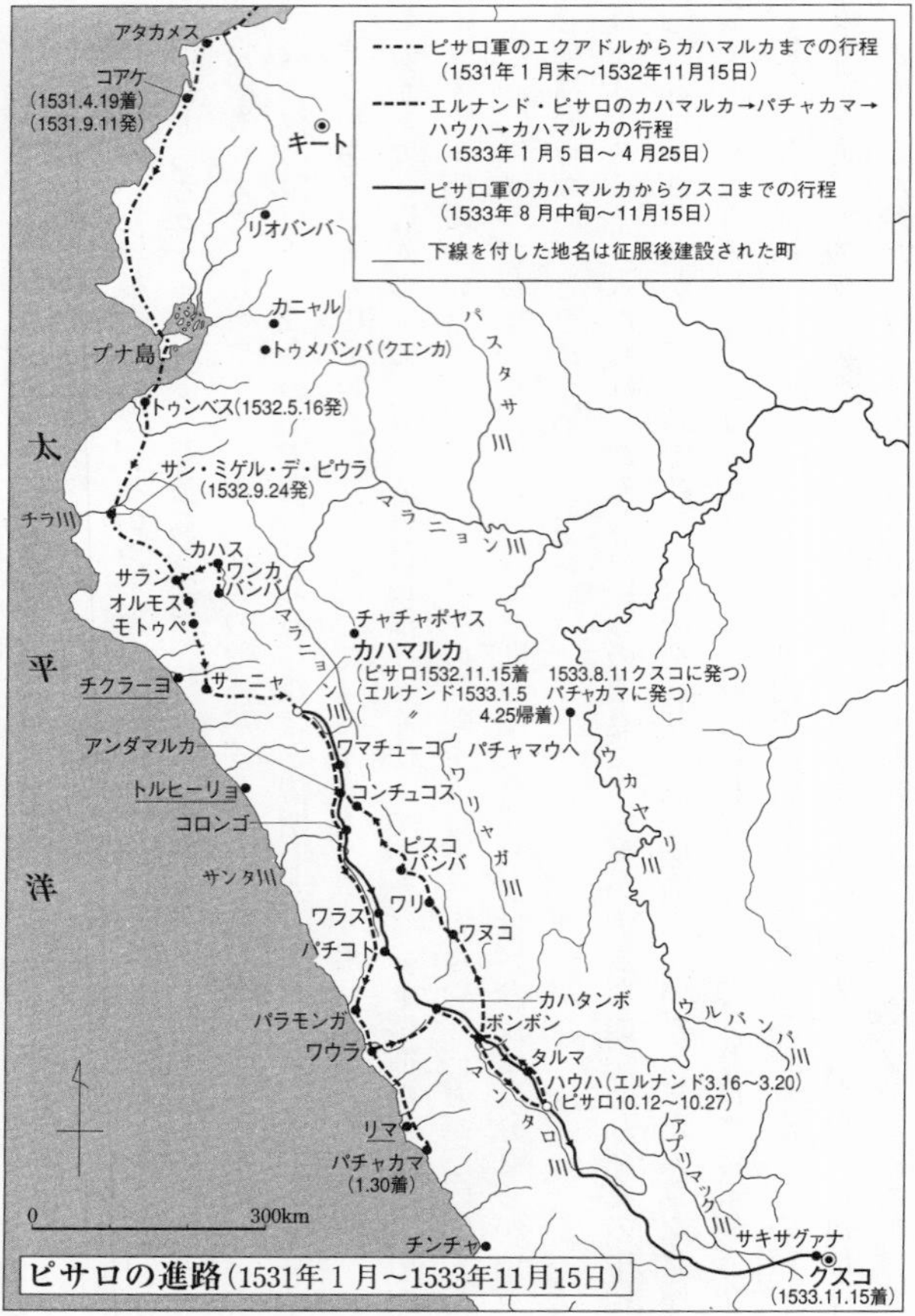

ピサロの進路（1531年1月～1533年11月15日）

ここでスペイン人たちは、アクリャワシという、インカ特有の建物を初めて見たのである。インカは、各地を征服すると、若い女たちを「処女の館《やかた》」に集め、インカの軍隊のための衣服、履物《はきもの》、チチャ酒（トウモロコシの醸造酒）などを作らせた。そして、首都クスコの中心部には、全国の美女の中から選び抜かれた女性を集めて、インカ皇帝に仕えさせ、その衣料や酒を作らせたが、彼女らのための壮大なアクリャワシ、すなわち「太陽の処女の宮殿」が造られた。ただし、クスコのアクリャワシは、同時にインカ皇帝の後宮でもあった。アクリャとは選ばれた女性の意味である。アクリャワシは禁男の家であり、違反者は極刑に処せられた。

ソトは、カハスから一日の行程にあるワンカバンバに行った。そこはカハスよりも大きく、建物も立派だった。漆喰《しっくい》もなしに石をぴったりと組み合わせた壁で造られていた。ここにも大きな倉庫が幾つもあり、衣料、食糧などでいっぱいだった。町の入り口の深い絶壁の谷には、立派な橋が架け渡され、その入り口に一軒の小屋があって、行き来する人から通行税を取っていた。税といっても、持っているもので払うのである。

またスペイン人たちを驚かしたのは、険しいアンデスの山中であるにもかかわらず、すばらしい道路が設けられていることだった。「このふたつの町を結んで」とヘレスは報告している。「人手で造られた広い道が走り、すべての土地を貫通してクスコからキートまで三〇〇レグア〔約一七〇〇キロメートル〕以上を結んでいた。平野を走り、山地もうまく切り開いて通じ、六騎がくっつかずに並んで通れるくらいの幅があった。道に沿ってよそから引かれた水路が走り、道ゆく人々は、そこから水を飲んだ。一日の行程ごとに宿場があり、旅行者はそこに泊まった」。

ソトは、インカの役人を連れてピサロのもとに帰った。ソトからの報告で、初めてアタワルパがカハマルカでスペイン人を待ち受けていることを知り、また首都クスコの報告に印象づけられた。インカの役人は、アタワルパからの贈り物だと言って、「砦《とりで》の形をした石製の大皿と、皮を剝いで干した二匹の鴨《かも》」をピサロに渡した。ピサロは厚意を謝し、アタワルパとは友人になりたいから、できるだけ早くカハマルカに行くつもりだ、と言って、シャツとカスティリャ（スペイン）製のコップ二個をアタワルパへの贈り物として渡した。

スペイン軍は、更に南に向かって進んだ。海岸地方にも立派な道路が通じており、「舗装され、両側を囲まれていて、二台の馬車が並んで通れるくらいの幅があった。多くの箇所で、道に日蔭をつくるために木々が植えられていた」とヘレスは書いている。広い砂漠地帯を通り抜けると、水量の多い川が数本並んだ地方に出た。ある町にきたとき、そこの首長から、アタワルパが三ヵ所に軍隊を隠してスペイン軍を殲滅《せんめつ》しようと待ち構えている、と聞かされた。ピサロは、ひとりのその地方の首長を、偵察のためアンデスの高地に派遣した。

カハマルカ到着

やがてサーニャという町に着いた。そこから二本の道が分かれ、一本はそのまま海岸を南下する立派な王道であり、もう一本は悪路で山に向かっていた。後者がカハマルカに通ずる道だった。スペイン人たちの中には、安全を選んで平坦な海岸への道を行きたいという者たちもいたが、ピサロはその意見を退けて、アタワルパは我々の接近を予知しているのだから、もしこの山路を進まなければ、彼はスペイン人たちは勇気がないだろうと考えて、高圧的な態度をとり、襲いかかってくる恐れがある。だから、どんなことがあっても、この山路を行かねばならない、と主張した。結局全員がピサロに従うことを承諾した。翌朝、一同はサーニャを出発した。それまでにおじけづいてピウラに引き返した者も数人いたから、山を登りはじめたのは全部で一六八人であり、そのうち六二人が騎兵だった。

山を登るにつれて空気が冷たくなり、火を焚《た》き、持ってきた木綿のテントの中で宿泊した。「スペインでは、高原地方でもこんなに寒くはない」とヘレスは書いている。やがて、一〇頭のリャマを連れてアタワルパの使者が到着した。リャマはピサロへの贈り物だった。ピサロはこの使者から、アタワルパとワスカルの内乱について詳しく話を聞いて、アタワルパが父（ワイナ・カパック）から遺贈されたものを奪おうとしたワスカルは非難さるべきだ、と述べた。と同時に、自分はアタワルパよりも偉大な陛下に仕えており、その方が、キリスト教を広めるために自分をここに遣わされたのである。もしアタワルパが友情を求めるのなら、自分は良き友人となり、アタワルパの戦いの援助をしよう。しかし、もし戦いを望むのなら受けて立つ、と断言した。使者は、わずかな兵を従えたに過ぎないピサロが、このような大言を吐《は》いたのに驚いて、しばらくはものも言えなかった、という。

その翌日、ピサロがアタワルパのもとに派遣した首長が戻ってきた。アタワルパのことを非常に怒っており、インカの使者を見ると躍りかかって両耳を引っ張った。聞くと、カハマルカでは相手にもされず、食事もくれなかったという。そして、アタワルパが大軍に守られて陣を張っており、町の中はもぬけの殻だから、戦争の準備をしているに違いない、とのことだった。アタワルパの使者はそれを否定したが、ピサロは心の中で、自分が派遣した首長のいうことの方が正しいと思った。

その後、行進中に何度もアタワルパの使者たちが訪れた。ピサロはアタワルパの友好的なメッセージを聞きながらも、警戒心を深め、カハマルカの盆地近くまでくると、いったん停止して後衛部隊の到着を待ち、全員武装させて、歩兵、騎兵とも三隊に分けた。そして、アタワルパに到着を知らせる使いを送ってから、行軍を開始した。カハマルカは、海抜二七五〇メートルの高原の盆地にあるインカの町である。スペイン軍が盆地の端の山から町に向かって降りはじめたのは、一五三二年一一月一五日の夕刻だった。向こうの山の斜面には、アタワルパの陣営の白いテントが見えた。しかもおびただしい数である。これを見たときの印象を、従軍兵士のひとり、ミゲル・デ・エステーテは次のように書いている。

あんなにもたくさんのテントを見ようとは！　我々は、いささか膚《はだえ》に粟《あわ》を生ずる思いだった。インディオがあのように立派な陣営を整然と設けるなど、それまで夢にも思っていなかった。それにしてもあのテントの数！　我々スペイン軍の兵士は、皆骨の髄まで震え上がり、狼狽《ろうばい》した。しかし、そんな弱気をちょっとでも見せようものなら、いわんや退却でもしようものなら、なによりもまず、我々に同行していたインディオたちが襲いかかってきただろう。そこで我々は、精いっぱいの平気を装って、町とインカ軍のテントを見渡したのち、谷に下ってカハマルカに入ったのである。

エステーテが「同行していたインディオたち」と言っているのは、荷担ぎのために連れてきた海岸地方の住民である。この点について、他の記録者たちはなにも触れていないが、彼らをいれれば、ピサロ軍の総勢は一〇〇〇人を超していただろう。

宵闇《よいやみ》が迫っていた。町に入ると、馬の蹄《ひづめ》の音と兵士の足音だけが、狭い路地にこだました。ヘレスはこの町の情景を次のように記録している。

この町は、盆地の中心にあり、山脈の裾《すそ》に位置して、一レグア〔約五・五キロメートル〕の幅の平地をもっている。盆地には二本の川が流れている。平坦な土地の大部分に人が住みつき、全体が山に囲まれている。人口は二〇〇〇ぐらいである。町の入り口でふたつの川を渡らなければならないので、橋が架かっている。広場はスペインのどこの広場よりも広い。広場の周りは壁で囲まれ、町の街路に通ずる入り口がふたつついている。広場に面した建物は、正面の間口が二〇〇歩以上あり、高さが身の丈の三倍もある頑丈な土壁に囲まれている。隔壁が設けられ、天井は壁の上に据え付けられた木材と藁《わら》で覆われている。それらの家々の内部には、八つの部屋に分かれた建物があり、それらの部屋はほかのいずれのものより優れた出来だった。部屋の壁は非常に細かく加工された石で造られ、その壁自体が建物の囲いになっていた。中庭には、それらの家々で使うため、よそから引かれてきた水をためる水槽がある。

この広場の野原に面した側には、広場の一部をなして、石の砦《とりで》がひとつ立っている。石の階段がついていて広場から砦に上がっていけた……町の上手の、山の裾《すそ》野のそばで家並みがはじまる辺りに、もうひとつ砦があった。大岩の上に載っており、大部分岩肌を削りとって造られたものである。これはもうひとつの砦よりも大きく、三重の囲いに囲まれていて、かたつむり状の道がついている。インディオの間にそれまで見たこともないような頑丈な建物である。

山と大広場との間にはもうひとつ小さな広場があり、周りをぐるりと建物に囲まれていて、それらの中にはアタワルパに仕える女たちがたくさんいた。この町の入り口には、土塀に囲まれた木の茂みの中にひとつの建物があるが、これは太陽神殿であるとのことだ。どこの町でも太陽に捧げた神殿を造るのである。この町には、そのほかにもたくさん神殿がある。この国では、どこへ行っても神殿を敬っている。神殿の中に入るときには、履物《はきもの》を脱ぐ。

インカ王アタワルパとの会見

ピサロは、アタワルパから使いがくることを期待していたが、だんだん遅くなってきたので、ソトに二〇騎をつけて使いに出した。彼らがアタワルパの陣営までの道の半分ぐらいまで行ったとき、砦に登って観察していたピサロは、向こうに陣営のテント群があり、その前に大勢のインカ兵がいるのを見て、用心のため、弟のエルナンドに二〇騎をつけてあとを追わせた。やがて、雨と霰《あられ》が降ってきた。ピサロは広場の建物の中に入るよう兵士たちに命じた。そこにアタワルパからの使者が到着して、好きな所に泊まっていいが、砦の中にだけは入らないようにしてもらいたい、と伝え、更に王は断食しているから、今日は会えない旨《むね》を知らせた。

ソトとエルナンドは、護衛兵の間を通り抜け、部下を残してアタワルパと会見に出かけた。ふたりとも用心のため、馬から降りずにアタワルパと向かい合った。彼は大勢の女たちに取り囲まれて、低い椅子《いす》に座っていた、比類ない威厳と立派さだった、と一スペイン兵が書いている。このときの会見については、何人かのスペイン人の証言が残っていて、少しずつ食い違ってはいるが、「インカ」が人との直接的接触をきらう「神聖王」として振る舞っていたことが描写されている。

「アタワルパは、手のひらふたつの幅の、絹のように見える臙脂《えんじ》色の毛織の房飾りを額に紐《ひも》で結び付け、それが目の所まで垂れ下って彼を実際以上に重々しくみせていた。視線は地面に向けられ、何かを見るために上げられるということは絶対になかった」と、ヘレスは書いている。

またペドロ・ピサロは次のように書いている。「アタワルパの前には、その姿が見えないように隠すため、非常に薄い布がかけられて、その両端を二人の女性が持っていた。この地の王の中には、ごくたまにしか臣下の前に姿を現わさない習慣をもった者がいたのである」。

ソトは、馬に乗ったままアタワルパの頭上に近付いた。だが彼は身動きしないで座ったままだった。アタワルパが額につけた房飾りに、馬の鼻息がかかるくらい接近したのだが、それでも彼は微動だにしなかった。ソトは指から指輪を抜き取って、平和と愛情の印に彼に贈ったが、相手はほとんど何の敬意も払わずにそれを受け取った。あとから来たエルナンドも、馬に乗ったままアタワルパに近付き、低く垂れた頭を上げるように言って、ピサロがとても会いたがっているから、明日の朝会いに出かけてくれるよう要請した。アタワルパは、頭を垂れたまま、明朝会いに行こう、と言った。ただし彼は自分では一言も言わず、代わりに側近のひとりがその言葉を伝えたのである。

アタワルパは、ソトとエルナンドに酒を飲んでいけ、と言った。ふたりは、なにを飲まされるか分からないと思って、断食中だからと言って断わった。しかし彼が重ねて勧めるので承諾した。やがて女たちが、金の器にチチャ酒を入れて持ってきた。アタワルパが、黙ったまま彼女らに視線を注ぐと、彼女らはさっと引っ込んで、もっと大きな金の器を持って戻ってきた。そしてソトとエルナンドにそれを飲むように渡した。インカの王に侍《はべ》る者たちは、言葉で命令されなくても、ちゃんと彼の意を察することができなければならなかったのである。

エルナンド・ピサロとアタワルパ
そばにベナルカサル（実はソト）が描かれている。（グァマン・ポマの絵文書より）

ソトは、アタワルパに別れの挨《あい》拶《さつ》をしてから、そこに並んだインカ兵たちの前で、なんべんも馬を疾走させた。彼らの一部はほんの一歩ほど後ずさりした。スペイン人がそこから立ち去ったのち、彼らはその後ずさりの代償を払わされた。つまり、臆病《おくびょう》を咎《とが》められて、彼らの妻や子と共に、死刑に処せられたのである。

ソトとエルナンドは、ピサロのもとに帰って、インカとの間におこったことをすべて報告し、その兵力は四万人くらいだろう、と述べた。彼らは、実際は八万以上と見積もっていたのだが、スペイン人たちが意気沮喪《そそう》しないために、わざと少ない数を言ったのである。

ほとんど一睡もせずに、スペイン人たちは一夜を過ごした。身分の高低、歩兵、騎兵の区別などはすべて消え失せ、皆ひとしく武器を携え、敵を警戒して歩き回った。ピサロも人々を元気づけながら、神のご加護があれば必ず勝てる、と部下たちを励まし続けた。

運命の日

夜が明けると、昨日とはうって変わったよい天気だった。まもなくして、アタワルパからの使者が現われた。そして、私の主人はあなたに会いにきたいと言っているが、あなたが昨日、武装兵を使いによこしたから、自分も武装させた部下を連れていく、と述べた。ところがまたしばらくすると、別の使者が到着し、アタワルパは部下を武装させないでいく、と言っている旨《むね》を伝えた。ピサロは承諾し、会いたいから早くくるように伝えてもらいたい、と言った。

まもなくして、向こうの陣営から兵士たちが出てきはじめ、野原いっぱいになった。大変な数である。しかも、列を作り、行進がはじまると一歩ごとに立ち止まるので、彼らの前進は午後まで続いた。幾つもの隊に分かれてきた。そして先頭がスペイン人の待機する広場の近くまできても、まだ後ろは陣営から繰り出し続けていた。あまりにも時間がかかるので、待機するスペイン兵の中には、恐怖のあまり小水を洩らす者もいた、とペドロ・ピサロは書いている。

ピサロはスペイン人全員に、各々持ち場で武装し、騎兵は鞍《くら》と轡《くつわ》を馬につけ、カピタン（隊長、指揮者）たちの指揮のもとに三隊に分かれて、絶対に持ち場を離れて広場に出てはならぬ、と命令を下した。そして砲を広場の砦《とりで》の上に据《す》えさせ、自分は約二〇人の歩兵を率いて中に隠れた。広場に面した三軒の大きな家は、いずれも間口が広く、それぞれ二〇以上の入り口がついていた。三つの家のそれぞれに、一五騎前後の騎兵を率いたカピタンが姿を隠して待機した。

アタワルパは大きな輿《こし》に乗って、行列の真ん中にいた。彼の前に、チェス盤のように色とりどりの制服を着た戦士の一隊が約四〇〇人、地面の藁《わら》くずを除き、道を掃き清めながらやってきた。その後にきたのは、違う衣裳《いしょう》をつけた三つの隊で、全員歌い踊りながら行進した。それから胴当て、胸板、金銀の冠をつけた多くの兵が到着し、その中に多彩なオウムの羽毛で中を飾り、金の板を取り付けた輿に乗ってアタワルパがやってきた。

輿を担ぐのは、数十名の首長たちだった。そして彼の後ろには、別の要人たちを乗せた輿が二台と、ハンモックふたつが続いてきた。輿のひとつには、南海岸のチンチャの大首長ハイティが乗っていた。更にその後ろに、金銀の冠をかぶった大勢の兵たちが、何隊にも分かれて続いていた。

やっと夕刻、薄暗くなってアタワルパが広場の真ん中までできた。彼は全員を停止させ、彼およびその他の輿《こし》は、人々の肩に担がれたまま停まった。インカの兵士たちは、続々と広場に入ってきた。先頭部隊から、ひとりの隊長が進み出て、スペイン人の砲が置いてある広場の砦《とりで》に登り、野原の方に槍《やり》を二度振り上げて、合図した。ピサロはそれを見ると、従軍していたビセンテ・デ・バルベルデ神父に、通訳を連れてアタワルパと話しに行ってくれと頼んだ。

神父は承諾し、片手に十字架、片手に聖書を持って進み、兵士の中に割って入って、アタワルパのいる所まできた。そして通訳を介して語りかけた。「私は神の司祭である。汝《なんじ》らに神の教えを授けるためにやってきた。私が教えることは、神が我々に教え給《た》もうたことだ。それはこの本に書いてある。それ故、神およびキリスト教徒たちにたち代わり、友とならんことを汝らに要請する。それが神の御心だからだ。隊長が汝を待っておられるから、行って話すがよい」。

アタワルパが、本を見たいからよこせと言ったので、閉じたままそれが手渡された。アタワルパはうまくそれが開けられないので、神父が腕を伸ばして開けようとした。すると彼はひどく蔑《さげす》んだ態度で神父の腕を叩《たた》いた。そして自分で開けようと一生懸命やってやっと開けた。しかしわけの分からない文字が書かれているだけなので、なんの感動も示さず、ポイとそれを投げ捨てた。そして居丈高になって言った。「お前たちが道中でやったこと、私の首長たちに対する扱い、掠奪《りゃくだつ》などについてはよく承知しているぞ」。神父がそれを否定すると、アタワルパは「盗んだものすべてを返還するまでは、私はここを動かないぞ」と言った。この言葉を聞いて神父はピサロのもとに帰った。アタワルパは輿の上に立ち上がって、部下たちになにかを呼びかけた。

ピサロは、刺し子の胴着で武装し、剣と盾をとって、その場にいた兵士たちとともに、インカの兵士たちの間に割って入り、非常な勢いでアタワルパの乗った輿の所まで突き進んで、いきなりその腕を鷲《わし》づかみにして「サンティアゴ」と叫んだ。サンティアゴとはスペイン人の戦いの合図である。そして恐ろしい虐殺がはじまった。アタワルパの兵たちは、ほとんど武器を携えておらず、またこんな奇襲を予期していなかった。ヘレスがこの大虐殺の情況を正確に伝えている。

いきなり砲が轟《とどろ》き、ラッパが鳴って、歩兵も騎兵も躍り出た。インディオたちは、馬の疾走を見て、その多くは逃げ出し、その逃げ出す勢いで、広場の囲いの一部が倒れたほどだった。多くの者たちが重なり合って倒れた。スペイン人の騎兵たちはその上を踏みにじり、傷つけ、殺し、追跡した。歩兵たちは広場に残った者たちに、あっという間に躍りか

奇襲　輿に乗ったアタワルパにバルベルデ神父が十字架を掲げている。周りをスペイン軍が囲む。（テオドール・ド・ブリの銅版画）

かり、瞬く間にその大部分が剣にかけられてしまった。ピサロは、アタワルパの手首を強く握り締め、輿《こし》から引きずり下ろそうとしたが、それができなかった。スペイン人たちは、輿を担っていたものたちを次々に殺し、輿は地面に倒れてしまった。そしてもしピサロがアタワルパを守ってやらなかったら、傲慢《ごうまん》な彼はそれまでに犯した残虐行為の代償をその場で支払ったことだろう。ピサロはアタワルパをかばうため、手に小さな傷を負った。その間インディオは、ひとりとしてスペイン人に武器を向けてこなかった。それは、ピサロが彼らの間に割って入ったかと思うと、いきなり砲が鳴り響き、騎兵がものすごい勢いで突撃してきたのを見て、動顚《どうてん》してしまったからである。

ペドロ・ピサロは、ピサロがアタワルパを輿からなかなか引きずり下ろせなかったのは、輿を担ぐ部下たちが殺されても殺されても、代わりの者が出てきて引き継ぐので、輿がいつまでも高く掲げられていたからだ、と説明している。チンチャの王ハイティはいち早くファン・ピサロが殺してしまった。

ヘレスによれば、この日（一五三二年一一月一六日）わずか三〇分ばかりの間に、二〇〇〇人のインカ兵が殺され、三〇〇〇人が捕虜になったという。この数字に対して、他の記録者たちは、インカ軍の死者数を、八〇〇〇から六〇〇〇〇人に見積もっているが、ヘレスが現場にいた当事者であり、またピサロの秘書を務めていたことから、彼の数字が最も信憑性《しんぴょうせい》があると思われる。

ピサロは、アタワルパを宿舎に連れていき、戦闘中ずたずたになった衣服を着替えさせた。そして「我々は神の教えを説きにやってきたのであり、お前たちの悪魔的な生活や獣性に気付かせ、そこから救い出したいと思って、このわずかの人数で、決死の思いでやってきたのだ」と述べた。アタワルパは答えて言った。「自分は部下の将軍たちにだまされたのだ。彼らは、スペイン人など問題にするな、と私に言った。私は平和を求めたかったのだが、部下たちがそうさせなかった。今まで派遣した使者たちも、スペイン人は少なくて取るに足らない、と報告していたが、それはみな嘘《うそ》だったのだ」（ヘレスによる）。

実際アタワルパは、頭からスペイン軍をみくびっていた。数万のインカ兵に囲まれた自分は、わずか百数十人のスペイン人に対して絶対の優位にある、と信じきっていたのである。従軍兵士のひとり、ミゲル・デ・エステーテが、あとになってからアタワルパから直接聞いた言葉を伝えて、次のように書いている。

アタワルパは、この上なくすばらしいものに思われた馬や雌馬を、子を生ませるために捕らえ、スペイン人を捕虜にし、習慣に従って、そのある者を太陽の犠牲に捧げ、その他の者は去勢して自分の宮殿や女たちの警護に使おうと思っていた。

これによれば、インカ帝国にも宦官《かんがん》制度があったようである。

スペイン人の恐るべき黄金への執念

翌朝、ピサロは、部下にインカ兵の武器を破壊するように命じ、捕虜に、広場から死者を運び出させた。アタワルパの陣営を捜索させたところ、八〇〇〇ペソの金と七〇〇〇マルコの銀、七個のエメラルドがあった。それらは大小の皿、壺《つぼ》、かめ、その他アタワルパが使っていた食器類が主なものだった。これはヘレスのあげている数字だが、しかし実際にはもっとあったらしい。翌年七月二一日付けで、パナマのガスパール・デ・エスピノサがカルロス一世に送った報告書によれば、カハマルカで得た金は、総額五万ペソ、銀は二万マルコ、とある。

カハマルカの町には、幾つかの倉庫があり、建物の天井まで、行李《こうり》に入れられた衣料がぎっしり詰められていた。「キリスト教徒たちは、欲しいだけそこから取った。それでもその倉庫ははち切れそうでまるでもとのままのように見えた。衣料は、インディアスで見られる最良の品で、その大部分は、非常に細く上質の羊毛で作られ、他は色をうまく配合した木綿製である」（ペドロ・ピサロ）。

アタワルパは利口な男だった。捕虜になって、スペイン人に殺されるのではないかと恐れていたが、彼らの最大の関心事にいち早く気付いていた。彼は翌日ピサロに、自分を殺さないでもらいたい、たくさんの金銀を渡すから、と申し出た。ペドロ・ピサロはそのときのふたりの間のやり取りを次のように記録している。

ピサロはどのくらいの量の金銀か、と尋ねた。アタワルパは、身代金《みのしろきん》として、あなたのいる部屋を金でいっぱいにし、スペイン人たちが隠れていた、例の大家屋をその二倍の銀で満たそう、と言った。〈これは確かに大変な贈り物だ！〉とフランシスコ・ピサロは言ったが、部下の指揮官たちの助言と自分自身の判断から、書記をひとり呼ばせて、このインディオが約束したことを証拠として記録させ、また同時にだれのためにそれを約束するのか、とアタワルパに尋ねた。するとその答えは、自分が捕われたときカハマルカにいて、自分の陣営を壊滅させた人々すべてのために約束した、とのことであった。

ここで注目されるのは、金銀の提供を約束したアタワルパに対し、ピサロが助命の約束をしていないことである。ペドロ・ピサロ以外の記録者たちも、その点では一致している。むしろアタワルパは、ピサロがワスカルの肩をもつのではないかと恐れていたようである。そのため、ピサロの歓心を買おうとしたのかもしれない。どのくらいの期間に集められるか、というピサロの問いに、アタワルパは二ヵ月と答えた。すぐに使者がクスコに派遣されることになったが、クスコまで飛脚なら五日、早い足で一五日かかるということであった。

ある日、習慣に従って、食事の時間にピサロがアタワルパを呼びにやると、彼は出てこなかった。ピサロ自身が様子を見にいくと、アタワルパは泣いていた。説明を求めると、彼はこう言った。「あなたは私にワスカルを殺すな、もし殺せば私を殺すと言った。ところが私の将軍たちは、知らぬ間に彼を殺してしまった。だから私は、あなたが私を殺すと思って悲しんでいるのだ」。ピサロは君を殺したりはしない、と言って彼を安心させた。ペドロ・ピサロによれば、これはアタワルパの策略であった。つまり、こうして命の保障を得てから、彼は即座に使者を送り、部下の将軍にワスカルを殺させたのである。

何日かしてからアタワルパの兵と、彼のきょうだいのひとりがクスコから到着し、アタワルパの女きょうだいと女たちを何人か連れてきたうえに、大量の金の皿、金の器、壺《つぼ》、かめその他の用具と、たくさんの銀をもたらした。そして、もっとたくさんの金製品が、こちらに向かっている途中だ、と報告した。道のりがとても長いから荷物を運ぶインディオたちが疲労し、あまり早く着けないでいるが、まだ遅れている荷の金銀が毎日もっと入ってくるようになるだろうと語った。そのとおり、ある日には金二万ペソ、別の日には三万、次には四万、その次には六万ペソが到着した。それは、壺や三アローバ（約三四・五キログラム）から二アローバの大がめのかたちで到着し、銀の大がめ、壺類やそのほか多くの容器も入ってきた。

集められた金　アタワルパの約束によってペルー全土から黄金がカハマルカに到着した。（テオドール・ド・ブリの銅版画）

金銀の到着は順調だったが、ピサロは更に輸送を促進するために、三人の兵士をクスコに派遣することにした。ひとりのインカ貴族が付き添い、大勢の者たちが交替でこの三人を乗せたハンモックを担いだ。クスコに着くとアタワルパ麾下《きか》の将軍キスキスがいたが、三人のスペイン人にろくに敬意も払わず粗略に扱った。この三人は、スペイン人が掠奪《りゃくだつ》する前のクスコを実見した貴重な体験をした兵だが、彼ら自身の記録が残っていないのは残念である。しかし彼らの話を記録している一無名記録者があり、彼によれば、三人は太陽神殿に行って、壁に張られた大きな黄金板を剝《は》がし取ったという。また、あるインカの宮殿にも行って、玉座に座ったインカのミイラを見ている。インカは非常に豪華な黄金の杖《つえ》を持ち、それに侍《はべ》る女性は金の面をつけていた、ということである。

ピサロは、アタワルパから、海岸地方にパチャカマという大神殿があり、金銀財宝がそこにあると聞いて、弟のエルナンド・ピサロに二〇騎と歩兵数名をつけてそこに派遣した。彼らは、一五三三年一月五日カハマルカを出発し、インカ王道を南に下った。どこへ行っても、アタワルパの命令が徹底していたから、厚く遇された。至る所に「太陽の処女の館《やかた》」があった。パチコト（パチャコタ）とクスコへの道を逸《そ》れ、やがて海岸のインカ道に出た。そして一月三〇日、パチャカマに着いた。それは、壮大な太陽と月の神殿を中心に建設された一大宗教都市だった。ある兵士は、ローマより大きい、という感想を述べている。スペイン人たちは大ピラミッドの上に立つ神聖な太陽神殿に押し入り、また倉庫を探し回ったが、あまり金は見つからなかった。エルナンドは、神官を拷問にかけたが、結局なにも聞き出せなかった。それでも付近の首長たちが少しずつ金を持ってやってきたので、合計九〇〇〇ペソを集めることができた。

エルナンドたちは、カハマルカとクスコの中間の高原の町ハウハに向かった。ハウハはインカの重要な地方都市であり、ここにはインカの金銀が溶かされ細工される工場があった。そこには、クスコからの金が続々と到着していた。そして、アタワルパのもうひとりの将軍チャルクチマが、金銀の輸送の指揮をしていた。エルナンドは、チャルクチマをカハマルカに連行することにした。

ハウハ出発の前にひとつ問題がおこった。六ヵ月前、海岸からインカ征服の旅に出発して以来、厳しい強行軍を重ねてきたため、馬蹄《ばてい》がすり減って、どの騎兵も困っていた。しかし、インカの文化は鉄を知らなかったから、鉄の馬蹄は作れなかった。しかたなくスペイン人たちは、銀を使って馬蹄を作らせた。

パチャカマの主神殿　古い天地創造の神が祭られていた。リマからインカの王道を南下した海岸地帯に今も遺跡として残っている。インカはここに太陽神殿として建てた。

エルナンドたちはインカ王道を北上し、幾つかの町に寄りながら、四月二五日にカハマルカに戻った。

エルナンドが三ヵ月と三週間、カハマルカを留守にした間に、増援部隊が到着していた。彼の出発前に、すでにディエゴ・デ・アルマグロが一五〇人と八四騎を率いて、エクアドルのコアケ付近に到着したという知らせが入っていた。またそのほかに、三〇人を乗せた船がニカラグアから到着したという報告もあった。インカ皇帝を捕虜にしたとはいえ、彼の麾下《きか》の三人の勇将たちは、皆、大軍を擁して健在であり、アンデス山中に孤立していた小人数のスペイン人たちにとって、援軍ほど心強いものはなかった。アルマグロは、エルナンド帰着の二週間ほど前にカハマルカに入っていた。エルナンドはアルマグロが、「この国の豊かさを知るまでは来ようとせず、パナマにとどまった」という反感を抱いたようである。パナマを出発する前に、エルナンドが馬を求めていたとき、アルマグロがいい馬を周旋すると言いながら、約束を履行しなかったとき以来、エルナンドは彼に強い反感を抱いていた、とペドロ・ピサロは言っている。

まだ全部の金銀は到着していなかったが、増援部隊を乗せてきた六隻の船の船長たちが、カハマルカにきて、傭船料《ようせんりょう》を支払うように要求したので、ピサロは会議を開いて、金銀の溶解を開始することにした。

五月一三日、金を溶かして延棒《のべぼう》にする作業が開始された。インカの職人が、九一の炉を使って作業したのである。作業のさなかにも次々と新しい荷が到着したが、ピサロの意見で、この際、国王にこの成果をなるべく早く報告したほうがよかろうということになり、エルナンドが一〇万ペソの黄金と、金の工芸品三八点を携えて、一五三三年六月一三日にスペインに向け出発した。

黄金の荷が二〇〇箇入って以来、数回の入荷によって、アタワルパの「部屋を黄金でいっぱいにする」約束は果たされたものとみなされた。延棒にされた総額は、純金三二万六五三九ペソ、銀五万一六一〇マルコだった。一ペソを四・六グラム、一マルコを二三〇グラムとして計算すると、それぞれ六一〇二キログラム、すなわち約六トンと、六万三一九キログラム、すなわち約六〇トンになる。これは、現在の邦貨で約一二〇億円になるが、当時のペソの購買力を考えると、恐るべき巨額の金になる。ピサロは、参戦した各人の戦功、業績を評価しながら、こまかい割当額を決定し、布告を発して金銀を分配した。

総額の五分の一は王室への上納金だったから、二七万ペソがまず天引きされるわけだったが、エルナンドがすでに一〇万ペソを持って出発していたので、差し引きの一七万ペソが、従軍していた王室財務官に引き渡された。残りが一六九人に分配されたが、もちろんピサロの取り分が一番多く、金五万七二二〇ペソ、銀二三五〇マルコだった。次がエルナンド・ピサロで、金三万一〇八〇ペソ、銀一二六七マルコ。その他、主だったカピタン（隊長、指揮者）たちは、金一万ペソ前後、下級兵卒でも三〇〇〇ないし四〇〇〇ペソの金をもらっている。しかし、カハマルカで重要な役割を演じたバルベルデ神父は、割り当てを受けていない。また、従弟《いとこ》のペドロ・ピサロも、少年で、従者としてピサロに仕えていたので、割り当てを受けていない。

以上の記録を書き残している秘書のヘレスとペドロ・サンチョは、それぞれ金八八八〇ペソと四四四〇ペソを分配されたうえ、秘書としての特別手当てとして、各々一一一〇ペソを支給された。

ところが、この分配に対して、アルマグロの部隊には、一文の割り当てもなかったことから、紛争がおこった。ピサロの言い分は、自分たちが決死の覚悟で戦って手に入れた金であるし、自分とアタワルパとの契約に基づいて得られた金だから、アルマグロたちには分配できない、ということだった。

もちろんアルマグロの一党はこの説明では納得しなかった。結局アルマグロには三万ペソを渡し、兵士たちには金二万ペソを与えることで話がついた。ひとりあたりの取り分が二〇〇ペソ強ということになる。ピサロは、今後の収穫は平等に分配することを約束して、やっと一同を納得させた。

洗礼名、フランシスコ・アタワルパ

アタワルパは、囚《とら》われの身でありながら、以前のように、臣下たちにかしずかれ、王者然として暮らしていた。ペドロ・ピサロは、彼の風貌《ふうぼう》を次のように描写している。「アタワルパは、体かっこうが美しく、押し出しのいい人物であった。肉づき豊かだが太り過ぎてはいない。容貌も良く、威厳があった。そして目が血走っていた」。

ピサロの秘書としてアタワルパと日常接触していたヘレスは、アタワルパが「重々しく話し、極めて活発に議論した……粗野ではあるが、人柄は明るい。ただし、臣下と話すときには非常にいかつく、快活さなど見せなかった」と評している。

近くで観察していた人々は、皆、アタワルパが神聖王特有の特徴をもっていたことに気がついている。ソトとエルナンド・ピサロが最初の夜に会ったときにも、ふたりの女性が彼の面前に薄い布を掲げ持っていた。彼はいつもうつむき、人に直接話すことはなかった。臣下の方も絶対に彼を直視せず、彼の前に出るときにはうつむき、はいずって前に出、体をわなと震わせた。また、しばしば重い荷を背負って御前《ごぜん》に出た。アタワルパは、直接地面に触れてはならず、輿《こし》に乗って動き回り、座るときには小さな床几《しょうぎ》を用い、足元には藺草《いぐさ》の敷物を敷いた。要するに、「神聖王」の体は非常に強力な霊力をもっていると考えられたので、直接接触が回避されたのである。彼の体は神聖なるが故に、直接ものに触れてはならなかった。

ペドロ・ピサロはカハマルカで、アタワルパが触った物を入れた、たくさんの箱を収めた小屋を発見している。それらの箱の中には、アタワルパが自ら手で触り、捨てた物とか、着棄《す》てた衣料などが入っていた。別の箱には、彼が食べた鳥や獣の骨、食べたトウモロコシの穂軸などが入っていた。こういったものをどうするのだ、と言うペドロの問いに、太陽の御子《みこ》が触ったものはだれにも触れさせてはならないので、焼いて灰にし、空中にまくのだ、という答えが返ってきた。別の記録者は、アタワルパの切った爪が小さな壺《つぼ》に収められることを記している。更に別のスペイン人は、アタワルパに仕える女たちが、衣服の上に落ちた彼の毛を全部取って食べるのに気がつき、そのわけを聞くと、「邪術をかけられることを防ぐために」と答えたことを伝えている。要するに彼は、ジェイムズ・フレイザーが『金枝篇』（一八九〇〜一九三六年刊）で述べているような、「神聖王としてのタブー」に囲まれて生きていたのである。

捕われて以後、アタワルパは絶えずスペイン人に殺されるのではないか、という不安につきまとわれていた。ピサロはそんなことはない、と慰め、あるときには、自分たちがカハマルカからクスコまでを取るから、君はキート地方を取れ、とすら言ったことを、ペドロ・ピサロが記録している。確かにピサロには、アタワルパを殺す意図はなかったようである。しかし、アンデス山中に少数で孤立したスペイン人たちは、事あるごとにインカの反乱のうわさに怯《おび》えた。そして、アタワルパが秘《ひそ》かにその糸を操っているらしい、と疑った。

もうひとつ、遅れてカハマルカに到着し、十分な恩賞にあずかれなかったアルマグロ一派の意見があった。つまり、黄金の贈与をアタワルパが申し出たとき、ピサロは書記を呼んで、それを約束として記録させた。すると、それはピサロとアタワルパの間の正式な契約ということになる。アタワルパが生きている限り、この契約に制約されて、自分たちは金銀の分配から除外されてしまう、とアルマグロらは考えたのである。そこで、アタワルパを亡《な》き者にしてしまえ、という意見が出てきたわけだ。

更に、通訳のフェリピリョなる者の陰謀があったと言われる。この男は、バルトロメ・ル

アタワルパの死　ここでは斬首刑に描かれているが、実際には絞首刑だった。（グァマン・ポマの絵文書より）

イスがエクアドル海岸で捕獲したバルサ船に乗り組んでおり、ピサロに連れられてスペインへ行き、スペイン語を覚えて、この第三回探検では通訳として活躍した人物だが、カハマルカでアタワルパの女のひとりに横恋慕し、アタワルパが大軍を集結させて、スペイン軍を襲撃しようとしている、と言い触らした。ピサロは、エルナンドがハウハから連行したチャルクチマに問いただしたが、フェリピリョは彼の返答を歪曲《わいきょく》して通訳した、とペドロ・ピサロは書いている。

この反乱のうわさを突きつけて、アルマグロはピサロにアタワルパの処刑を迫った。ピサロは、うわさを確かめるためにソトを派遣したが、処刑賛成派の突き上げに抵抗できず、会議を開き、裁判も開かずにアタワルパの死刑を決定してしまった。その晩のうちに処刑が行なわれると聞いたアタワルパは泣いて、殺さないでくれ、とピサロに懇願した。自分の命令なしにはこの国では一兵たりとも動くことはできない、もし金銀がもっと欲しいのなら、今までの

アタワルパの処刑　油彩　17世紀後半　この処刑が40年にわたる攻防の始まりとなった。

二倍を集めてみせよう、と言ったという。ピサロも泣いたが、決定を覆すわけにはいかなかった。

　アタワルパは、一五三三年七月二六日夜、鎖につながれて篝火《かがりび》に照らされ、広場に引き出されてきた。トランペットの音が鳴り響いて、彼の運命を告げた。彼は、処刑の直前にキリスト教に改宗して、フランシスコという洗礼名を与えられた。改宗したのは、火刑から絞首刑に「減刑」する、と告げられたからである。「アタワルパは、その女たちやインディオたちに、死体が焼かれなかったら、たとえ死んでも、自分の父の太陽が復活させてくださるから、またお前たちのところに戻ってくる、ということを納得させた」と、ペドロ・ピサロは書いている。

　彼が殺されるために引き出されたとき、広場には原住民がたくさんいたが、その全員が地にひれ伏し、酔いつぶれた人間たちのようにそのままの姿勢でいた。

アタワルパが処刑された柱から下ろされたとき、臣下のインディオたちがやってきて、彼の足の四つ指が触れていた場所の土を掘り、まるで聖遺物のようにうやうやしく持っていった。

翌日、急造のサン・フランシスコ教会で、荘厳な葬儀が行なわれ、ピサロはじめ多くのスペイン人たちが列席した。そのさなか、大勢の男女が教会内に乱入して、自分たちも一緒に死にたいから大きな墓を造ってくれ、と嘆願した。神父がその非をさとしたが、後刻あの世へいってアタワルパに仕えるため、と言って、数人の臣下と、ひとりの女きょうだい、それに数人の侍女が首をくくって死んだ。アタワルパの遺体はその後墓から掘り出され、秘《ひそ》かにキートに運ばれて、インカの礼式によって埋葬されたという。

インカの新王、トパルカの即位

アタワルパ亡《な》きあと、だれかを後継の「インカ」に仕立てあげなければならなかった。カハマルカには何人かのクスコ派のインカが集まっていた。恐らく、国内に大軍を率いたエクアドル・インカ（キート派）の猛将たちがいて、絶えず移動してワスカルの支持者を捕らえたり殺したりしているので、それから逃れたかったのだろう。カハマルカのスペイン軍に保護を求めてきたインカもいた。これらの人たちは、アタワルパを恐れて、市内に身を隠していた者もいたし、中には、ピサロの宿舎に同居を求める者もいた。インカたちの中から、トパック・ワルパ、通称トパルカという者が選ばれて、「サパン・インカ」すなわち神聖なインカ王の位につくことになった。

スペイン人たちは、やはりアタワルパの手を借りなければ、インカの臣下たちになにひとつ命令できないでいた。例えば、カハマルカの虐殺のあとの死体の始末でも、アタワルパに命令を出させて人を動かしたのである。だから、当分どうしても、自分たちの自由になるインカ皇帝は必要だった。トパルカは、インカの古式に従って断食を行ない、即位式において、リャウトを頭につけて、サパン・インカとなった。このリャウト、すなわち頭飾りはインカの皇位の象徴であり、ケチュア語でマスカパイチャとよばれた。この傀儡《かいらい》皇帝を引き連れて、ピサロがタワンティンスーユ（インカ）帝国の首都クスコに向かってカハマルカを出発したのは、一五三三年八月一一日だった。スペイン軍の数は五〇〇人に増えていた。インカ王道に沿って、カハマルカとクスコの間には三〇あまりの町や城塞《じょうさい》があったが、ピサロたちは、それらのほとんどを通過して南に進んだ。行軍の途中、伏兵や奇襲のうわさにスペイン人たちは絶えず悩まされた。勇将キスキスに指揮されたエクアドル・インカ軍が、スペイン軍の進行を監視し、隙《すき》あらば攻めこもうとしているのは明らかだった。明らかにアタワルパの処刑がインカ軍を刺激したようだった。やがて、ペルー中部高原のハウハ盆地に着いた。そこで斥候を出すと、数百名の敵が潜んでいるのが発見された。彼らは、橋をこわし、石投げ器で対岸からスペイン軍を攻撃しようとしていた。しかし、騎兵が渡河して敵を蹴散《けち》らした。

ピサロはハウハで部下を休息させ、そこにスペイン人の町を建設することにした。隊員の中から四〇人が選ばれて、新ハウハ市の市民となった。彼らは、金銀の管理を委託されて、あとに残ることになった。ハウハは暫定的にペルーの首都とされ、周囲の住民の割り当て、すなわちエンコミエンダも設定された。ただし、ハウハ市の正式の設立式は、もっとあとになって、翌三四年三月二五日に行なわれる。

ピサロは、ハウハからクスコへの道が、険しい山道を通り幾つかの危ない橋を渡らなければならないので、拠点を確保するためエルナンド・デ・ソトに七〇騎を与えて先行させた。ソトは、一〇月二四日ハウハを出発し、四日後ピサロとアルマグロがその後を追った。

第一一章　クスコ占領

カハマルカでアタワルパ皇帝を捕らえ、死刑に処したピサロは、インカ帝国の「太陽の都」クスコに向かい、途中インカ軍の抵抗を排しながら、ついにこれを占領する。アタワルパのあとに立ったマンコ皇帝がスペイン人の暴行に耐えかねて、クスコを脱出し、全国に呼びかけて、大軍を集め、抵抗運動を開始する。

アバンカイの戦い

ハウハを出発したときのピサロは問題を抱えていた。トパルカ・インカがハウハで急死したのである。チャルクチマが毒殺した疑いもあった。ピサロは早く後継者を見つけ出さなければならなかった。

エルナンド・デ・ソトの部隊は数日のうちに、アバンカイを越え、クスコへの先陣を狙《ねら》って全速力で前進した。スペイン軍を待ち受けていたキート派のキスキスの軍隊は、その途中で強襲をかけてきた。その辺りは谷の幅が狭く、切り立った崖《がけ》は見上げるほどで、今も残るインカ道は、騎兵が一列縦隊になってやっと通れるほどの幅しかない。インカ軍にとっては絶好の攻撃場所だった。いきなり谷間の崖の上に鬨《とき》の声があがり、石や槍《やり》が飛んできた。スペイン軍はたちまち混乱に陥り、谷間の急流に蹴《け》落《お》とされそうになった。ソトは大声を張り上げて隊列を整えさせ、馬に拍車をかけてその場を突破した。やがて馬を返し、突撃を試みるのだが、どうにも騎兵の本領を発揮しようのない、狭い谷間である。敵の抵抗も今までにないほど頑強だった。恐らく勇将キスキス自身が指揮していたのだろう。

勝負は混沌《こんとん》としたまま夜の帳《とばり》が下りた。敵は兵力を増加して早朝の総攻撃を企てているらしい。ソトの一隊は四十数騎に減っていた。眠れない長い夜が過ぎ、アンデスの高い峰々に朝日が映《は》えだした。ソトの頼みとするのは援軍だけだった。行くにしたがって強まる敵の抵抗に不安を感じ、彼は前もってピサロの本隊に伝令を送ってあったのだ。

ピサロはソトからの急報で、ディエゴ・デ・アルマグロに残りの騎兵のほとんど全部を率いて出撃させていた。アルマグロはしゃにむに前進して、ソトが襲撃を受けたその晩、アプリマック川に沿って走る、ビンカコンガ山脈の麓《ふもと》まで達した。そこでソトからの情報が入った。彼は休むまもなく、危険な断崖《だんがい》の道を夜通し強行前進して、明け方には、ソトの陣取る谷間の下手《しもて》に迫った。

一方、ソトの側ではすでに敵の攻撃がはじまっていた。インカ軍の鬨《とき》の声と、雨霰《あめあられ》と降る石に驚いて馬は棒立ちとなり、スペイン兵はすでに心の平静を失いかけていた。山ひだを幾つか隔てたすぐ向こうに、援軍が迫っているとは露知らずに。

アルマグロも遠くの敵の喚声を聞いていた。しかし心は焦るが谷間の道は思うように馬が進まない。一刻も早く援軍の迫っていることを知らせようとして、アルマグロはラッパ手に命じ、トランペットを空に向かって吹かせた。谷のひだを伝って、その音はソトの陣にかすかに届いた。ドッと喚声が沸き起こり、兵たちは勇気百倍して馬の手綱を握り直した。

インカ軍は、背後からの思いがけない敵の出現に狼狽《ろうばい》した。見れば、ようやく谷間にもさしはじめた朝日の光を浴びて、銀色の甲冑《かっちゅう》をまぶしく光らせながら、騎兵の援軍がこちらに向かって進んでくるではないか。彼らは戦いを交えぬうちに戦意を失って、山伝いにどこかに姿を消してしまった。

ピサロの本隊も、着々とアプリマック川を目指して進んでいた。数日後、ソト、アルマグロの先遣隊と合流することができたが、思いがけない敵の抵抗ぶりに、ピサロはいささか焦りはじめていた。ワイラス地方（ペルー中部、サンタ川流域の高原地方）のトクトでは、アタワルパのきょうだいのティトゥ・アタウチが率いる六〇〇〇のインカ軍に攻撃され、八人の兵が捕虜になってしまった。そのほかソト、アルマグロ隊でも若干の死傷者が出ている。なにしろ総数四百幾らという小部隊である。ひとりの犠牲者も惜しかった。

そのころから、スペイン人たちはチャルクチマを疑いはじめていた。彼が秘《ひそ》かにキスキスの軍隊に情報を流しているのだろう、というのである。クスコから二五キロメートル離れたサキサグァナ（現ハキハワナ）まできたとき、マンコというワイナ・カパックの息子のひとりが、二、三人の従者を連れてピサロのもとにやってきた。彼はクスコ派のインカであり、キート派のアタワルパの迫害を逃れて身を隠していたのだが、アタワルパを捕らえ処刑したピサロのことを聞いて協力を申し出、自分が正当な皇位継承者であることを明らかにした。トパルカを失って困惑していたピサロは喜んで彼を受け入れた。スペイン軍にあからさまに敵対しているエクアドル・インカの勢力と戦うためには、クスコ派の「インカ」がどうしても必要であった。

同じ日、同じ場所で、チャルクチマが処刑された。キスキスと内通しているという罪のほかに、ハウハでトパルカを毒殺した嫌疑がかけられたのである。火刑が宣告され、バルベルデ神父が、杭《くい》に縛り付けられたチャルクチマに近付いてきて改宗を迫った。しかし彼はスペイン人の神は理解できないと言って、パチャカマ神の名を唱え、キスキスの名を呼びながら死んでいった。

スペイン軍は前進を開始し、翌日クスコの手前でキスキスの軍隊の迎撃を受けて、多少の損害を出したが、結局は撃退し、すでにクスコに入るには遅い時間になっていたので、警戒を厳しくしてその場で一夜を明かした。

「太陽の都」クスコ

夜が明けて一五三三年一一月一五日朝、すなわちカハマルカ到着のちょうど一年後に、スペイン人は人口二〇万といわれるタワンティンスーユ（インカ）帝国の首都クスコに入城した。山のような人々が街路や広場に出てきてスペイン軍を見守った。ピサロは住民の家に入ったり、物を盗んだりすることを固く禁じて、町の中心のアウカイパタ大広場の周りの建物を主だったカピタン（隊長、指揮者）にあてたが、夜は敵襲を警戒して、全員馬に鞍《くら》をつけたまま、大広場にテントを張って宿泊させた。それは一ヵ月続いた。

予期していたことではあったが、クスコの町の立派さはスペイン人たちを驚かせた。何人かの征服者が、当時のクスコについて記録を残しているが、その中で最も詳しいのは、ピサロの秘書ペドロ・サンチョがクスコ入城の翌年に書いた記録である。

クスコの都は、あらゆる地方の首長の邸宅をもち、すべての町にぬきんでた首都であるから、大きく、美しく、スペインにあってさえおかしくないくらいの立派さである。貧乏人はそこに住まないから、市中すべて首長たちの邸《やしき》であり、彼らの各々が、自分の家を建てている。また、市に常住しない首長たちも、皆、自分の邸をもっている。これらの家の大部分は石造りで、そうでない家も、建物の前面の半分は石でできている。アドベ煉瓦《レンガ》〔日干しの泥煉瓦〕の家も多い。家の造りは極めて秩序だっており、街路はまっすぐで、直角に交差し、すべて舗装されている。そして道の真ん中には水路が走り、それには石の覆いがかけられている。欠点は道幅の狭いことで、水路の片方にひとりずつの騎馬の人しか通れない。この都は、高台のうえにあって、斜面やその下の平地に、たくさんの家が建っている。広場は正方形で大体平坦であり、丸石を敷きつめて舗装してある。その周りには、この都の要人である王たちの四つの邸があるが、石造りで、色が塗ってある。そのうちで、最も立派なのは、老首長ワイナ・カパックの邸で、門は、白、紅、その他の色の大理石でできている。その他、一見に価する、平屋根の建物もあった。それら以外にも、多くの建物や広壮な建造物があった。

クスコの北方には、高い丘がある。そして、その頂上には、サクサワマンの大城砦《だいじょうさい》があった。サンチョはさらに次のように述べている。

その丘は、市に面した部分が円くなっていて、ひどく急な崖《がけ》になっているが、その上に、石と土で造ったとても美しい砦《とりで》が建っている。市に面して大きな窓がつけられており、見た目に大変美しい。砦の内部にはたくさんの建物があり、中央には大きな塔が立っている。これは、建物を四、五階重ねて建てた円砦《えんさい》のようなものである。中の居室や部屋は狭い。石は互いにあまりにもぴったり合わされており、漆喰《しっくい》も使っていないようである。石の表面も非常に滑らかで、磨きあげた板のようである。ちょうどスペインでやるように、石と石をきちんと角を合わせて組み合わせてあるのだ。部屋や塔の数はあまりに多く、一日では見きれないくらいである。そこを訪れたスペイン人の中には、ロンバルディア〔イタリア北部、ポー川以北の地方。ミラノ公国が栄えた〕や、その他の国を知っている人たちもたくさんいたが、口々に、このように堅固な城や砦を見たことがない、と言っている。城の内部には五〇〇〇人のスペイン人が入れるだろう。岩盤の上に造られているから、砲撃も地下道攻撃も不可能である。反対側はそれほど険しくなく、高さを異にする三重の壁がある。三つのうち最も奥にある壁が最も高い。あの地方で見られるもののうち一番美しい建造物は、あの砦であろう。

そして、砦は、巨大な倉庫でもあった。

この砦は、全体が倉庫で、石投げ器、槍《やり》、弓、矢、斧《おの》、円楯《まるたて》、綿詰めの胴着、その他多くの種類の武具や、兵士たちの衣料などを収納していた。これらは、クスコの王たちに服したあらゆる地方から集められたものである。青、黄、褐色その他多くの顔料、衣料や大量の錫《すず》、鉛、その他の金属もある。多くの銀や幾らかの金もある。戦士たちのための綿詰めした胴着や毛布もいっぱいある。

サクサワマンの砦からは、クスコ市およびクスコ盆地が一望された。

この城砦からは、四分の一レグア〔一レグアは約五・五キロメートル〕、半レグア、一レグアの距離にたくさんの家々が見られ、山に囲まれた平地には、一〇万以上の家々があろうが、その多くが、今は故人となった王たちや、全土からきてこの町の住人となった首長たちの、憩いと楽しみの館《やかた》である。それ以外は、毛布、羊毛、武器、金属、衣服など、この地で産し、作られるすべての物を収めた家や倉庫である。臣下たちが首長に捧げる貢ぎ物を収めた建物もある。一〇万羽以上の干した鳥を保存してある倉庫もある。これは、多色の羽毛で衣料を作るためであり、その製品を収めた建物もたくさんある。その他、円楯、革楯、家の天井の梁《はり》、ナイフその他の刃物、戦士たちのためのサンダル、胸当てなどがあったが、こんなに多様な品を、おびただしい量でここにどうやって集められたのか、と思い惑うくらいである。

クスコ市の、これらインカ時代の壮大な石造建築の跡は、現在でもまだ残っている。スペイン人が新しい町を造るために、インカ建築の石を素材として大量に用いたので、破壊の痕《あと》は著しいが、それでもこのサンチョの驚きを実感できるくらいには、過去の面影をとどめている。

要するにクスコは、重要な神殿、宮殿を中心に造られた首都であると同時に、巨大な倉庫であった。その膨大な物資の集積を前にして、スペイン人たちは、当然のように掠奪《りゃくだつ》を開始した。もちろんなによりもまず彼らが探したのは金銀だった。しかもピサロはじめカピタン（隊長、指揮者）たちの住居となったのは、中心部の宮殿や神殿だった。瞬く間に大量の金が集められ、ハウハに運ばれて、インカの職人の手で溶かされ、延棒《のべぼう》にされた。金の総量約五八万ペソで、カハマルカの金の約五分の二強だった。銀は二一万マルコで、カハマルカより約五万マルコ少なかった。以上のうち五分の一が王室にいったわけだが、サンチョによれば、国王にはそのほか、等身大の黄金のリャマ像や婦人像が、美術品として贈られた。いずれも一八金で、重さはそれぞれ二六・四五キログラム、および二九・五キログラムあった。

インカの首都クスコ

海抜約三四〇〇メートルの高地に位置するクスコは、四つの州から成るタワンティンスーユ（インカ）帝国の首都であるだけではなく、太陽神信仰の「総本山」が置かれた精神的中心でもあった。一五三三年にスペイン軍が侵入したときには、人口二〇万人を擁し南アメリカ最大の都市であった。

現在のクスコの市街は、スペイン人による破壊などによって多くの建物が被害を受け、道路の配置も変わってしまったが、それでも、インカの建物の土台上にスペイン風の建物が建てられ、独特の雰囲気を醸し出している。インカの遺構をよく残しているのは、太陽神殿西側の外壁と、市内のロレート通りの石壁である。

「諸王の都」リマの建設

クスコに入って当面の大きな課題は、キスキス軍にどう対抗するか、ということだった。エクアドル・インカ（キート派）は、内乱でクスコ派軍を壊滅させた実力をもっていた。アタワルパ麾下《きか》の三人の将軍のうち、チャルクチマは殺されたが、キスキスはクスコとハウハの間にあって、絶えずスペイン人をうかがっており、また本拠のエクアドル高原には猛将ルミニャウイが健在だった。ピサロは、この際はっきりとクスコ派インカに与し、エクアドル・インカを制圧する決心を固めた。ワスカル皇帝を殺し、クスコ派のインカの多くを虐殺したエクアドル・インカに対しては、マンコも復讐《ふくしゅう》の念に燃えていたから、すぐさま五〇〇〇の兵力を用意してくれた。ピサロは、エルナンド・デ・ソトに五〇騎を与えて同行させた。彼らは、アプリマック川の深い渓谷の道を北に向かうキスキスの軍隊を追ったが、地形が険しいうえに、敵が至る所で、綱を張って作った懸け橋を切断したので、途中で断念してクスコに引き揚げた。その後キスキスは、スペイン人の町ハウハをうかがったが、撃退されてエクアドルに引き揚げた。このとき、ハウハ防衛には、インカに敵対する同地方のワンカ人の応援が大きな力になった。

マンコとソトは、一五三三年一二月末にクスコに帰着したが、まもなくして、マンコの即位式が行なわれた。マンコは、古式に従って三日間の断食をしたのち、クスコの大広場アウカイパタで、皇位の象徴であるリャウトをつけ、正式の「サパン・インカ」になった。すべてのインカ皇帝のミイラが輿《こし》に乗って大広場に集まり、にぎやかな祭宴が行なわれて、マンコは太陽神殿で祈願した。それを追いかけるように、ピサロは、翌三四年三月二三日、スペイン人の町クスコ市の建設を宣言し、アウカイパタでミサを行なって、市参事会をつくらせ、市民となることを希望する者たちに、エンコミエンダを割り当てた。八八人が最初のクスコ市民となり、その中から市の議員と役人が選ばれた。

これより早くピサロは、キスキス追討のため、アルマグロとソトに、マンコの兵二万五〇〇〇をつけて、またハウハに向かわせていた。しかしハウハに着いてみると、すでにキスキスは北方に撤退したあとだった。ピサロは、四月半ばハウハに向かい、四月二五日、ハウハ市の正式な建設式を行なって、五三人の市民を指名した。ピサロがそのようにハウハを気にかけたのは、そこに大量の金銀が集積されていたからである。

一五三四年八月末、ピサロは海岸地方のパチャカマに向かった。帰路、ルナワナの谷で大勢の荷担ぎが、スペイン人のための食糧や物資を高地に向かって運び上げているのを見て、このような労力を使うようならば、海岸に首都を設けたほうがいい、と考えた。そこで彼は、一一月二九日のハウハ市の市会でこのことを提案し、その結果三人の市会代表が選ばれて、視察のため海岸地方に下った。ピサロ自身も一二月末海岸に下り、最初、大宗教都市パチャカマが候補地として考慮されたが、結局、それより約三〇キロメートル北のリマック川の河口に首都が定められ、三五年一月の半ば、「諸王の都《シウダ・デ・ロス・デ・レイエス》」が建設された。諸王とは、キリストの生誕のとき訪れてきた東方の三博士のことであり、その日が公現祭《エピファニ》の日にあたるところからそう名付けられた。その町がリマ（現ペルーの首都）と呼ばれるようになったのは、一六世紀末である。

これ以後、この町は南アメリカ大陸におけるスペイン植民地の中心となり、外港カリャオは、パナマや本国スペインとの接触点となった。軍事物資その他植民地の日常生活に必要な資材、製品の補給のため、本国との交通路や拠点を確保しておくことは絶対に必要だった。また、パナマ市、エスパニョラ島のサント・ドミンゴ市を経由して、スペイン人、イタリア人の商人たちは、征服の前線の掠奪品《りゃくだつ》、とくに金銀に注目して、商品販売の網を広げつつあり、当時ペルーは彼らの大きな関心の的だった。ハプスブルク家出身のカルロス一世に資金を提供していたドイツ商人たちも、「新世界」に触手を伸ばしていた。征服に踵《きびす》を接して商人たちがやってきたのである。

エクアドル・インカとスペイン人の戦い

一五三四年一月二三日、と言うと、アルマグロとソトがキスキス追討のためにクスコから出発したころ、メキシコ、グアテマラの征服者であるペドロ・デ・アルバラード（グアテマラにおけるアルバラードは、第八章の「グアテマラ・マヤの征服」）が、五〇〇人のスペイン兵と三〇〇〇人のグアテマラ原住民を率いて、一二隻の船でニカラグアを出帆し、二月二五日、エクアドル中部海岸のコアケ付近に着いた。もちろん彼はペルーの財宝を聞きつけて、その分け前にあずかろうとしてやってきたのである。

中央アメリカを征服したアルバラードは、コルテスにならって、香料諸島探検のため太平洋に乗り出したいと考え、船隊を用意していたのだが、折しもピサロのインカ征服の報に接して、方向を変え、ペルーを目指したのである。強力な軍隊の到着は、ピサロの権威にもかかわる大問題だったので、彼はこの知らせを聞くと、アルマグロに部隊を託して北に向かわせた。アルマグロは、高原を下り、まず北海岸のピウラ市に向かった。カハマルカの勝利後、ピウラ市の統治をピサロから委任された、セバスティアン・デ・ベナルカサルの援軍をあてにしていたのだが、ピウラの少し南のサーニャまで達したとき、ベナルカサルがエクアドルに向かったという知らせを受けて驚き、あとを追ってエクアドル高地への道をとった。ピサロをはじめとするほとんどすべてのスペイン人たちが、南方のクスコ地方に関心を集中させていたときにベナルカサルは、アタワルパの本拠であった北のキートに注目していた。

当時、ピウラには、ペルーのうわさを聞きつけて、ニカラグアやパナマからやってきた人々が群がっていた。彼らの強い圧力があり、またインカの圧政に苦しむエクアドルのカニャリ人（インカに敵対する、エクアドルの一民族）からの要請もあって、ベナルカサルは、ピサロ軍がクスコに迫りつつあった一五三三年二月半ば、兵二〇〇人、六二騎を率いてピウラを発った。このとき彼は、エクアドルでアルバラード軍を下船させてのち、更に南下してピウラ海岸に至ったスペイン船の船長から、すでにアルバラードの行動に関する情報を得ていたらしい。

エクアドルに向かったベナルカサルが、まず直面しなければならなかったのは、エクアドル・インカとの戦いであった。アタワルパ麾下《きか》のエクアドル・インカは、勇猛残忍をもって知られ、エクアドルの先住民族の恐れと怒りを買っていたが、ベナルカサルはカニャリ人の援助を得て、インカ軍の猛攻に耐えながら前進した。三度にわたる対戦で、勇将ルミニャウイの抵抗は意外に手ごわくスペイン軍は苦戦した。ルミニャウイは五万人の兵を動員したと言われ、執拗《しつよう》に侵入者に襲いかかった。その結果、エクアドルにおけるインカとスペイン人の戦いは、征服者の歴史で最も凄惨《せいさん》なものになった。五月初めのテオカハス（エクアドル南部高原）の死闘で、ルミニャウイは打撃を受け、撤退してアンデスの山中深く隠れた。

ベナルカサルは、一五三四年六月二二日ごろキートを占領し、その町がルミニャウイによって破壊されているのを見た。ルミニャウイは立ち去る前に、三〇〇人の太陽の処女を虐殺したといわれる。そのときベナルカサルはアルマグロの接近を知り、南に取って返して、リオバンバで彼と遭遇した。アルマグロはピサロの許可なくエクアドルに侵入したことを非難したが、ベナルカサルは、緊急事態に直面して、ピサロのためにとった行動なのだから、と弁解した。

そこに、半年以上エクアドルの海岸地方から高原への険しい道を放浪して、疲れ果てたアルバラードの一隊が到着した。彼が連れてきたグアテマラ人の荷担ぎは全員死亡していたし、スペイン兵も八五人が死亡していた。しかし下手をすれば、スペイン人同士が血で血を洗う決闘にもなりかねなかった。アルマグロとの対決は、慎重な交渉によってなんとか回避された。交渉の結果、八月二六日、アルマグロとアルバラードの間で、ピサロ側が一〇万ペソを支払って、アルバラードの船隊と兵員を買い取る旨《むね》の契約（リオバンバの契約）が結ばれた。アルバラードの隊員は、いずれも黄金国ペルーのうわさに惹《ひ》かれてやってきた連中だったから、ピサロの麾下《きか》に入ることをむしろ希望した。二日後、サン・フランシスコ・デ・キート市（現エクアドルの首都・キト市）の建設が宣言されて、ベナルカサルは引き続き総督代理としてキートに残留することになり、アルマグロとアルバラードはペルーに向かった。

ピサロは、海岸のパチャカマでふたりを待ち受けていた。アルバラードを抱擁し、武器、兵員を譲ってくれた厚意に感謝して、歓迎の宴会を開き、ふたりは騎士たちの槍《やり》試合を見ながら歓談した。アルバラードは上機嫌でグアテマラに帰った。それ以後、ペルーにグアテマラの原住民が奴隷として売られてくる道が開けたという。

その間に、ベナルカサルは、エクアドル・インカ追撃の手を緩めなかった。アンデスの東山脈の僻地《へきち》で、ルミニャウイはじめインカの主な部将たちは捕らえられ、キートに連行されて、アタワルパの宝の在りかを追及され、恐ろしい拷問を受けた。記録者エレーラは、インカたちが毅然《きぜん》としてそれに耐えたと記している。彼らはすべて、火刑または絞首刑によって殺された。

ピサロとアルマグロの支配分担

一五三四年一二月、パチャカマでアルバラードとの「リオバンバの契約」についてピサロに報告したアルマグロは、すぐクスコ市に入って、ソトに代わって行政を視《み》るように言われた。彼は、自分がクスコの統治権をゆだねられたと思ったらしい。年が改まってまもなく、カルロス一世が、ペルーの北半分をピサロに、南半分をアルマグロに与えた、という知らせがスペインから流れてきた。これはまだうわさの域を出ない情報だったが、当時クスコに向かいつつあったアルマグロの耳に、「クスコがアルマグロのものとして与えられた」という知らせとして入った。これがクスコに伝えられたとき、そこに残留していたファンとゴンサーロ・ピサロ兄弟は、非常な不安を感じた。やがてアルマグロが、吸収したアルバラードの兵たちを率いてクスコに乗り込んできたとき、ピサロ派とアルマグロ派の間に暗闘の兆しが生じ、それがやがて武力衝突にまで発展しそうになった。ピサロは急いで海岸地方から駆けつけ、まだ正式の王命が到着したわけではないのだから、クスコの所属についてはまだ決定はできない。それよりも、タワンティンスーユ（インカ）帝国の三分の一を成すクスコ以南の地、とくにチレ（チリ）と呼ばれる地方に探検にでかけてはどうか、とアルマグロを説得し、大量の資金の提供を約束した。

結局両者は和解し、ふたりでミサに出席して抱擁しあったのち、最初の協力の約束を守ることを互いに誓った。アルマグロは、さっそくチリ探検の準備にとりかかった。帝国の南部に強い影響力をもつパウリュ・インカと、太陽神殿の大祭司ビリャック・ウムが同伴することになり、またマンコ皇帝は、一万二〇〇〇人の荷担ぎのための人員を提供してくれた。スペイン兵は五七〇人だったが、その多くがグアテマラからの渡航者だった。彼らは、一五三五年七月三日にクスコを出発して南に向かった。

こうしてピサロ派とアルマグロ派の衝突は一時回避され、征服者たちは思い思いの方角へ散っていった。ピサロはリマに帰り、北海岸のトルヒーリョ市建設の準備をはじめた。ソトは法外な金を貯《た》め込んでスペインに向かった。ファンとゴンサーロ・ピサロ兄弟はクスコを預かることになった。新しい天地を求めて、チャチャポヤス、ブラカモロスなどに探検に出かけた征服者たちもいた。

そこにエルナンド・ピサロがスペインから戻ってきた。彼が国王に、ペルーの成果を報告するためカハマルカを発ったのは、一五三三年六月一三日であったが、翌年の一月九日にセビリャに着き、直ちに王が議会を開いているアラゴンのカラタユーに向かった。国王はエルナンドを接見して、彼の報告を大きな興味をもって聴き、また新しい「ペルー王国」が加わったことを喜んだ。エルナンドは、名誉あるサンティアゴ騎士団の騎士に叙せられ、かつてフランシスコ・ピサロに与えられた権限、地位も改めて保障されるとともに、その統治区域が、「テニンプラ（このときにはサンティアゴというスペイン名に変わっている）」から二〇〇レグア、という以前の規定から、更に南に七〇レグア（約四〇〇キロメートル）延長することが認められた。

他方、アルマグロに対しては、ピサロの領域が終わる所から南に二〇〇レグアの地を発見、占領することが許可された。これは、恐らくアルマグロにとっても満足のゆく内容の決定であったが、すでにエルナンドのペルー帰着よりも早く、アルマグロがペルーの南部に権利を得たといううわさはペルーに伝わっていた。この勅令がエルナンドによってペルーにもたらされたとき、数字が明らかに示されていたとはいうものの、ピサロ、アルマグロ両者の境界線をどこに設けるかは、当時の測量技術をもってしては問題の多いところだった。王室もこの問題に気付いており、三五年七月に、パナマ司教ベルランガを巡察のためにペルーに派遣したときも、この境界線の決定を指令しているが、はっきりした結果は出なかった。

マンコ・インカの野心と屈辱

エルナンド・ピサロがペルーに帰着し、クスコに姿を現わしたのは、一五三六年一月だった。彼の不在中にいろいろなことがおこっていた。アルマグロはチリ遠征に出かけて不在であり、クスコの統治は若いファンとゴンサーロ・ピサロ兄弟に任されていたが、彼らと「サパン・インカ」であるマンコとの関係は悪化していた。エルナンドはスペインに帰っていたから、マンコに会うのは初めてだった。彼はマンコに会い、その身の上に同情した。マンコ・インカは、エルナンドが到着するまで、囚《とら》われの身となっていたのである。

ピサロの「協力者」であるはずのマンコが、なぜ囚われの身となったのか。

マンコはエクアドル・インカへの復讐《ふくしゅう》も一応成し遂げて、インカ皇帝として満足していた。伝統的な即位式も挙げたし、三五年四月の「太陽の祭典《インティライミ》」も、しきたり通りに行なったが、別にピサロや神父たちの干渉はなかった。フランシスコ・ピサロは、ペルー統治のためには、インカ貴族や地方の首長《クラカ》にらみを利かせるサパン・インカの存在は必要だった。マンコも、スペイン国王に臣下の礼を強要されるとはいえ、タワンティンスーユ（インカ）帝国の統治者として、満足すべき境遇にあると考えていた。しかし、彼の地位は決して安泰とは言えなかった。

ひとつには、インカ皇族の間での反目とひそやかな葛藤《かっとう》があった。マンコがサパン・インカの役目を立派に果たしていると考えるグループと、彼を批判するグループの存在が、だんだんと顕在化してきたのである。マンコはなかなかの策略家であり、スペイン人を利用して、自分に対抗するインカ勢力を除去しようとした。彼がアルマグロの歓心を買い、アルマグロも日ごろ反感をもつピサロ一党との対抗上、マンコを利用したふしがある。マンコはアルマグロをそそのかして、自分の地位を脅かす恐れのある兄弟のアトック・ソパを暗殺させた。これがファンとゴンサーロのピサロ兄弟を刺激し、また親族からの脅迫もあったので、マンコは身の危険を感じ、一夜宮殿を脱出して、アルマグロ邸に避難し、彼の寝室で一夜を過ごした。この隙《すき》に、マンコの宮殿に群衆が押し寄せ、ひどい掠奪《りゃくだつ》を行なった。アルマグロは彼らを捕らえて罰すべきだと主張したが、ピサロはなにもしなかった。この事件は、マンコとピサロの間の関係にひびを入らせた。マンコの権威も失墜したが、そこに更に女性問題が絡まってきて、抜き差しならない状態になった。

征服者たちは、何ヵ月も女性に触れぬ生活をしてきたから、征服後は当然、インカの女性を求めた。彼らはほとんど正式の結婚をせず、女たちは一時的な現地妻だったが、フランシスコ・ピサロのように、インカの皇女（ワイナ・カパックの娘キスペ・シサ）に生ませた子（フランシスカ）を嫡出の娘とし、弟のエルナンドがのちにその女性と結婚したような例もある。スペイン人たちは、インカの皇女たちを好んだ。ファン・ピサロは、当時二五歳の血気盛んな青年だったが、マンコの女きょうだいであり、正妻であったクラ・オクリョに惚《ほ》れ込み、大祭司ビリャック・ウムの面前で、マンコに向かって彼女を自分にくれ、とあからさまな要求をした。そして譴責《けんせき》する大祭司に対して、お前を八つ裂きにしてやる、と脅迫した。ファンは結局王妃を奪い取った。この事はマンコの心の中に、深い怒りの火を点じた。

アルマグロがチリ遠征に出発（一五三五年七月）したあと、ピサロはリマに帰り、クスコは若輩のファンおよびゴンサーロ・ピサロ兄弟の手に任されたので、マンコの立場はますます苦しくなってきた。アルマグロに同行した大祭司ビリャック・ウムが、行軍中のスペイン人兵士たちの各地住民に対する暴行のひどさをマンコに訴えてきた。三五年の夏、マンコはスペイン人に対して反乱をおこす決意を固めた。南のコリャオ地方を中心に、首長たちを秘《ひそ》かに呼び集め、反乱の計画を練った。どの地方の住民たちも、スペイン人の暴虐に苦しんでいた。マンコが呼びかければ、たちどころに各地から人々が参集することは明らかだった。

マンコはその晩、数人のインカ貴族と女性、従者を連れ、輿《こし》に担がれてクスコを脱出した。スペイン人が使用人《ヤナコーナ》の間に潜り込ませていたスパイが、このことをピサロ兄弟に通報し、兄弟は騎馬隊を引き連れて、コリャオ道を全速力で南下した。まもなくマンコに同行したインカ貴族が捕らえられ、ゴンサーロが彼の性器を縄で縛り付けて拷問した。彼は初めのうちは、言を左右にして言い逃れようとしたが、耐えきれなくなって、マンコがコリャオ地方に向かったことを白状した。組織的な捜索がはじまり、まもなくマンコは捕らえられた。

クスコに帰って、マンコは首と足に鉄の鎖をつけられて投獄された。スペイン人たちの彼に対する扱いはひどかった。唾《つば》を吐《は》きかけられ、小便をかけられ、殴られ、犬呼ばわりにされ、また彼の女たちは凌辱《りょうじょく》された。彼の持ち物はすべて奪われた。マンコが投獄されたのは、三五年の一一月はじめだった。クスコはじめ各地方の住民たちは、この「インカ」の受難を知って、断食し、神々に生贄《いけにえ》を捧げ、祈りを捧げてその解放を願ったという。それと同時に、力による抵抗がおこりはじめた。地方のエンコミエンダに行っていたスペイン人たちが殺され、高地のタルマ、ボンボンなどで住民が蜂起《ほうき》した。この期間に約三〇人のスペイン人が殺されたという。これに対して、ファンやゴンサーロを先頭に、スペイン人たちは、残忍な報復戦争を行なった。

マンコのクスコ脱走

エルナンド・ピサロがクスコ市に戻ったのは、そのようなインカとスペイン人の厳しい対立の火花が一応収まって、とにかく表面的には平穏な状態に戻りつつあったときであった。マンコも、エルナンドの命令で獄から釈放された。エルナンドは、「インカ」を世襲の君主として尊重するようにとのカルロス一世の言葉に従って、マンコには宥和的《ゆうわてき》な態度をとり、マンコもそれに報いるような顔をした。しかし、そのときすでに、彼は心中深くスペイン人への復讐を決意していた。マンコは山の雨期が終わるのを待ちながら、大祭司ビリャック・ウムを通じて、各地の首長たちに、秘《ひそ》かに動員を呼びかけていた。

ある日、マンコはエルナンドに向かって、クスコの北を流れるウルバンバ川流域のユカイで、伝統的な式典が行なわれるから、ビリャック・ウムとともに行って、それに参加したいから許可してもらいたい。その代わり、父王ワイナ・カパックの等身大の黄金像を持ってこよう、と約束した。エルナンドは軽く考えてそれを承諾し、ふたりのスペイン人をつけて出してやった。一五三六年四月一八日のことである。しかし、マンコは帰ってこなかった。スペイン人たちはエルナンドのもとに殺到し、彼を非難した。エルナンドも最初のうちは、マンコに対する信頼をもち続けたが、ある日ユカイの谷にインカの大軍が集結しているとの知らせが入ったとき、彼も自分の判断の誤りを認めざるを得なくなった。

エルナンドは、当時クスコにあったすべての馬を動員して、弟のファンに七〇騎を与え、ユカイに送った。そこに急行する途中で、マンコに同行したふたりのスペイン兵が向こうからやってきた。聞くと、彼らはマンコにうまく言い含められて、なにも知らずに引き返してくるところだった。ユカイの谷まで兵を進めてみると、そこには、色とりどりの羽飾りを頭につけたインカ兵の大軍がたむろしていた。ファンは数回攻撃をかけてみたが、谷の地形が騎兵のためには不利であり、数名の兵を失い、かなりの負傷者も出した。そこでファンはいったん撤退を決意し、クスコ盆地に戻ったところが、そこには驚くべき光景が待ち受けていた。数万のインカ兵が、周りの丘陵地帯に陣をしいて、クスコを包囲していたのである。ファンは、馬を疾走させ、全騎一団となって敵陣を突破し、友軍と合流した。クスコは完全に包囲され、外部との連絡も断ち切られていた。こうして、数ヵ月におよぶクスコ包囲戦がはじまった。

マンコの反乱　大規模な反乱をおこし、キリスト教の礼拝堂に火をつけるマンコ。（グァマン・ポマの絵文書より）

クスコ包囲戦

クスコ包囲戦に参加した一兵士が書いている。「イスラム教徒とスペイン軍との戦いにおいては、身代金《みのしろきん》などを得るために、捕虜を生かしておくのが普通だった。またそれだけでなく、敵味方間には、一脈あい通ずるものがあったが、クスコの戦いでは、全くそのような心理的余裕はなく、敵味方との、残忍極まるやりかたで、相手を殺しあった」。

マンコは、スペイン軍侵入以前のタワンティンスーユ（インカ）帝国の社会システムを利用して、広範囲の地方から多数の兵員を動員していた。その数は当時の記録を総合して、一〇万から二〇万の間だったと考えられる。これだけの大軍がクスコを包囲したのだから、スペイン人は袋の鼠《ねずみ》だった。当時のスペイン人の数は約一九〇人。馬は七〇頭いた。それまでの戦闘で、常に一番力を発揮したのは騎兵だった。しかし、盆地の周囲を取り巻いているインカ兵を攻撃するとなると、急斜面での戦いになったから、騎馬にはあまり頼れなかった。

インカ側でも、スペイン側でも、戦闘に関して意見がふたつに割れていた。まず大祭司ビリャック・ウムは、すぐクスコに総攻撃をかけるべきだと主張したのに対し、マンコはもう少し動員した兵が集まってから攻撃すべきだ、という意見だった。スペイン人の陣地では、弱気のクスコ撤退論と、死守論が対立した。後者の急先鋒はエルナンド・ピサロだった。撤退するにせよ死守するにせよ、まずインカの大軍の中に斬《き》り込んで、血路を開かねばならなかった。エルナンドは、二〇騎あまりを指揮して、敵陣の中に突入してみたが、インカ兵はもう対騎馬の戦法を工夫していて、落し穴などを用意して騎兵を狼狽《ろうばい》させ、逃げ遅れて孤立した馬や騎手を槍《やり》で突き殺す、というやりかたをとった。端に三個の石を結び付けたボーラという紐《ひも》を馬の脚に投げつけて横転させることもできた。そして馬を捕まえると、必ずその四つ脚を切り取った。スペイン人にショックを与えたのは、インカ人の中にはすでに馬を乗りこなす者たちが出てきたことだった。いやそれだけではなく、奪いとったスペイン軍の鉄の武器を使用しはじめていた。だから、このクスコ包囲戦におけるインカ軍は、それまでよりはるかに手ごわかった。

サクサワマンの遺跡　激しい戦いと、その後のスペイン人による新市街建設のため、かなり破壊されている。

インカ軍はクスコの北の丘の上にある大城砦《だいじょうさい》サクサワマンに大軍を集結させ、そこから階段畑を伝ってクスコ市内に突入しようとした。一時は、アウカイパタの大広場の北東隅の宮殿まで迫って、そこから石投げ器で攻撃を開始した。そして、真っ赤に加熱した石を木綿布に包んで投げ飛ばし、藁《わら》屋根を炎上させた。インカ建築では、どんな重要な宮殿や神殿でも、切り妻に梁《はり》を渡した藁屋根造りだった。スペイン人たちは大広場の北西隅のふたつの大きな石壁の建物と、その周辺の何軒かを確保できたに過ぎず、しかも街路にはバリケードまで築かれて、動きのとれない有り様だった。

エルナンドは、サクサワマンの砦《とりで》をなんとしてでも奪取しなければ、クスコのスペイン人は全滅すると考えた。そして夜陰に紛れて砦裏に兵士たちを送り込み、騎兵の邪魔になる階段畑の石垣を破壊させた。インカ側はすぐさまそれを補修したが、ある晩ファン・ピサロを長とする数十人のスペイン兵が、大回りをして崖《がけ》をよじ登り、砦の内部に突入することに成功した。しかし、ファンは頭部に大きな石を投げつけられて負傷し、そのときはなんとか戦って撤退したが、二週間後、彼はその傷が原因で、ひどく悶《もだ》え苦しみながら死亡した。

しかし、エルナンドは弟の死にもひるまず、更に攻撃を重ねてついに激戦のすえ、砦を占領した。インカ軍は反攻を企てたが、五月末までに大勢は決した。サクサワマンの陥落は、確かにクスコ包囲戦の転機となった。しかし、インカ軍はクスコ盆地の要所要所に陣地を築いて好機を狙《ねら》っていたし、なによりも数の上では圧倒的に優勢だったから、それから三ヵ月間スペイン人の危機状態は続いた。問題なのは、クスコのスペイン人が孤立して、そのほかの地方、とくにリマのフランシスコ・ピサロらがどんな状態にあるのかが懸念されたことだった。

広がる反乱

最初に包囲されたときから、エルナンドはリマとの連絡を重視した。リマにいたピサロが、クスコにおけるマンコの反乱について知ったのは、一五三六年の四月だった。彼は救援隊を派遣したが、いずれも、マンコが派遣したキソ・ユパンキ指揮下のインカの部隊によってほとんど殲滅《せんめつ》された。インカ軍は深い渓谷の前後を扼《やく》して、閉じ込められたスペイン軍を、崖《がけ》の上から岩や石を雨霰《あめあられ》と投げつけて殲滅した。ピサロが、リマから最初に派遣したのは、わずか三〇騎の小部隊に過ぎなかったが、彼らは高地のインカ王道を進んでパルコスという宿泊場《タンボ》まできたとき、クスコに旅行中の五人のスペイン人が殺されたことを知り、報復として二四人の首長らを集め、藁《わら》小屋に閉じ込めて火を放ち、全員を焼き殺した。この行為がインカ人たちを刺激して、キソ・ユパンキの軍はスペイン人を徹底的に皆殺しにする方針をたて、その結果前後四回にわたってリマから派遣された二〇〇人のうち無事リマに帰れたのは、ほんの数人だった。また、ハウハ市に残ったスペイン人たちも、ひとり残らず殺された。

捕虜になったスペイン人もおり、彼らはマンコのもとに引っ立てられていった。マンコは非常に喜び、キソ・ユパンキに自分の妃《きさき》たちのうちで最も美しい女性を与えたという。この殲滅戦に伴って、インカたちは、約一〇〇〇通のクスコ宛ての書簡を押収した。マンコはこれをズタズタに破らせ、六人のスペイン人の首とともに袋に入れて、クスコ市街に投げこませた。マンコは、お前たちの運命もこの手紙のようになるのだぞ、という警告のつもりだったらしいが、逆にこれらの手紙は、リマのスペイン人が健在であり、クスコを救援しようとしていることを明らかにして、クスコのスペイン人たちを元気づけた。

高原の戦いの上首尾に気をよくしたマンコは、キソ・ユパンキにリマ攻撃を命じた。もしこの計画が成功していたら、スペイン人たちは、少なくとも一時的には、タワンティンスーユ（インカ）帝国の領域から追い出されていたであろう。しかし、キソ・ユパンキは三方からリマを攻撃し、市街に入った所で、待ち伏せていた騎兵隊に攻撃されて、総崩れとなったうえに、自分自身も殺された。平地で決戦を挑んだことが間違いだった。

オリャンタイタンボ城の攻防

クスコ包囲戦はどちらの側にとっても、食糧補給が大問題だった。スペイン軍はクスコ市内に閉じ込められていたから、もちろん食糧には窮した。おまけにインカ軍は、食糧倉庫を目標に焼き討ちを行なっていた。クスコの近郊の農村に危険を冒してトウモロコシを徴発することも試みられ、ある程度の食糧は得られたが、とても需要を満たしきれなかった。スペイン人は、マンコに対抗して自分たちの側についたインカから、包囲軍が食糧源として、多数のリャマ（ラクダ科の動物）を集めていることを聞いたので、危険を冒して騎馬兵を派遣し、かなりの頭数を確保して帰ってくることができた。インカ側も、もちろん大量の食糧を用意していたが、包囲が長引くにつれ、こちらにも食糧問題がおこってきた。

スペイン側は、包囲軍の食糧問題のひとつの要点をついて、敵を圧迫しようとした。ペドロ・ピサロが書いているが、インカ軍は出動のとき多数の女たち、つまり妻やその他の女たちを連れていった。彼女らが、鍋釜《なべかま》を背負って夫や恋人たちのあとをついていき、食事の用意をし、身の回りの世話をしたのである。スペイン軍は、この女の大軍に目をつけたのである。エルナンド・ピサロは、なんでも構わない、女を捕まえて殺せ、と命令した。「これはその後、方針となり」と、クスコ守備に参加した一無名記録者は書いている。「すばらしい効果を発揮した。敵に大きな恐怖を与えたのである。インディオたちは妻を失うのを恐れ、女たちは死ぬのを恐れた」。女は恐怖のあまり逃亡し、インカ軍の食事を用意するものが少なくなって、戦闘に支障をきたすことになったのだ。

スペイン人たちは、ほかにも、インカ軍兵士の恐怖をかきたてるような手段に訴えた。例えば、捕虜を捕まえたとき、殺さないで体の一部を傷つけて陣地に帰した。ゴンサーロ・ピサロが二〇〇人の捕虜を捕まえたとき、広場に引き出して、全員の右腕を切って釈放したが、これは包囲軍に大きなショックを与えた。

やがて八月の播種《はしゅ》の時期になると、インカの兵士たちは帰国して農業労働に従事しなければならなかった。マンコは、クスコ周辺の要所要所に監視の兵を残して、自分はウルバンバ川の下流の、オリャンタイタンボに退いた。一応クスコのスペイン人は愁眉《しゅうび》を開いたが、孤立状態には変わりなかった。まだリマとの連絡もついていなかった。マンコは農繁期が終われば、また包囲を固めるつもりでいた。

エルナンド・ピサロは、このとき一挙にマンコの喉元《のど》に迫って、敵を殲滅《せんめつ》しようと考えた。オリャンタイタンボは、ウルバンバ川に沿ってクスコの北西約九〇キロメートル下流にあり、その一支流との合流点の険しい斜面に造られた堅固な城砦《じょうさい》である。エルナンドは、当時クスコにあった兵力の中枢である、四〇騎の騎兵と三〇人の歩兵に、多数の原住民を動員してウルバンバ川を下った。原住民とは、主にインカに敵対するエクアドルのカニャリ人であった。川は蛇行して所々で狭くなり、数回渡河しなければならなかったが、その度に小競り合いがあった。しかしとにかくオリャンタイタンボ城に迫ると、見上げるような高い石壁が広がり、入り口はひとつしかなかった。するといきなり石と弓と槍《やり》が雨のように降ってきた。たちまち馬一頭が殺され、兵数名も負傷したので、エルナンドは慌てて後退を命じた。ペドロ・ピサロは、「砦《とりで》を攻略しようとして、二、三回攻撃をかけてみたが、その度に苦もなく押し返されてしまった。こうして日没まで経過したが、インディオたちは、我々が気付かぬうちに、我々のいた平地に川の水の向きを変えて送りはじめた。もう少しぐずぐずしていたら、我々は全滅していたろう」と、書いている。

砦の攻略は到底不可能と判断したエルナンドは、撤退を命じ、夜陰に紛れて脱出しようとしたが、渡河の途中で松明《たいまつ》をかざしたインカ軍の追撃を受け、何人かの戦死者が出た。

アルマグロの野心

そのころ一五三五年七月にチリ遠征に出かけた、ディエゴ・デ・アルマグロの探検隊は、期待に反して収穫はなにもなく、多数の死者を出して惨憺《さんたん》たる有り様で、ペルー南部のアレキーパからクスコに戻りつつあった。アルマグロは、途中リマに置いた部下の者から知らせがあり、自分がヌエバ・トレド（現在のペルー南部、チリを含む地方。ただし、その境界線は漠然としていた）の「前線総司令官《アデランタード》」に任ぜられたことを承知していた。ピサロとの境界ははっきりしないが、彼はクスコが当然自分の領域内に入ることを確信していたので、クスコを占領するつもりだった。またマンコの反乱についても聞き、アレキーパに到着したころから、両者の間の接触がはじまっていた。マンコは、アルマグロとピサロ一党、とくにエルナンドとの不仲を知っていたから、情勢さえ許せば、前者に加担してピサロ一味を制圧することができるかもしれない、と考えていたようである。あるいは両者の対立に乗じてスペイン人を撃滅できると考えていた、という説もある。

ビルカノータの渓谷に入ったアルマグロは、クスコの手前のウルコスという所に宿営した。そこでマンコと連絡がつき、オリャンタイタンボに使者を送った。アルマグロ自身も兵力の半分をウルコスに残してあとを追った。マンコは、アルマグロ、というよりはスペイン人を根底的に信頼していなかったらしい。とにかくインカにとって、彼らの行為は欺《あざむ》きの連続だった。そのころ、エルナンド・ピサロもアルマグロの接近を知り、偵察隊を派遣する一方、インカ人に書簡を持たせてマンコのもとに送り、アルマグロを信用するなと警告したという説もある。いずれにせよ、マンコは結局、アルマグロを信用することができず、大軍を送ってアルマグロ軍を攻撃させたので、スペイン人との和解の道は、永久に閉ざされてしまった。

第一二章　征服者たちの争いとインカ

スペイン人征服者たちの間に醜い勢力争いがはじまり、ピサロはかつての同輩アルマグロと激しく対立する。アルマグロは殺されるが、ピサロ自身もアルマグロ派に暗殺される。その間に、秘境ビルカバンバに退いたマンコ・インカとその子たちは、スペイン人に対して粘り強い抵抗を続ける。

アルマグロのクスコ占領

ディエゴ・デ・アルマグロは兵を集結させると、クスコ市に乗り込み、市に接した階段畑に陣を構えて、エルナンド・ピサロと交渉に入った。リマにいる兄ピサロに諮《はか》ってから、と言うエルナンドに対し、アルマグロはあくまで市の即時明け渡しを要求した。そして、一五三七年四月一八日深夜、突然クスコの中心部に押し入って、エルナンドおよびゴンサーロ・ピサロを逮捕し、初め太陽神殿に、そしてのちにワイナ・カパックの宮殿正面の角に立つ円塔に幽閉した。このときから、およそ一〇年にわたる征服者たちの内乱の時代がはじまる。

アルマグロは、クスコは自分の領域内にある、という確信のもとに行動していた。まず彼は、リマのピサロが、クスコ救援のために派遣したアロンソ・デ・アルバラードの軍隊が接近しつつあることを知った。それは一〇〇騎の騎兵と四〇人の石弓の射手を含む、最新の武器で武装した総勢三五〇人の強力な部隊だった。この部隊はリマを出て山地に入った所で、インカ軍の攻撃を受けたが、難なく撃破し、一兵士が書いているところによると、三〇人を殺し、一〇〇人を捕虜にしたが、相手に恐怖を与えるため、例によって、男の腕や鼻を削《そ》ぎ、女の乳房を削り取るという残虐行為を行なったという。ペルー中部高原の町ハウハに上がったアルバラードは、更に二〇〇人の増援をリマから得た。この精鋭部隊がクスコに入れば、アルマグロも対抗は到底できないだろう。アルバラードは至る所でインカ軍の奇襲を受けながら、クスコ南西のアバンカイに迫った。アルマグロは素早く、右腕と頼むロドリーゴ・オルゴニェスをアバンカイに派遣した。彼は筏《いかだ》を作り、夜陰に紛れて敵前渡河を敢行し、奇襲によってアルバラード軍を降伏させた。七月一二日のことだった。

アルマグロはリマに進撃する前に、マンコの脅威を取り除いておきたいと考えた。まず、パウリュ・インカを手なずけて、「サパン・インカ」として即位させ、他方、オルゴニェスの部隊をオリャンタイタンボに送った。マンコはそのころ、更に奥深いビルカバンバ地方に退き、アルバラード軍を吸収して強力になったアルマグロから遠ざかろうとしていた。

ウルバンバ川は、オリャンタイタンボの辺りから急に深い渓谷に入るので、人間の侵入は極めて難しくなる。マンコは、オリャンタイタンボの裏を回り、ウルバンバ川の支流のルク

マーヨ川を伝って再びウルバンバ川に出てから、渡河して、別の支流ビルカバンバ川の流域に入った。インカ人はこの辺りまではすでに進出しており、神殿や集落を築いていた。この辺りになると、海抜は二〇〇〇メートルをきり、アマゾンの熱帯林はもうすぐ鼻の先だった。マンコは、正妻とわずかの重臣だけを連れ、輿《こし》にも乗らず、歩いてこの秘境に分け入った。

しかし追跡するオルゴニェスは執拗《しつよう》だった。ルクマーヨ川をたどって、インカが破壊した吊り橋を修繕すると、ウルバンバ川を渡って一気にビルカバンバに入った。そしてビトコスの太陽神殿で掠奪《りゃくだつ》を行なってから、更に奥深くマンコを追ったが、ついに捕捉《ほそく》できなかった。森林地帯で追跡は困難だったのである。

ラス・サリナスの戦い

オルゴニェスがクスコに帰ってみると、アルマグロはリマにいるピサロと交渉を開始していた。そして、その過程で、ますます要求を大きくして、新たにピサロが建設したリマまでが、自分の勢力範囲に入る、と言い出した。反面、ピサロに対しては、まだ征服事業の古いパートナーとしての感情を捨てきれずにおり、オルゴニェスがエルナンドとゴンサーロのピサロ兄弟の処刑を強く主張したのに、決断がつかなかった。アルマグロは、海岸地方に出て、自分の町を建設し、パナマや本国と連絡する直接の道をつけようと考えた。クスコを発つにあたって、彼は監禁中のゴンサーロとアロンソ・デ・アルバラードを、厳重に監視するよう部下に命じた。オルゴニエスがふたりの処刑を再度主張したが、アルマグロは肯《がえ》んじなかった。彼はエルナンド・ピサロを監視のもとにおきながら同行して、一五三七年八月下旬、ペルー南海岸のチンチャに到着し、アルマグロという町を建設した。これは、彼の姓であるとともに、出身地の町の名でもあった。彼は、ピサロの「諸王の町（リマ）」と対抗しようとしたのである。

再び交渉がはじまった。ところが、その間に、クスコからゴンサーロ・ピサロとアルバラードが脱走した、といういやな知らせが入った。そこで、アルマグロの切札は、エルナンド・ピサロだけになった。フランシスコ会修道士の仲介で、その年の一一月一三日、チンチャのすぐ北のマラで、アルマグロとピサロの会見が行なわれた。アルマグロは帽子を脱いでにこやかに挨拶したが、ピサロはほとんどろくに挨拶《あいさつ》も返さず、冷たくクスコ占領と弟たちの監禁の説明を求めた。激論が展開され、結局、物別れになった。

その後も、ともかく交渉は続行された。その結果、本国から決定的な訓令がくるまで、クスコはアルマグロの手にゆだねること、その代わりエルナンドは釈放するが、六ヵ月以内にペルーを去ること、などが合意・協定された。

エルナンドが釈放されようとしたとき、オルゴニェスは猛反対したが、アルマグロは耳を貸そうとしなかった。アルマグロの数人の部将が、エルナンドを伴ってマラのピサロの陣営を訪れたとき、ピサロは弟を抱擁し、部将たちを温かくねぎらった。だが彼はアルマグロほど甘い人間ではなかった。冷徹な現実主義者であり、約束を守る気など毛頭なかったのだ。アルマグロの部将たちが去るやいなや、軍隊を召集して、アルマグロ派との闘争を訴えた。しかし、ピサロが行動をおこすには、なにか口実が必要だった。ところが、ちょうど都合よく、スペインの王室に派遣しておいた使者がリマに戻ってきて、これまでの規定を廃して、各人がすでに征服、占領した地域を守るように、との王命を伝えた。これを聞いてピサロは、アルマグロとの協定の無効を宣言し、エルナンドに、武力でクスコを奪還するよう命じた。

エルナンドは、アンデスの山地を登ってクスコに帰りつつあったアルマグロを追った。アルマグロは、体調を崩して馬に乗ることができず、輿《こし》に乗って行軍していた。彼の軍はオルゴニェスが指揮していた。もし彼が、ナスカから山に登りはじめたエルナンドの軍隊を、どこか険しい渓谷で待ち受けて攻撃していたら、勝ち目はあったかもしれない。しかしアルマグロたちはひたすらクスコに急いだ。そして、到着してから軍議を開き、討論した結果、クスコ郊外のラス・サリナスでピサロ軍を迎撃することにした。そこは、起伏のある岩塩の産地で、ケチュア語でカチ・パタと言った。カチは塩、パタは場所の意味である。オルゴニェスの意見で、防衛に適しているとの判断のもとに選ばれた。しかし実際には、騎兵部隊を頼みとするアルマグロ軍にとって、必ずしも有利な地形の場所ではなかった。

ラス・サリナスの戦いは、三八年四月二六日に行なわれた。最初、アルマグロ軍の大砲が相手をたじろがせたが、ピサロ側のフランドル製の新式二連発銃で武装した歩兵が威力を発揮した。乱戦となったが、最後はエルナンドが指揮する騎兵部隊の突撃が敵にとどめを刺した。オルゴニェスは戦死し、あとでその首がクスコの広場に曝《さら》された。アルマグロは病のため参戦できず、近くの高みから勝負を見守ったが、敗戦と決まって、ロバに乗ってクスコに逃げ込もうとしたところを捕らえられた。

エルナンドは、初めのうち監禁されたアルマグロに対して、ピサロがくるのを待ってあなたを釈放する予定だなどと、相手に希望をもたせるようなことを言ったが、心中復讐《ふくしゅう》を決心していた。そして秘《ひそ》かに法的手続きをとり、三八年七月八日、反逆罪の名のもとに死刑を宣告した。思いがけない判決を突然聞かされたアルマグロは茫然《ぼうぜん》自失し、エルナンドを呼び助命を嘆願したが、彼は、武人らしくない態度をとらずに死後の生活の心の準備をなされよ、と冷たく言い放つのみで取り合わなかった。アルマグロは獄中で斬首された。

ピサロとマンコの戦い

ラス・サリナスの勝利の知らせがリマに届くと、ピサロは直ちに兵を率いてクスコに向け出発した。ところがハウハまでくると、そこに滞在してクスコのエルナンドと連絡をとり、アルマグロの処置を指示していたが、やがてその処刑の報を聞いてから、やっと腰をあげてクスコに向かった。ハウハに滞在中、アルマグロの同名の息子が、リマに護送されていく途中に立ち寄ったとき、父の助命を嘆願したが、ピサロは、お父上にはなんの害も加えないから安心なされよ、と言ったと伝えられるが、これはもちろん芝居に過ぎなかった。アルマグロ処刑の報を聞いたときにも、悲しそうな顔をし、涙さえこぼした、と伝えている記録者もいるが、相当な役者だったのだろう。

一五三八年末、クスコに着いたピサロは、アルマグロ派を排除して、自己の勢力の扶植《ふしょく》に専心した。クスコ・インカのパウリュは、それまでアルマグロの忠実な協力者だったが、素早くピサロに忠誠を誓った。ピサロは、恐らく傀儡《かいらい》としての「サパン・インカ」を必要としたのだろう。それにしても気になるのは、ビルカバンバのマンコの存在だった。

そのころマンコは、スペイン人の手のおよばない他の地方に移動することを考え、北方のワヌコからチャチャポヤス地方に進出しようとしたり、逆に南方のコヤオ地方に新しい基地を求めようとしたこともあったが、いずれも実現しなかった。しかし、それらの過程で、マンコは、ゲリラ部隊をリマ、クスコ間の交通路に送り込み、旅人たちを襲撃させた。そのころすでに、征服者相手に商売をするかなりの数の商人たちが、ペルーにきていたのである。ピサロは、この交通路の安全を図るために、三九年一月九日、ワマンガ市を建設した。現在のアヤクーチョ市である。

ピサロは、ゲリラ部隊による襲撃を重視し、かなりの数の軍隊をハウハ方面に出動させた。マンコは当時、アンダワイラス地方（ペルー南部高原。クスコとワマンガの中間にある）のオンコイという所にいた。軍はひとりの若いカピタン（隊長、指揮者）に、小銃手と射手三〇人を与えて、深い渓谷に架かる橋を修理させるよう命令したが、彼は橋の番人を拷問して、マンコの居場所を聞き出し、先駆けの功名を焦って前進したため、マンコの罠《わな》にむざむざと引っ掛かって部隊は全滅し、カピタン自身も戦死した。各地において、インカの勇敢な部将たちはまだ健在だった。スペイン兵が進出するあらゆる所でインカの軍隊が待ち受けていた。コヤオ地方や、現ボリビアのコチャバンバ地方でも、ゴンサーロ・ピサロの軍隊とインカ軍の戦闘が行なわれた。鋼鉄の武器と馬を持つスペイン人はいつも有利であったが、抵抗はなかなかやまなかった。悲劇はインカ人が、マンコを戴《いただ》く者たちと、スペイン人に帰属したパウリュに従う者たちに分裂して、互いに戦いあったことだった。

マンコの反乱の、この第二期におけるスペイン人は、目を覆う残虐な行為を至る所で行なった。スペイン人が作戦を行なう場所ではどこでも、食糧や家畜が奪われ、金銀の供出が強要され、女たちが奪われ、男たちは軍の糧秣《りょうまつ》や武器の荷担ぎとして動員された。ひとつの作戦には、数千人の住民が動員されるのが普通だった。しかも、動員された男たちは、鎖につながれ、衰弱したり死亡したりすると、スペイン兵が首や脚を切り落として鎖から外した。たいていの場合、全員が死亡した。

一五三九年四月、ピサロは、各地の蜂起《ほうき》や抵抗が弱まってきたと感じ、この際、一挙にマンコを捕まえて反乱を終息させたいと考えた。彼は、ゴンサーロに命じて、再びビルカバンバに戻ったという情報のあるマンコを探索させることにした。深い渓谷にスペイン兵は入り込んだが、高い崖《がけ》の上からの投石で五人が殺され、おまけにマンコは逃亡して、捕らえることはできなかった。しかし、彼の正妻であり女きょうだいであるクラ・オクリョが捕虜になった。スペイン兵たちは、彼女を犯そうとしたが、クラ・オクリョは身体に汚物を塗りつけて身を守ったという。

九月になって、マンコは、使者を送って、ピサロと会見し交渉したいと申し出てきた。そのときピサロはアレキーパ市の建設のためクスコにはいなかったが、急いで戻り、ユカイでの会見の約束をした。彼はゴンサーロを含む一二人の者を護衛に選び、クラ・オクリョも同行させて、ウルバンバの谷に入った。そして、マンコが近くまできていることを知って、ひとりの黒人に贈り物を載せた小馬をつけて先に送り出した。ところが、マンコの兵が現われて黒人・馬のほか護衛のインカ兵を殺してしまったので、会談どころの騒ぎではなくなった。ペドロ・ピサロは書いている。

ピサロは怒って、マンコ・インカの女を殺すことを命じた。数人のカニャリ人が彼女を柱に縛り付け、死ぬまで棒でなぐり、矢を打ち込んだ。居合わせたスペイン人の証言によると、女は、一言も発せず、また恨み言も言わずに死んだという。ひとりの女性が、傷と死の苦しみに、身じろぎだにせず、苦痛も口にしないで、沈黙を守り続けたとは、驚くべきことではないか。

ピサロは多くのインカを殺した。太陽神殿の大祭司ビリャック・ウムが一〇月に捕虜になったとき、そのインカ人に対する精神的影響力を利用すべきだという議論もあったが、ピサロはそれを全く無視して、火刑に処してしまった。あるスペイン人の証言によると、ピサロは、この期間に一六人のインカ皇族を殺したそうである。その大部分が火焙《ひあぶ》りの刑で、中には、ユカイに土地を与えるといって誘い出し、謀殺したこともあった。

フランシスコ・ピサロの死

ピサロがインカ皇族を多数処刑した少し前の一五三九年四月三日に、エルナンド・ピサロは、クスコを発ってスペインに向かった。国王にアルマグロ断罪の理由を説明し、更に財宝を献上するためである。出発のとき、クスコ郊外の小さな平地まで見送りにきた兄に対して、エルナンドは、チリの一味にくれぐれも気をつけるように、と忠告した。チリの一味とは、アルマグロとともにチリ遠征に行ったスペイン人たちである。ピサロはあまり気にしていないようだったが、それが彼の命取りになった。

アルマグロ処刑後、罪に問われなかった彼の部下たちは、不満分子として徒党を組み、不穏な動きをはじめていた。ピサロもそれに気がつかないわけではなかったが、彼らは首領の没落後、財産を奪われ、頼るべき兵ももたず、貧困を余儀なくされている者たちばかりだったので、実力はないと判断された。ピサロは彼らを頭からばかにして、ほとんど問題にしなかった。しかし、チリ党は、アルマグロがパナマの原住民女性との間にもうけた彼の同名の子——父親と区別するためにエル・モソ、すなわち「若いの」と呼ばれた——の周囲に集まり、彼を押し立てて、ピサロを倒し、政権を奪おうと考えはじめていた。エル・モソは、リマのアルマス広場の、ピサロ邸の向かい側の家に住んでいたが、そこがいつしかチリ党の溜《たま》り場になっていた。

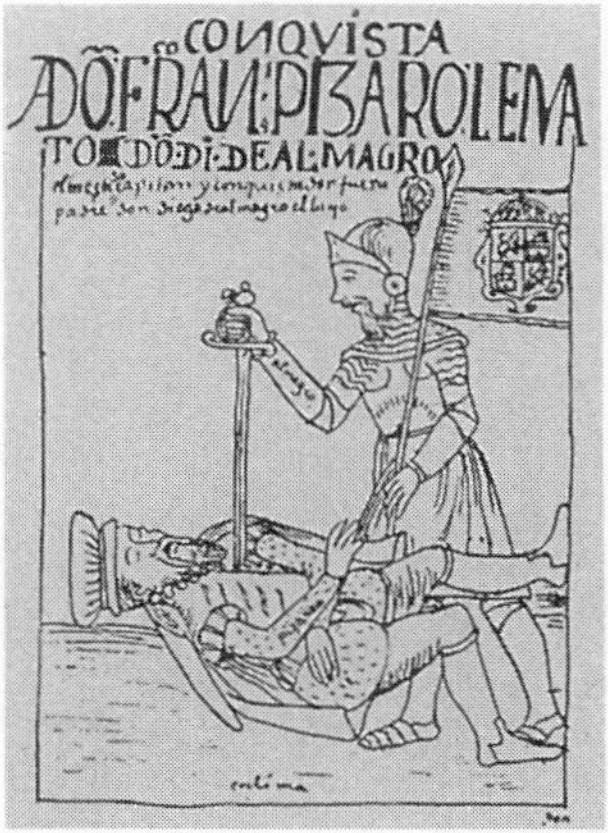

ピサロの死　絵では、アルマグロが殺したとされるが、本当は彼の残党に襲撃された。（グァマン・ポマの絵文書より）

そのころ、ペルーの乱れた状態を監査して植民地行政を立て直すため、王室が監察官として任命したバカ・デ・カストロが、ペルーに向かいつつあった。ピサロは彼の到着を待ち、アルマグロ亡《な》きあとのペルーの統治について意見を述べるつもりだった。ところが、チリ党の連中も、ヌエバ・トレドの統治権が、アルマグロからエル・モソに相続されるべきであると主張し、それをピサロに拒まれたので、カストロの到着を期待して待っていた。もしカストロが順調にペルーに到着していたら、ペルーの事態もうまく収まったかもしれないが、一五四一年初めにパナマに到着した彼は、六月になってもペルーに現われなかった。パナマで二ヵ月ばかり足止めをされたうえに、ペルーに向かった船が逆風のため進まず、逆戻りして、陸路ペルーに向かっていたからである。そのうちチリ党の連中が待ちきれなくなって、四一年六月二六日の日曜日の朝、エル・モソの家に集まり、ミサから帰ってくるピサロを暗殺しようと計画した。ところが、その日彼は邸《やしき》に引きこもってミサに出てこないので、感づかれたかというわけで、いったん解散ということになったとき、ふだんは極めて気の小さい、ひ弱なサン・ミリャンという男が、「悪魔に魅入られて」ピサロを殺そうと絶叫して外に躍り出たので、やむなくほかの者たちもあとに従って、ピサロ邸に押し入った。ピサロは二階に二〇人ばかりの友人とともにいたが、不意をつかれて、鎧《よろい》をつけるまもなく、ふたりの敵を倒したが、結局斬《き》り伏せられた。「侯爵は告解させてくれと頼み、手で十字架をつくり、それに接吻《せっぷん》しながら死んだという」とペドロ・ピサロは書いている。ピサロは、一五三七年一〇月一〇日付けで国王から爵位を賜わり、「アタビリョスの侯爵」を称していたのである。

これが、南アメリカ大陸の黄金帝国を征服して、莫大《ばくだい》な富を獲得し、ペルー総督、軍事総司令官と侯爵の称号を授けられた人物の、あえない最期《さいご》だった。六三歳だった。

彼と一緒にインカ征服に参加した弟たちも、皆、惨めな結末を迎えた。異父弟のマルティン・デ・アルカンタラは、ピサロとともに同じ場所で暗殺された。異母弟のファン・ピサロは、クスコ包囲戦のとき戦死した。同じく異母弟のゴンサーロは、ピサロ暗殺の時点でキート総督としてエクアドルにいたが、のちに王室に反逆して王軍に破れ、一五四八年四月一〇日クスコで処刑された。エルナンドは、一五三九年四月にスペインに渡って、王室にアルマグロとの紛争について報告をし、湯水のように金を使ってなんとか有利な裁決を得ようとしたが、アルマグロ処刑を非難され、メディーナ・デル・カンポのモタ城に、二〇年間も監禁されることになった。ただし、監禁といっても、ペルーの財産からの収入はあり、贅沢《ぜいたく》な暮らしむきだったという。

ピサロの財産

フランシスコ・ピサロが生前もっていた財産のうち最も大きかったのが、エンコミエンダからの収入だった。彼は、ペルーの海岸地方、高地地方および現在のボリビアに広大なエンコミエンダをもち、一五四〇年の時点で二万七〇〇〇ないし三万一〇〇〇人の納税者をもっていたという。エルナンド自身のもっていた納税者数は七〇〇〇ないし九二〇〇人と推計されている。ピサロの死後、彼の財産はふたりの子供、フランシスカとゴンサーロが相続したが、ゴンサーロは早逝したので、フランシスカがひとりであとを継ぐことになった。

ピサロはスペイン人女性とは結婚しなかったが、五六歳のとき、ワイナ・カパックの娘のキスペ・シサと同棲して、一五三四年一二月、ハウハで女の子が生まれフランシスカと名付けた。彼はこの子を非常に可愛がり、三六年一一月一〇日付けで、彼女を嫡子とすることを国王から認められた。ピサロの死後、五一年四月、フランシスカはスペインに渡り、父の生まれ故郷のトルヒーリョに行った。そして、その年のクリスマスに、今やピサロ一族の長となったエルナンドの所に連れていかれた。エルナンドは、モタ城ですでに一〇年間も幽閉生活にあったが、土地の小貴族の娘との同棲生活を許され、女の子まで生まれていた。しかし、彼は兄の莫大な財産を相続した一七歳の美しい姪に魅せられ、翌年半ばに結婚した。そしてそれまで同棲していた女性は、悲嘆にくれながら修道院に入った。

結婚といっても監禁状態の夫婦生活だった。しかし、ふたりの収入を合わせると、大変な額になったから、なにひとつ不自由はなかった。フランシスカは、九年間の監禁生活の間に五人の子供をもうけた。

エルナンドは、監禁中の身でありながら、代理人を使って、自分と妻がペルーに所有するエンコミエンダを経営し、ある歴史学者の計算によると、一五万ないし二〇万ペソの収入を上げていた。カハマルカにおける金の分配のときのフランシスコ・ピサロの取り分が五万七五二九ペソだったことを考えてみれば分かるように、これは当時としては大変な額であった。

エルナンドは一五六一年五月に、フェリペ二世（カルロス一世の後継のスペイン国王）の命により釈放されたが、六〇歳の老人になっていた。それから一七年生きて、七八年に死んだが、フランシスカは再婚して九八年に死んだ。エルナンドとフランシスカは、国王がフランシスコ・ピサロに与えた侯爵の位を、その子孫にも与えるよう請願した。それが認められ、ふたりの孫のファン・フェルナンドに、「征服の侯爵《マルケス・デ・ラ・コンキスタ》」の称号が与えられた。この爵位は、現在まで継承されているという。

マンコ・インカの死

フランシスコ・ピサロの暗殺後、チリ党の連中は、エル・モソをペルー総督にしたてあげて、各地で勢力を伸ばそうとしたが、ピサロ派も隠然たる勢力を失わなかったので、政治情勢はまだ混沌《こんとん》としていた。エル・モソは二二歳の若さだったが、すでに指導者の器量を示し、軍備の拡充や物資の蓄積に努めた。そこにやっと監察官バカ・デ・カストロが到着した。彼の態度は意外と厳しく、少なくとも、父に与えられたヌエバ・トレドの統治権だけは認めてもらいたい、というエル・モソの要求に対し、カストロは、ピサロ暗殺の犯人たちを引き渡し、指揮下の軍隊を解散することを強く要求した。エクアドルからペルーに入り、リマ市に向かって南下してくるカストロは、至る所でピサロ派の歓迎を受け、リマに到着したときには、七〇〇人より成る部隊をもっていた。他方、エル・モソは、武力対決が避けられないと覚悟し、五〇〇人の兵をクスコに集結させて、戦争の準備をした。数においてはカストロ軍に劣ったが、装備においては勝り、二、三の小型砲しか持たない敵に対して、八門の大型砲を含む一六門を用意できた。

決戦は、一五四二年九月一六日、ペルー中部高原のワマンガ（現アヤクーチョ）付近のチュパスにおいて行なわれた。夕刻から開始された戦闘で、最後はほとんど闇《やみ》の中の乱闘となり、多数の死傷者を出したが、午後九時ごろ、エル・モソが戦線を離脱して終決した。エル・モソ軍の約半数は捕虜になったが、逃亡した者も数十人いた。エル・モソもそのひとりで、クスコに向かったが、到着すると、彼自身が任命した役人に逮捕された。あとから軍隊を率いて到着したカストロは、裁判を開いて、エル・モソに、王室に対する反逆の罪で死刑を宣告した。宣告を受けたときエル・モソは憤激して、自分の行為は反逆ではない、と言ったと伝えられる。彼は、自分は父と同じ墓に葬られることを望むのみだ、と言い残し、クスコ市の広場の、父が首を切られたと同じ処刑台で斬首《ざんしゅ》刑を受けた。

エル・モソがクスコに逃げた理由は、マンコにかくまってもらおうとしたからだと言われる。マンコは、ピサロ一族に深い恨みを抱き、とくに自分の妃《きさき》（クラ・オクリョ）が虐殺されたことをひどく怒っていた。そこで、アルマグロ派には好意をもち、チュパスの戦いの一部始終も詳細に報告を受けていた。エル・モソは、ディエゴ・メンデスというカピタン（隊長、指揮者）とクスコに逃亡し、うまくウルバンバ渓谷に逃げ込めるはずだったが、メンデスがクスコにいる愛人に一目会って別れを告げたいと言い出して、ぐずぐずしたために、捕まってしまったという。このメンデスという男は、のちにクスコの牢獄《ろうごく》を脱走して、ビルカバンバのマンコのもとに逃げ込んだ。このほかにも六人のチリ党の者たちがマンコの庇護《ひご》を求めた。

マンコは、七人のスペイン人を自分のもとに仕えさせることに満足を感じ、スペイン人の武器の使用法を部下たちに教えさせた。彼自身も、乗馬や小銃の使用法を彼らから習っている。マンコはこれらのスペイン人を優遇し、それぞれ家を与え、侍女をつけて、なにくれとなく世話させたという。彼は、スペイン人の武器や乗馬術を学びとってしまえば、敵と対等に戦えるようになると考えていたのであろう。

スペイン人にとってビルカバンバのマンコは、相変わらず気になる存在だった。カストロは、平和的に交渉しようと考え、錦の織物を贈った。これに対してマンコは、二人の部将にオウムを持たせて答礼した。カストロは、もしビルカバンバから出てくるならば、今までのことは許し、しかるべき所領を与える、と約束した。

クスコに残ったパウリュ・インカは、幾つかの豊かなエンコミエンダをもらっていた。熱帯性気候のビルカバンバは、乾燥した高地に慣れたインカ人にとってはあまり快適な環境ではなかった。クスコに戻ることは、ピサロ亡《な》きあと、なんの危険もないようにマンコには思われたことだろう。しかし、どういうわけか、この交渉は立ち消えになってしまった。

翌年の四三年は何事もなく過ぎたが、四四年の半ば、マンコが殺された。犯人は、ディエゴ・メンデスをはじめとするスペイン人たちだった。球技をしているときに、後ろから背中を刺した、というが、理由は明らかでない。計画的な犯行という見方もある。つまり、その年五月、初代のペルー副王ブラスコ・ヌニェス・ベラが赴任したので、ビルカバンバのスペイン人たちは、スペイン政府にとって長年の頭痛の種だったマンコを片付けて副王に帰服すれば許されると計算した、というのである。マンコは三日後に死亡した。三〇になるかならないかの若さだった。メンデスら七人のスペイン人たちは馬で逃亡したが、密林の道を迷っているうちに追撃のインカ兵に見つかり、藁《わら》小屋に飛び込んだが、火をつけられ、焼死するか、飛び出してきたところを弓で射殺された。

ゴンサーロ・ピサロの反乱

マンコのあとに残された子のうち、正妻の子サイリ・トパックがあとを継ぐことになったが、まだ五歳なので、プミ・ソパという後見人がついた。一五四四年からの数年は、再びスペイン人同士の争いがおこったおかげで、ビルカバンバのインカは平穏だった。今度の争いは規模が大きかった。ゴンサーロ・ピサロが、スペイン王室を相手取って大反乱をおこしたからである。

ゴンサーロは、兄が暗殺されたとき（一五四一年六月）、「シナモンの国」を求めてエクアドルのキートの東の熱帯林の中をさまよっていた。彼が組織した「シナモンの国」探検隊については、「第一五章　エル・ドラードとアマゾンの国」の中で述べるが、四二年六月にキートに帰還して兄の暗殺を知ると、急いで軍勢を整えてペルーに向かった。彼にとって最も気がかりだったのは、フランシスコ・ピサロ亡《な》きあとのヌエバ・カスティリャ（ペルー）の統治権だった。途中、監察官バカ・デ・カストロの到着を知り、アルマグロ（エル・モソ）派との戦いに協力する旨《むね》の書簡を送ったが、丁重な謝絶の返事がきた。チュパスの戦勝後、カストロはクスコにゴンサーロを呼びつけ、「シナモンの国」探検の労をねぎらったのち、アルマグロ問題も解決したのだから、自分のエンコミエンダに帰って休息されたいと言い渡した。当然ペルーの統治権を認められると思っていたゴンサーロは、心中甚だ不満だったが、おとなしく現ボリビアのチャルカスのエンコミエンダに赴いた。

一五四四年、初代ペルー副王ブラスコ・ヌニェス・ベラの到着とともに、ペルーのスペイン人たちは、二年前に公布された「インディアス新法」の内容を知って驚愕《きょうがく》した。エンコミエンダ制を厳しく制限し、将来的にはその廃絶を意図するその内容は、せっかく血と汗を流して獲得した権利の侵害と受け取られた。メキシコでも、メキシコ副王アントニオ・デ・メンドーサがこの新法を施行しようとしたが、エンコメンデーロ（エンコミエンダの受託者）たちの猛反対にあって、執行を中止した。しかしベラは峻厳《しゅんげん》な法曹家で、妥協を認めず、厳格に新法を実行に移そうとした。そのため、彼に反発するエンコメンデーロたちが、ゴンサーロ・ピサロの旗のもとに集まって、大規模な抗議行動をおこした。ゴンサーロは、副王の軍をキート付近のアニャキートの戦いで破ってベラを殺したうえ、部下を送ってパナマを占拠し、すべての船舶を差し押えさせて、本国への交通路を断った。その結果、ゴンサーロは、ブラジルを除く南アメリカ大陸全体を制覇する帝王となった。部下の中には、インカの皇女と結婚して、王位につくべきだと彼に進言する者すらあった。

この未曾有《みぞう》の事態に王室は、ペドロ・デ・ラ・ガスカという一介の聖職者に白紙委任状を託して、ペルーに送り込んだ。

ガスカはまず、パナマを押えていたゴンサーロの部下を説得して味方につけ、南アメリカ大陸の各地に呼びかけて、兵力の糾合《きゅうごう》を図った。そして、ペルーのスペイン人たちに対しては、特赦を約束して心理的に動揺させ、他方各地から集まった七〇〇人の軍隊を率いて、四七年六月一三日、ペルー北端のトゥンベスに上陸し、リマに迫った。ゴンサーロはクスコに退き、それを追うガスカの王軍と四八年四月九日、クスコから二五キロメートルほどのハキハワナ（当時はサキサグァナといった）で対決した。しかし、そのときガスカ軍は二〇〇〇人に膨れ上がっており、脱走者が続出して五〇〇人にも満たないゴンサーロ軍の兵士たちは、最初から戦意を失っていた。戦いがはじまる前に大半の兵士が寝返ったので、ゴンサーロはわずかの部下とともに取り残された。逮捕されたゴンサーロは、翌日クスコで略式の裁判にかけられてから即時処刑され、その首がリマの広場に曝《さら》された。

サイリ・トパック

ハキハワナの戦いは、征服後のペルーの内乱時代に一応の終止符を打った。ガスカは、戦後処理のためにしばらくクスコにとどまったが、その間にビルカバンバのインカ問題にも関心を払った。ガスカは、数ヵ月間彼に付き添ってくれていたカユ・トパックというインカに、ビルカバンバのインカとの交渉を依頼した。カユ・トパックは、ビルカバンバに出かけていき、一五四八年七月に、贈り物を携えた八人のマンコの遺臣を伴って、クスコに帰ってきた。ガスカは返礼の贈り物を用意し、もしサイリ・トパックが帰順すれば、適当な領地を与えようと約束した。カユ・トパックは再びビルカバンバに行き、再交渉の末、またサイリ・トパックの使節団を伴って帰ってきた。ガスカの答えは、ビルカバンバの保有は許すわけにはいかないが、アバンカイ、ハキハワナなどに土地を与えるし、クスコのワイナ・カパックの宮殿に住むことも認めよう、というかなり寛容なものだった。そこで交渉が成り立つかと思われた。しかし、自らビルカバンバに乗り込んでサイリ・トパックの後見人のインカ

副王との会見　リマに出て、副王カニェーテ侯と会見するサイリ・トパック。（グァマン・ポマの絵文書より）

と交渉しようとしたパウリュ・インカが、途中で病気になり四九年五月、クスコに戻って死亡したので、話は立ち消えになった。ガスカは、九月一七日にリマに帰り、行政府の議長として多忙な毎日を送ったので、もはやインカ問題に注意を払う余裕がなくなったのだろう。

ガスカは、任務を全うして、五〇年一月二七日、ペルーを去った。その後、メキシコ副王のアントニオ・デ・メンドーサが第二代ペルー副王として赴任したが、すぐ死亡したので、五六年六月に、カニェーテ侯アンドレス・ウルタード・デ・メンドーサが第三代副王としてリマに到着した。彼は六〇年まで、建設期に入ったペルー副王領の行政機構整備のために力を注いだが、インカ問題も彼の視野に入っていた。そして、この副王の時代に、ビルカバンバのインカは、秘境の隠れ家から出て洗礼を受け、スペイン国王への臣従を誓ったのである。

このときの交渉で重要な役割を果たしたのは、ワイナ・カパック皇帝の娘とスペイン人征服者の間に生まれたファン・シエラという人物だった。彼は、一五五七年ビルカバンバに入り、ふたりのインカの廷臣とともに戻ってきて、そのままリマの副王のもとに向かった。彼らは、その年の六月にリマに着き、交渉した結果、副王はリマ大司教らと相談して、七月五日付けでインカに赦免状を出し、六ヵ月以内にビルカバンバから出てくれば、身分にふさわしい財産を与える、と約束した。使者たちがこの知らせを持ち返ると、ビルカバンバでは、昼に夜に鳥や動物を生贄《いけにえ》に捧げ、その内臓を見て、果たしてスペイン人を信用できるかどうか占った。アタワルパ王以来インカ人たちはだまされ続けていたのだから、これは当然である。

最後の断を下したのは、サイリ・トパック自身だった。彼は今や成年に達し、「サパン・インカ」の頭飾り《マスカパイチャ》をつけて即位して、マンコ・カパック・パチャクティ・ユパンキという長々しい名になった。彼は、同じ年の一〇月七日にビルカバンバをあとにして、リマに向かった。ただし、このとき皇位の象徴である頭飾りをつけていなかったことが注目される。翌五八年一月五日にリマに到着したときには、市の入り口まで、行政府の高官たちがひとり残らず出迎えに出、副王宮に着くと、カニェーテ侯のそばに座らされて、歓迎の挨拶《あいさつ》を受けた。数日後、大司教主催の晩餐会《ばんさんかい》が開かれた。宴が終わると、銀の盆の上に載せて、サイリ・トパックに与えられるエンコミエンダの証書が運ばれてきた。非常によい土地のエンコミエンダばかりで、彼は一万七〇〇〇ペソの年収を得ることになった。しかもその認可は期限なしであった。

サイリ・トパックは、その後クスコに帰って、温暖なユカイの宮殿に安楽な日々を送った。一五五八年末には、夫婦そろって洗礼を受けたが、彼は副王の名をもらって、ドン・ディエゴ・ウルタード・デ・メンドーサ・インカ・マンコ・カパック・ユパンキと称するようになった。彼はそれから二年後、ユカイの自邸で急死した。毒殺の疑いもあったという。

ティトゥ・クシの抵抗

サイリ・トパックは確かにビルカバンバを棄《す》てた。しかし、すべてのインカ人がそこを明け渡したわけではない。弟のトパック・アマルや、ティトゥ・クシがまだ残っていた。そこで思い起こされるのは、サイリ・トパックがビルカバンバを去るとき、「サパン・インカ」の即位とともに頭につけた頭飾り《マスカパイチャ》を取り外していたことである。なんらかの意図がそこにあったのだろうか。サイリ・トパックの後見人のインカたちが、温順な彼よりは、勇猛なティトゥ・クシのほうが、スペイン人に対抗するゲリラの指導者として適当だと考え、スペイン人の気を逸《そ》らすため、また彼らがどのくらい約束を守るのかを試すため、サイリ・トパックをいわば「放出」したのだ、という見方もある。

とにかく、サイリ・トパックが死んだあと、依然としてインカのビルカバンバ王朝は続いていたわけだから、スペイン当局としても、放っておくわけにはいかなかった。カニェーテ侯のあとの第四代副王ディエゴ・ロペス・デ・スニガの時代にも、ビルカバンバに対して前と同じような働きかけがなされた。ティトゥ・クシは、父マンコの所有していた土地の大部分が自分のものになるのならば、話し合いに応じよう、という態度をとった。しかし、この交渉は副王が、一五六四年二月一九日深夜、愛人宅の前で怪死を遂げたために中絶した。

それから五年間、ペルーには副王がおかれず、政庁《アウディエンシア》が統治したが、その議長ガルシーア・デ・カストロも、ティトゥ・クシと交渉を行なった。いつの場合にも、スペイン側の差し出す餌《えさ》はエンコミエンダや土地財産だった。交渉の度にティトゥ・クシの方もだんだん欲が深くなっていって、値を釣り上げた。おまけに、ビルカバンバから出ていけ、と言うなら、リマまでの旅費を出してもらいたい、とまで言い出した。このころティトゥ・クシは二〇代半ばだったが、なかなか一筋縄ではいかない、したたかな男だったらしい。交渉の過程で、カストロは暖簾《のれん》に腕押しの彼の応答ぶりに困惑して、国王に訴えているくらいである。

ティトゥ・クシは、一五七〇年二月に、カハマルカ以来のインカの受難の歴史をビルカバンバで口述しているが、これをスペイン人の侵略に対する、抗議の書と考えるのはあまりに単純である。むしろ、以上のような、彼の対スペイン人交渉の過程で、なるべく有利な和解条件を獲得しようとする、ティトゥ・クシの政治的な計算のもとに生み出された宣伝文書と解すべきであろう。

しかし、辛抱強い説得が成功して、一五六六年八月二四日、ビルカバンバ域内のアコバンバで、インカとスペイン側との間に約定（アコバンバ条約）が成立した。内容はインカに対して極めて寛容であり、ティトゥ・クシの息子キスペ・ティトゥがサイリ・トパックの娘ベアトリスと結婚することを認め、両者のエンコミエンダからの収入のうち三五〇〇ペソが、ティトゥ・クシに支払われることになった。特に注目すべき点は、ティトゥ・クシが、ビルカバンバ内にエンコミエンダをもってとどまるのが許されたことである。その代わり、インカは、ビルカバンバに宣教師とスペイン人の行政官《コレヒドール》を受け入れることになった。この約定が、フェリペ二世によって批准されるまでに、五年かかった。そして、当然その間に、情勢の変化がおこった。

この期間中、ビルカバンバには、主として行政官と宣教師がかなり入り込んだ。とくに、聖アグスティン会の宣教師はかなりの成功を収めたが、インカ人たちはなかなか固有の宗教を棄《す》てなかった。ティトゥ・クシ自身、クスコにいた幼時に洗礼を受けたはずだが、ビルカバンバに住むようになってから、クスコのアグスティン会の修道院長宛てに手紙を書かせ、キリスト教徒になりたい旨《むね》を伝えた。そして、送られてきた神父から『公教要理』を学び、一五六八年夏に洗礼を受けた。しかし、その後も相変わらず伝統的な宗教慣行を棄てず、あるときなどは、正妻のほかに、アンヘリーナという洗礼名の皇女を妻にしたい、と言って神父を困惑させた。アンデスの人たちが、どれほどキリスト教を理解して改宗したかは大変疑問である。サイリ・トパックも、改宗してから、もとインカの太陽神殿であったドミニコ会修道院の教会堂で、傍目《はため》には熱心な祈りを捧げたとき、パチャカマ神の名前を唱えていた、という報告がある。インカの皇女とスペインの騎士の間に生まれて、二〇歳までクスコに住んだ記録者インカ・ガルシラソ・デ・ラ・ベガは、サイリ・トパックに会っているが、彼はまだ太陽や月の神を信仰している、と書いている。

最後のインカ、トパック・アマル

一五六九年に第五代ペルー副王のフランシスコ・デ・トレドが赴任したとき、ビルカバンバのインカ問題も転機を迎えることになった。この副王は、植民地行政制度の確立に腐心したが、インカ問題もガルシーア・デ・カストロのように、忍耐強く交渉によって解決しようというのではなく、ある時点で武力に訴えてでも片付けてしまおうという、強硬派の人物だった。トレドはインカと何回か書簡の交換をしたが、なにも成果は挙がらなかった。しかし、だからといって、さしあたり武力を行使する理由はなかった。ところが七二年の夏、ビルカバンバでひとりのスペイン人宣教師が殺されるという事件がおこった。

ティトゥ・クシのもとに、クスコからきたふたりの人物がいた。ひとりは、マルティン・パンドといい、ティトゥ・クシの秘書の役目を果たして重宝がられていた。もうひとりは、聖アグスティン会のディエゴ・オルティス神父だった。この神父は温厚な人物で、病人の世話をよくし、ビルカバンバの住民たちから親しまれていた。ある日ティトゥ・クシは、プキウラという所にあった神殿で祭式を主宰したのち、マルティン・パンドと、スペイン人から習ったフェンシングに興じた。ところが大汗をかいたあとで悪寒《おかん》がしたので、大量の酒を飲んだ。すると脇腹が苦しくなり、舌が腫《は》れて、胃が痛み、嘔吐《おうと》した。夜になって彼は口や鼻から出血し、朝になると胸痛を訴えた。パンドともうひとりの従者が、硫黄を混ぜた卵の白身が出血にいいと言うので飲ませると、ティトゥ・クシは死んでしまった。大騒ぎとなり、パニック状態に陥ったインカのひとりの女が、神父がパンドに命じて、あの薬をティトゥ・クシに飲ませたのだ、と叫び、インカの戦士たちがそれに応じて、パンドを殺してしまった。そして、オルティス神父を引きずり出して、裸にして後ろ手に縛り上げ、一晩中放っておいた。翌朝になると神父は、死んだティトゥ・クシを生き返らせるためにミサを行なうよう命じられた。やむなく命令に従ったが、もちろん生き返らず、神父は、ティトゥ・クシの死は神の思召《おぼしめ》しなのだ、と説明した。神父は顎《あご》に穴をあけられ、そこに通した縄で引きずられて、三日間泥の中を引きずり回されたのち、撲殺された。

残されたインカたちは、キリスト教の教会を焼き、マンコのもうひとりの子、トパック・アマルに「サパン・インカ」の頭飾り《マスカパイチャ》をつけさせた。トパック・アマルはまだ二〇歳前の少年だったが、キリスト教を忌避し、伝統的なインカの宗教の神官としてビルカバンバに引きこもっていた。それまで、少しずつ浸透していたキリスト教文化に反発するビルカバンバの保守的勢力が、一挙に表に現われて、「新インカ」の周囲に結集したのである。

そのころ、この事件を知らないクスコのペルー副王トレドは、新たな使節団をビルカバンバに送っていた。しかし彼らは、オリャンタイタンボまできたとき、ティトゥ・クシとオルティス神父の死を知り、危険を感じてクスコに引き返すことにした。ところがひとりアティラノ・アナヤという者だけが、インカの言語であるケチュア語を知っているから説得してみようと前進し、ビルカバンバの入り口まできたが、インカの戦士に殺された。この報を聞いて、トレドはインカを徹底的に抹殺することを決意し、一五七二年四月一四日、布告を発し、精鋭の部隊を編成してビルカバンバに攻め込ませた。

最初からスペイン軍は圧倒的に優勢だった。火器と大弓が威力を発揮し、一度、コヤオ・チャカという所で戦闘があってのちは、インカの戦士たちは四散して、組織的な戦闘力を失った。小さな集団をつくって密林の中を逃亡するインカたちは、次々に捕らえられた。それでもトパック・アマルはなかなか捕まらなかった。彼は、低地の密林に住むマニャリ人の領域に逃げ込むつもりで、ビルカバンバから数十キロメートル下流にまで徒歩で下った。彼はカヌーで逃げようとしたが、妻が承知しないので歩かざるを得なかったのである。もし舟に乗っていればスペイン人に捕まらなかったかもしれない。しかし、スペイン人のほうも執拗《しつよう》に追い続け、ついにふたりを捕らえた。

遠征隊がトパック・アマル以下の捕虜を連れて、クスコに凱旋《がいせん》したのは九月二一日だった。副王はすこぶる満足だった。まず、インカの軍司令官たちが略式裁判によって絞首刑に

トパック・アマルの捕縛　スペイン兵が彼から奪った黄金の太陽像を持っている。（グァマン・ポマの絵文書より）

された。トパック・アマルは、獄中で三日間強制された結果、洗礼を受けた。トレドは彼を極刑にする決心だったが、オルテイス神父の虐殺にも、アナヤの殺害にも彼はかかわっていなかった。斬首《ざんしゅ》刑の判決が出たとき、修道会の院長や修道士たちが、トレドに減刑を嘆願したが無駄だった。トパック・アマル・インカは、一五七二年九月二四日、クスコの大広場に引き出された。広場は群衆で満ちあふれ、「オレンジが落ちるほどの隙間《すきま》もなかった」と、ある記録者は記している。

トパック・アマルが処刑台に登り、カニャリ人の執行人が刀を取り出したとき、驚くべきことがおこった。インカの全群衆が、最後の審判の日がきたかと思われるほど大きな悲しみの叫び声をあげ、スペイン人までが嘆き悲しんで、涙を流したのである。この有り様を見たとき、インカはさっと右手を上げた。この毅然《きぜん》とした落ち着きの前に、その場は一瞬にして静まり返って、広場であろうとその外であろうと、立つ者たちは微動だにしなくなった。そこでインカは、死ぬ者とも思われない立派な態度で話しはじめた。

トパック・アマル・インカは、ケチュア語で話した。公式的には、それまでの邪教を棄《す》てて、真の神の道に入ったことを宣言した、ということになっているが、付き添っていたふたりの神父が、途中で遮って彼を非難したというから、表面上の改宗にもかかわらず、アンデス世界本来の言葉で、臣下たちに別れの言葉を述べたのであろう。

マチュ・ピチュ全景　居住区のほか、中央の階段畑の上に神殿群がある。1000人以上の自給生活が可能だったと思われる。

マチュピチュの王の住居　インカの高度な石工技術がよく分かる。

こうして、最後までスペイン人の侵略に抵抗を続けたインカ王朝は消滅した。トレドは、インカを根絶やしにするのが念願だった。クスコのインカ人たちは、彼の厳しい方針に従って、財産を奪われたり追放されたりしたが、インカ人たちがスペイン本国に訴え、世論も同情を示したので、やがてトレドの行き過ぎが批判され、インカの血を引く人々は残った。そして、トパック・アマルの名は、スペイン人に対する抵抗の象徴として、忘れ去られることはなかった。

後年、一七八〇年、クスコのガブリエル・コンドルカンキという首長が、スペイン人行政官の悪政に反発して彼を処刑し、大反乱をおこしたときも、彼はトパック・アマルの娘の五世の子孫だったので、自らトパック・アマル二世を名乗ったことは有名である。

マチュ・ピチュの発見

一九一一年、アメリカの考古学者ハイラム・ビンガムはウルバンバ川の周辺を調査していたとき、深い渓流の左岸にそそり立つ峰の鞍部（標高約二五〇〇メートル）に築かれているこの遺跡を発見した。マチュ・ピチュには神殿、神官の住居、農民の家、貴族の館、犠牲の祭壇、中央広場などがあり、階段畑（アンデネス）が周辺部をめぐっている。

この遺跡の使用目的ははっきりしていないが、精巧な石工技術によっても、インカによって重要視されていたことは間違いない。

第一三章　アラウコの国とパンパ

南アンデスのチリに向かって、征服者たちは第二の黄金郷を求めた。ところがそこには、勇猛なアラウコ人がいて、激しく抵抗し、スペイン人たちをさんざん悩ませた。他方、現アルゼンティン北西部には、ペルーからの征服者が南下し、またラ・プラタ川流域にもスペイン人が上陸して、パラグアイ地方まで進出する。

エントラーダ

この時代のアメリカ大陸で、新しい土地に探検、征服を進めることをエントラーダと言ったが、タワンティンスーユ（インカ）帝国の征服後、ペルーから南アメリカ各地にエントラーダが行なわれた。

初期において目立ったのは、アンデス高原の東、ないしは南東のアマゾン熱帯降雨林地帯への侵入である。この動きは、その後も続くエントラーダのひとつの傾向をつくった。主なものだけでも五つを数えられる。いずれも原住民たちから、東のジャングルの奥に、巨大な富をもつ黄金郷があるとのうわさを聞いて行なわれたのが共通点である。

クスコ占領（一五三三年）直後のエントラーダとしては、クスコのすぐ東側の斜面を「アマゾニア」に向かって下った探検がある。

例えば、カハマルカの戦闘に砲兵隊長として参加した、ギリシャ出身のペドロ・デ・カンディアは、インカの金を蓄えて資産家となったが、自分の女から、クスコ南東にアンバヤという、金銀の豊かな土地があると聞き、全資産を投じ、三〇〇人より成る探検隊を組織して、密林の中に分け入ったが、たちまち食糧に窮して、連れていった馬を全部食べ、三ヵ月ののちにさんざんの有り様で帰還した。驚いたことに、スペイン人にはひとりの死者も出なかったが、荷担ぎとして連れていった原住民は壊滅した。これはアマゾニアの熱帯林への最初のエントラーダだったが、これ以後、エントラーダが組織される度に、多数の原住民が動員され、多くの場合鎖につながれて酷使されて、結局は全滅してしまうことが習いとなった。

一五三八年九月、というと、エルナンド・ピサロがクスコ市でディエゴ・デ・アルマグロを処刑した二ヵ月後だが、ペランスレス（正式にはペドロ・アンスレス）という男が、やはりクスコの南東に向かってアンデス高地を下り、チュンチョスという狩猟民の住む地域に侵入した。湿気と暑さのために思うように前進できず、苦労したが、ある地点で、そこから東に二五日行くと密林が急に開け、財宝のあふれる国に着く、という現住民の言葉を真に受け、三〇日間放浪したが、なにも見つからず、出発から半年後にクスコに戻った。このときの被害は大きく、連れていった二二〇頭の馬を全部食糧にしたにもかかわらず、一四三人のスペイン人が餓死または病死し、インカの男女四〇〇〇人が全滅した。その中にはインカ貴族の娘たちもいたという。

北西に向かって探検を行なった者たちもいた。アロンソ・デ・アルバラードは、一五三八年、カハマルカの北西にチャチャポヤス市を建設してのち、そこから東に向かい、熱帯低地をしゃにむに行軍してアマゾン支流のワリャガ川に出たが、そこから更に東に一五日行くと、開けた平地があり、そこにある大きな湖の畔《ほと》りに、大変な財宝を守るアンカリャスというインカの一族が住む、との情報を聞いた。そんなものはどこを探してもなかったが、湖の畔りの壮麗な都に住むインカの一族のイメージは、その後も南アメリカ大陸の熱帯林の中に幻として漂い、アマゾンおよびオリノコ川の流域に、無謀な探検がなんべんも繰り返された。そして、やがてマノア、パリマ、パイティティ、オマグアスなどの黄金郷の地名が、まことしやかにささやかれるようになった。

ペドロ・デ・バルディビアのチリ探検

クスコから南に向かうエントラーダもあった。この先駆けとなったのは、ディエゴ・デ・アルマグロである。クスコ占領ののち、この征服者がアンデス高原を南に下り、現在のボリビア、アルゼンティン北西部、チリに探検を行なったことは第一一章で述べた。この探検は、アンデス高原の寒気のために非常な困難に陥り、大損害を受けて、なにひとつ収穫もなく、むなしくクスコに帰った。そのあとを継いで、チリ地方に本格的な探検、征服、植民を行なったのが、ペドロ・デ・バルディビアだった。

バルディビアは、南スペイン・エストレマドゥーラのラ・セレーナの出身だといわれるが、幼時についてはほとんどなにも分かっていない。小貴族の出身で、早くから軍隊に加わってイタリアで戦い、パヴィアの戦いに参加した。一五三五年ごろアメリカ大陸に渡り、初め一年以上ベネスエラにいたが、三七年にペルーに移った。マンコの反乱に際してフランシスコ・ピサロが求めた救援に応ずる人々に加わったのである。それ以後四年間、バルディビアはピサロの忠実な輩下として活躍した。エルナンド・ピサロがアルマグロを破ったラス・サリナスの戦い（三八年四月）では、旗手を務め、騎兵隊を指揮して活躍した。この功に対し、フランシスコ・ピサロはチャルカス地方（現ボリビアにあたる）のエンコミエンダとポルコ銀山を与えた。

しかし、バルディビアは自分のエンコミエンダに落ち着く気はなかった。いつごろからか、チリの探検と征服を計画しはじめ、自己の資力のすべてを注いで準備をはじめた。アルマグロが失敗した土地というので、支持者は少なかった。それでも、彼は四〇年一月に、小人数でクスコを出発し、南に向かった。不足した資金はクスコの商人から供給されたことが分かっていたが、最近の研究では、南ペルーのアレキーパ市のエンコミエンダ所有者たちが援助した事実も明らかにされている。

バルディビアは、アルマグロがとったアンデス高原の道は避け、クスコからアレキーパに出て、ペルー南海岸に下り、タクナ、タラパカを経て、コピアポに入ったが、チリ北部のアタカマ砂漠を通過する困難な旅だった。クスコを出発したとき、参加者は一二人しかいなかったと言われるが、途中で少しずつ増えて、チリの海岸に着いたころには、総勢一〇〇名を超えていた。もちろん、すべてのエントラーダの例にたがわず、多数の原住民を輸送のために動員していた。バルディビアの遠征の場合、注目されるのは、初めから植民を意図して、農具、種、家畜類を持っていったことである。また、イネス・スワレスというひとりの女性が加わっていたことも注目される。バルディビアはスペインに妻を残したままで、この女性と深い関係を結び、しかも彼女の女傑的性格が、チリ征服にかなりの影響をおよぼすことになったからである。

バルディビアの遠征には、ひとつの問題が絡んでいた。ペドロ・サンチョという競争者がいたのである。バルディビアはピサロから、チリの総督代理の任命を受けて遠征に出発した。これに対してサンチョは、国王の書状を携えてピサロとバルディビアの前に現われ、自分の権利を主張した。

サンチョは、もともとはピサロの秘書だった。無学で文字が書けないピサロにとっては、秘書が必要であり、初めフランシスコ・デ・ヘレスがその役を果たしたが、カハマルカ以後、彼がスペインに帰国してからは、サンチョがそのあとを継いだのである。

スペイン軍のクスコ占領後、サンチョはいったんスペインに帰ったが、ペルーで貯《た》めた財産を使い果たし、王室に願い出て征服の許可書を手に入れ、またクスコに戻ってきたのだった。彼は勅命がすべてに先行するとの解釈のもとに、チリ探検、征服の権利を主張したのだが、ピサロが国王の認可状を検討してみると、その表現は甚だ漠然としていて、南の海（太平洋）の海岸と港を探検することを許すが、他人が統治権をもつ地域には入らぬこと、という条件がつけられていた。とすると、ピサロやアルマグロに与えられなかった南アメリカ大陸の先端、つまりマゼラン海峡の更に南の地域なら探検してよろしい、というように解釈される。

サンチョがチリの統治権を主張するのは、ピサロにとってもちろん不愉快なことであった。しかし、アタワルパやアルマグロを処刑したことで王室の不興を買ったピサロとしては、これ以上現地のスペイン人たちとの争いに巻き込まれたくなかった。そこで、宥和《ゆうわ》策として、サンチョは海上を行き、バルディビアは陸上を行くようにとの指示を与えた。これが一五三九年の一二月末だった。その一ヵ月後にバルディビアは出発している。

サンチョは、四ヵ月の猶予を与えられて、海路チリに向かうことになっていた。ところが、彼は借財を負って、遠征のための船を購入する余裕すらなかった。彼は三人の友人と、バルディビアを暗殺してその地位を奪うことを計画し、秘《ひそ》かにリマを出発して、アレキーパ経由で南に向かった。そして、アタカマ砂漠で、夜陰に紛れてバルディビアの露営地に忍び込んだが、バルディビアは不在で、かえってイネス・スワレスに誰何《すいか》されて狼狽《ろうばい》し、捕まってしまった。帰ってきたバルディビアは、サンチョだけを残し、あとの者はペルーに送還した。

サンティアゴ市の建設

バルディビアらのアタカマ砂漠の行進は、水と食糧の不足に悩まされ、困難を極めた。やがてコピアポの谷に入って、緑が多くなり、そこに二ヵ月滞在したが、そこまでがピサロの統治権のおよぶ限界という解釈で、バルディビアは、カルロス一世の名においてそれ以南の地の領有を宣言し、ヌエバ・エストレマドゥーラと名付けた。そして更に南進して、コキンボ経由でマポーチョ川流域に入り、その川の近くのウエレンという丘の上で、四一年二月一二日に、サンティアゴ市（現チリの首都）の建設を宣言した。ウエレンはスペイン風にサンタ・ルシアと改名された。

まずサンタ・ルシアの西に中心となる大広場を定め、直交する道路で正方形の区画を作って、各ブロックを四つに分け、市民に分配したが、大広場に面しては聖堂、市会などの公共の建物が建てられた。三月七日には、市会の議員が選ばれた。こうして、チリの征服は、まず中心となる都市の建設からはじまったのである。

五月になると、ペルーから、フランシスコ・ピサロが暗殺されたといううわさが流れてきた。ピサロが実際に暗殺されたのは、その年の六月二六日だったが、すでにそれ以前に、彼の身に危険が迫っていることは、すべてのスペイン人が感じていた。五月一五日、サンティアゴ市会は、バルディビアに、国王から沙汰《さた》があるまで、チリの総督兼軍事総司令官となるよう要請することを決議した。しかし、バルディビアは固辞した。やがてアタカマ砂漠経由でピサロ暗殺の報が伝わってきた。市会は再度バルディビアに同じ要請を行なったが、今度も拒んだ。しかし、三度目に市会が要請したときには、彼も腰を上げざるを得なかった。

植民地行政の責任者となったバルディビアは、まず海岸に港を確保して、ペルーとの連絡のための船を造ることが必要だと考えた。そこで現在バルパライソ港がある場所に一二名を派遣して、小型の二本マストの小帆船の建造を開始させた。また、同じころ、ミチマロンゴという首長の協力によって、マルガ・マルガで金の採掘がはじまり、植民地の前途にも曙光《しょこう》が見えてきたかに思われた。ところが八月初め、海岸にいたバルディビアのもとにサンティアゴ市から使者が着き、サンチョの友人たちが、反乱を計画していることを伝えた。バルディビアは急いでサンティアゴに取って返したが、そのとき金山の労働者たちがスペイン人に対して反乱をおこしたとの報が入った。しかも彼らは、港まで押しかけて金を海に投げ込み、船を焼いたとのことである。船の建造のため海岸に派遣した一二人のうち、サンティアゴに逃げ帰れたのはたったふたりだった。

バルディビアはまず反乱者を逮捕し、サンチョを除いてほかの者は絞首刑に処した。ひとりの貴族だけは斬首刑に処せられた。処刑者は全部で五人だった。「ほかにもいたが、人間が必要なので見逃してやった」と、バルディビアは書いている。

それからしばらくして、バルディビアが地方を視察に行っている間に、原住民たちがサンティアゴに迫って攻撃をしかけてきた。ちょうどクスコ包囲戦のような状況になり、スペイン人たちの藁《わら》屋根の家々に火がかけられて炎上した。

それより先、バルディビアは五人の首長を逮捕していたが、イネス・スワレスは、全員首を切って、見せしめのために敵の陣中に放り込め、と主張した。それでは交渉の切札がなくなるのではないか、とおじけづく男たちを尻目《しりめ》に、イネスはひとりの首長の頭を剣で切り落とし、それを敵の中に投げ込むと、剣を腰につけて戦闘の場面に赴き、男顔負けの奮迅《ふんじん》ぶりを見せたという。これに力づけられた男たちは、アロンソ・デ・モンロイという有能なカピタン（隊長、指揮者）を先頭に敵陣に突撃し、敵を四散させた。バルディビアがサンティアゴに戻ってきたときには、一本の柱もない状態だった。

敵は追い払ったものの、食糧も物資も不足し、スペイン人たちは、青息吐息の有り様だった。バルディビアは、救援を求めるために、モンロイに五人の精兵と六頭の馬を与え、サンティアゴを脱出して、クスコに向かわせた。そのとき、ある限りの金を集め、剣の柄《つか》と二個のコップと六対の鐙《あぶみ》を作らせて持たせた。この六人は、コピアポまで行ったとき、住民の奇襲に遭って四人が殺され、モンロイほか一名は捕虜になったが、隙《すき》を見て脱走し、なんとかクスコに着くことができた。折しも、チュパスの戦い（一五四二年九月）の直後で、数日前アルマグロの子のエル・モソが処刑されたところだった。モンロイはバカ・デ・カストロに会うことができたが、カストロはチリの情勢に理解を示しながらも、実質的な援助を約束することはなにもできなかった。モンロイの窮状を救ったのは、クスコの商人たちだった。彼らは融資してくれただけではなく、一隻の船を提供してくれた。この船は一五四三年九月にチリに着き、その救援のおかげで、サンティアゴのスペイン人たちは生き延びることができた。

チリ征服のはじまり

ペルーの政治的混乱を収拾するために派遣され、ピサロ暗殺後到着したバカ・デ・カストロは、サンティアゴ市会の決定を全く無視し、バルディビアをチリ総督代理に任ずる、という生前のピサロの決定を追認する書状を送ってきた。バルディビアは落胆し、その文書をサンティアゴ市会には見せなかったという。しかし、彼はサンティアゴ以外の土地の探検と植民を積極的に開始して、コキンボに彼の故郷の名を採ったセレーナ市を建設し、また海路マゼラン海峡に向かって、南の地方を探検させようとした。フランシスコ・デ・ビリャグラを陸路南に向かわせたのもこのころである。

バルディビアは、サンティアゴ市を建設したとき、その市民たちにエンコミエンダを割り当て、受領者の数は六〇人だったが、彼らは一五四六年にバルディビアに請願し、ひとつのエンコミエンダの住民数があまりに少ないから、それを増やして、再分配してもらいたいとの希望を述べた。彼らの念頭にあったのは、広い領域を与えられ、二〇〇〇人以上の住民を抱えたペルーのエンコミエンダであった。

バルディビアはサンティアゴの支配下の地域を拡大し、またエンコミエンダの数を三分の二に減らすことによって、市民たちの要望に応えようとしたが、当然不満もおこった。しかも、エンコミエンダの認可に関して、イネス・スワレスが大きな発言権をもっていることも、市民たちの批判を買った。サンティアゴのスペイン人の数は二〇〇人に増えていたので、新しくエンコミエンダを欲する者たちも多かった。そこでバルディビアは、チリ征服を拡大して、新しい町をつくり、スペイン人たちを吸収することが必要になった。

バルディビアは、四六年初め、南進のための準備を行ない、二月一一日、六〇騎の騎兵の先頭に立ってサンティアゴを出発した。マウレ川を越えてからしばらくは、原住民の抵抗はなかったが、ビオビオ川に到着する直前から衝突がはじまり、原住民の大攻勢が計画されていることを知って、六週間後、サンティアゴに帰った。ビオビオ川は、その後スペイン人とアラウコ人（チリ中部の先住民族）との宿命の対決の場となる。

しかしその後、ペルーでゴンサーロ・ピサロの反乱がおこったので、バルディビアは一時チリの遠征を中止してペルーに帰り、ガスカに仕えて、ハキハワナの戦い（一五四八年）に参加した。そしてその後、ガスカからチリ総督の称号を与えられたが、同時に、六ヵ月以内にイネス・スワレスとの関係を絶つよう命令された。ガスカから認められたバルディビアの統治は、ペルーとの境から南緯四一度まで、そして内陸に向かって一〇〇レグア（約五五〇キロメートル）東におよぶとされたので、アンデス山脈を越えて、現在のアルゼンティン西部にまで達することになった。

バルディビアは、四九年六月二〇日にサンティアゴに戻った。彼の留守中に、三つの大きな事件がおこっていた。

ひとつは、またもや反乱を企てたペドロ・サンチョの処刑であり、これは総督代理のビリャグラが決断して行なったものだった。第二は、マルガ・マルガ金山が、周囲の原住民の反乱の不穏な気配によって閉鎖されたことであり、第三は、チリ北部の重要拠点セレーナ市が、原住民の襲撃によって灰燼《かいじん》と化したことである。生存者はたったふたりしかおらず、徒歩でサンティアゴに戻った。サンティアゴ市会は事態を重視し、直ちに総督代理ビリャグラ自らが、三〇騎と小銃手三〇人を指揮して現地に向かって反撃した。このころサンティアゴの周囲のエンコミエンダでも、反乱のうわさが絶えなかった。

バルディビアが家に戻ってみると、イネス・スワレスはすでにいなかった。彼女は、早く

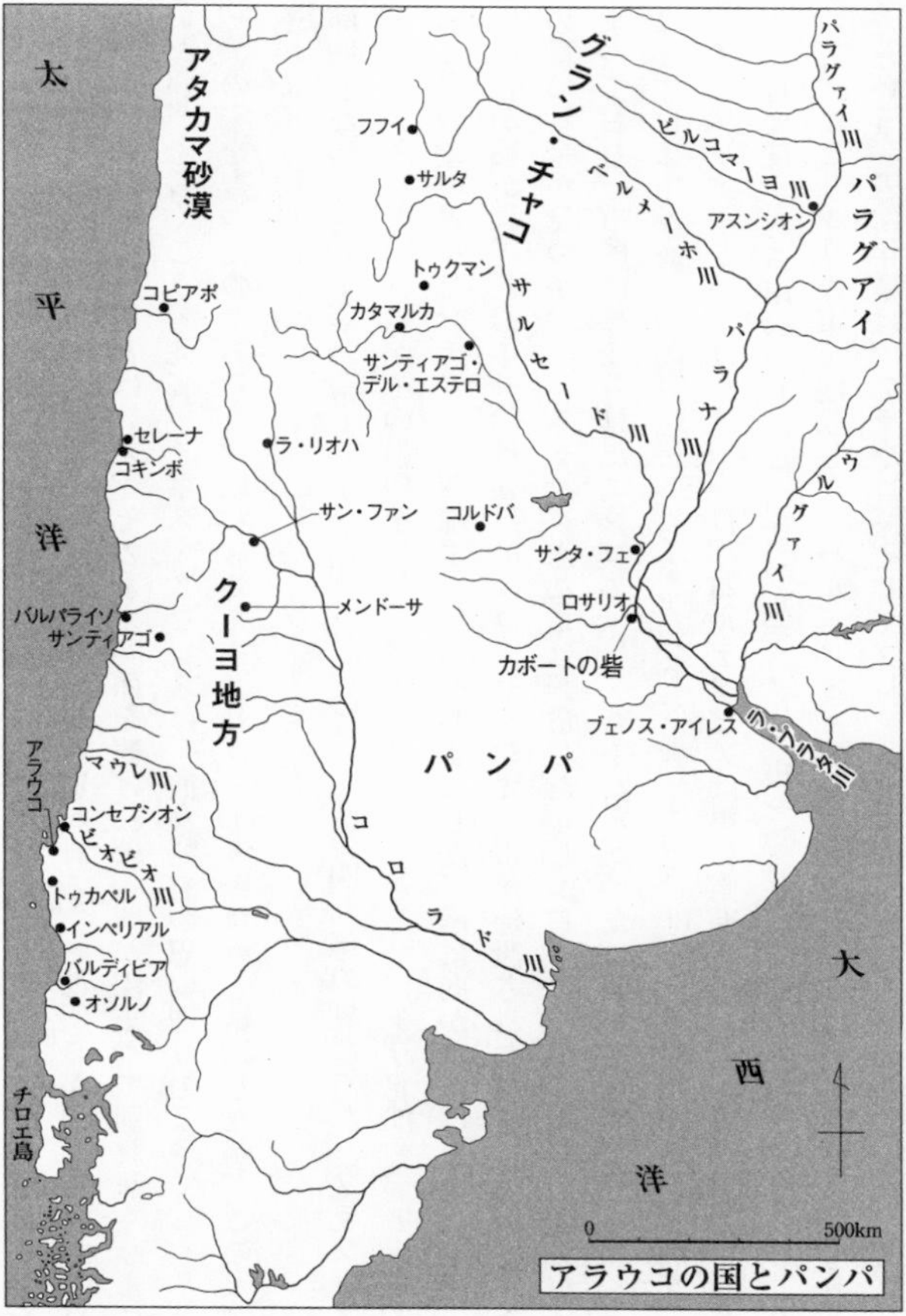
太平洋
アタカマ砂漠
グラン・チャコ
パラグァイ川
ピルコマーヨ川
パラグアイ
フフイ
サルタ
ベルメーホ川
アスンシオン
トゥクマン
サルセード川
コピアポ
カタマルカ
サンティアゴ・デル・エステロ
パラナ川
セレーナ
コキンボ
ラ・リオハ
ウルグァイ川
サン・ファン
コルドバ
サンタ・フェ
クーヨ地方
メンドーサ
ロサリオ
バルパライソ
サンティアゴ
カボートの砦
ブエノス・アイレス
ラ・プラタ川
アラウコ
マウレ川
パンパ
コンセプシオン
ビオビオ川
コロラド川
トゥカペル
インペリアル
バルディビア
オソルノ
大西洋
チロエ島
0
500km

アラウコの国とパンパ

もガスカの命令を知って、愛人との別離を決意したのだった。もしバルディビアとの生活を続ければ、王室の不興を買って愛人がチリ総督の座を追われることは明らかである。六ヵ月の猶予が与えられているとはいえ、そのまま関係を続ければ、情が深まって別れ難くなるに違いない。恐らくこう考えて、イネス・スワレスは、彼女特有の思い切りのよさで、バルディビアの家を去ったのであろう。彼女はのちロドリゴ・デ・キロガと結婚したが、この人物はやがてチリ総督になった。

廃墟《はいきょ》となったセレーナが市として再建されたのは、同じ四九年の夏だった。フランシスコ・デ・アギレという者がその指揮を執り、バルディビアのもとで、チリ北部と、アンデスの向こうの、現アルゼンティンの西部まで勢力をおよぼした。南に向かってはビオビオ川の北岸に砦《とりで》が築かれ、五〇年一〇月五日にはコンセプシオン市が建設された。付近の川でかなりの量の砂金が見つかって、スペイン人たちは興奮した。しかし、アラウコ人との衝突がはじまっており、市民に与えられたエンコミエンダも不安定だった。翌年二月半ば、スペイン軍はビオビオ川を渡り、南に約三〇レグア（約一七〇キロメートル）いった所に、砦を造り、インペリアルと名付けた。一一月、バルディビアは更に南進する準備ができ、翌年の五二年二月には、ある川の美しい河口にバルディビア市を建設した。更に彼の部下のひとりが、五月にビリャリカ市を建設した。バルディビアは、マゼラン海峡まで南進するつもりだったという。五二年には、アラウコ、そしてプレン、トゥカペルの三つの砦が、コンセプシオンとインペリアルの間に造られた。一方、その辺りのアラウコ人たちは、連合して部隊を作り、スペイン人に対抗する姿勢を示していた。

アラウコ人ラウタロの挑戦

一五五三年一二月、スペイン人のアラウコの砦からトゥカペルに向かった五人の偵察隊が、アラウコ人の待ち伏せに遭い三人が殺された。プレンの砦の指揮官が数人の長老を捕らえ、アラウコ人が一斉蜂起《ほうき》を企てていることを知り、バルディビアに手紙を書くと同時に、インペリアルに援軍を求めた。その後、まもなくして、トゥカペルの砦も約一〇〇人のアラウコ人に攻撃された。なんとか撃退したが、指揮官はとてもこれ以上の攻撃にはもちこたえられないと判断し、部下を率いてプレンに撤退した。翌日、アラウコ人たちは、トゥカペルを焼き払った。

実際に、アラウコ人たちは組織的な攻撃によって、スペイン人たちを自分たちの土地から追い出そうとしていた。中心人物は青年ラウタロだった。彼はかつてバルディビアの馬丁を務めていたが、スペイン人の間で生活しているうちに、馬の習性を熟知し、騎兵の弱点もよく研究した。そしてある日脱走して、仲間の所に逃げ帰り、馬も弱点をつけば怖くないし、スペイン人は我々と同じ人間だから、工夫をすれば必ず勝てる、と人々に説いた。ラウタロは、まず部隊を幾つかに分け、だんだんと沼地に敵を引き寄せて、部隊を順繰りに繰り出し、相手が疲労困憊《こんぱい》したころ、総攻撃をかける、という戦法を考え出した。

一二月二五日、バルディビアは、トゥカペルを奪回しようとして、四〇騎を率いてコンセプシオンを出発し、プレンの砦に伝令を送って、二〇騎を用意し、現地で合流するよう命じた。アラウコの砦からも、四人の斥候を出したが戻ってこなかった。翌日、道に一本の腕と上着の裾《すそ》が転がっていた。原住民の下僕がアラウコ人の待ち伏せを察知して、引き返そうと懇願するのを無視して、バルディビアの一隊は、廃墟となったトゥカペルの砦に迫った。アラウコ人の部隊は山陰に隠れ、斥候を放ってスペイン人の一挙手一投足を監視していた。彼らが砦に近付いたとき、アラウコ人の第一部隊がいきなり姿を現わし、攻撃を加えて退き、次に第二部隊が攻撃を加え、というようにして、スペイン人たちをだんだんと沼地に誘い込み、すべてがラウタロの作戦通りに展開した。馬の蹄《ひづめ》が軟らかい地面に食い込んで自由がきかなくなったところを、アラウコの戦士たちが迫って、疲れ果てた騎士を引きずり下ろし、次々に殺した。バルディビアは、駿馬に乗っていたので、逃げることもできたのだが、そばにいたポソ神父を助けようとしてためらったために捕らえられ、敵陣に引きずられていった。バルディビアがどういう最期を遂げたのかは、スペイン人の目撃者がいないので分かっていないが、恐らく翌年の一月まで生かしておかれて、残酷なやりかたで殺されたらしい。一説によると、身体の部分を少しずつ切り取られながら、衰弱して死んでいったのだという。

チリの新総督ガルシーア

チリ総督ペドロ・デ・バルディビアの戦死は、征服者の歴史はじまって以来の大事件だった。おまけに、これを契機に、勢いに乗ったアラウコ軍は、スペイン人の町々を襲って、住民たちに恐怖を与え、コンセプシオンの住民はサンティアゴに逃亡してしまった。インペリアル市とバルディビア市だけはなんとかもちこたえたが、ビオビオ川以南は、事実上アラウコ人の制圧下におかれた。バルディビアの死の二ヵ月後、ビリャグラの指揮する部隊もラウタロの指揮するアラウコ軍に敗退した。頭を失ったヌエバ・エストレマドゥーラ（バルディビアが命名した地域）は、フランシスコ・デ・アギレの支配する北部と、ビリャグラがチリ総督代理を務める南部とに分裂して、とても協力してアラウコ人に対抗する状態ではなかった。ビリャグラは、面子《メンツ》にかけて敵を撃破しようとし、一五五七年四月一日、ペテロアの戦いでアラウコ軍を急襲して、ラウタロを槍《やり》で刺し殺した。しかし、アラウコ人たちはこれに屈せず、新しい指揮者を次々に選び出して、激しい抵抗を続けた。

一五五七年、チリを管轄するペルー副王アンドレス・ウルタード・デ・メンドーサは、二二歳の息子ガルシーアをチリ総督に任命し、アラウコの反乱を鎮圧するように命じた。ガルシーアは、その若さにもかかわらず、イタリアの戦場で経験を積んだ騎士であり、チリに着任すると、軍隊の編成にかかった。それまでの征服者と違って、彼には父副王の後ろ盾があり、優秀な装備を備えた三〇〇人の戦士を引き連れてやってきた。ガルシーアは、まずセレーナに上陸し、アギレの家に入ると、サンティアゴからビリャグラを呼び寄せ、ふたりとも船でペルーへ追放してしまった。アラウコとの戦いに臨んだ彼の行動も敏速であり、またそのやり口は極めて残忍苛酷《かこく》だった。

ガルシーアは、まずラウタロのあとを継いだ老アラウコ人カウポリカンと対決した。カウポリカンは、勇敢な戦士であり、コンセプシオン付近でガルシーアの軍隊を襲撃した。スペイン軍は、まだ馬が到着していなかったので、初め守勢に立って苦戦したが、結局はアラウコ軍を撃退した。その後ガルシーアは、ペルーの征服者たちがとったやり方で敵を威嚇《いかく》しようとした。つまり、敵の捕虜の両腕を切断して、降伏すれば許すが、反抗すれば全員こういう目にあわせる、と宣言したのである。しかし、アラウコ人はこの脅しに屈伏するどころか、かえって激しく攻めたててきた。その年の一一月、アラウコ軍は大攻勢をかけてきた。彼らは極めて勇敢に戦ったが、スペイン軍の騎兵、大弓、小銃、大砲には歯が立たず、多数の死者を出して、三〇〇人が捕虜になった。ガルシーアは一〇人のアラウコの長老を絞首刑にした。その後、彼は酒宴中のアラウコ人たちを奇襲して、大虐殺を行なった。

アラウコ人はあくまで抵抗をやめようとしなかった。しかし、ガルシーアの手段を選ばぬ仮借《かしゃく》ない攻勢を受け、またそのころスペイン人がもたらした天然痘《てんねんとう》が流行して打撃を受けたため、だんだんと守勢に立たされた。ガルシーアは一五五八年初め、コンセプシオンのはるか南の地にオソルノ市を建設して、アラウコ人に対する優勢を誇示した。

ガルシーアは、アラウコの国を制圧してから、アンデス山脈の東の平原に注意を向けた。三年後の六一年に、彼は海抜四〇〇〇メートルの峠を越えて軍隊を送り、メンドーサおよびサン・ファンのふたつの町を建設した。そこは現在のアルゼンティンの西部にあたる地方で、その後二〇〇年間、クーヨと呼ばれて、チリのサンティアゴの統治下に入った。ただし、その北のトゥクマン地方は、六三年の勅令によって、チリから分離され、ペルーに所属することになった。これは、現在のアルゼンティンのフファイ、サルタ、トゥクマン、カタマルカ、サンティアゴ・デル・エステロ、ラ・リオハ、コルドバを含む、面積七〇万平方キロメートルの広大な地域だった。ここにもカルチャキと呼ばれる独立心の強い民族が住んでいて、スペイン人に根強く抵抗した。

その後のアラウコ人

スペイン人に対するインカ人の抵抗は、四〇年間続いた。しかし、アラウコ人の抵抗は、一八五〇年まで三〇〇年間続いた。ガルシーアがチリを去ったあと、次々にアラウコ人の指導者が現われて、スペイン人に対して戦いを挑んだ。

ラウタロの死の三〇年後、ナンゴニエルという若い指導者が、スペイン人の、アラウコの砦《とりで》を占領したが、彼自身は敵の矢に倒れた。同じころ、ハネケオという者がアラウコ軍の先頭に立って、チリ軍事総司令官ソトマヨールの軍を撃破し、若い首長キトゥンゲスも彼の軍を悩ませた。一五九八年には、チリ総督マルティン・ガルシーア・オニェスの軍が壊滅させられ、総督自身も戦死した。そして、スペイン人が建設したほとんどすべての南部の町――インペリアル、バルディビア、ビリャリカ、オソルノなどはアラウコ軍に蹂躙《じゅうりん》され、スペイン人たちはビオビオ川の北に撤退して、そこから南はアラウコ人の領域となり、アラウカニーアと呼ばれた。

アラウコ人と白人との戦いは、スペイン植民地時代の終わりまで続き、更に一九世紀初めチリ共和国が独立したあとも、紛争が絶えなかった。アラウコ問題が、チリ政府とアラウコ人との交渉によって政治的に解決するのは、一八五〇年になってからである。ただし、アラウコ人とスペイン人との間に敵対関係しかなかったかというと、そうとも言えない。スペイン植民地チリとアラウカニーアの間にやがて通商の道が開け、スペイン人から牛、馬、羊などの家畜の飼育を覚えたアラウコ人が、スペイン人にそれらの家畜を売り、逆にスペイン人は、いろいろな器具、農具、ブドウ酒などをアラウコ人に売った。また一六世紀中に、農業労働力の不足に悩んでいたスペイン人たちが、アラウコ人の戦争捕虜を奴隷として使用することが認められていた。これは、一六八一年に王室の命令で禁止されたが、実際に廃止されたのは、一八世紀になってからである。

現在アラウコ人たちはマプーチェと呼ばれ、チリのテムコ地方を中心に、約三〇万人が、長い抵抗の歴史の記憶を守りながら、平和に生活している。

アルゼンティンの征服と「銀の河」

ペドロ・デ・バルディビアが征服したチリから、アンデス山脈を越えた東には、広大な大草原が広がっていた。この大草原は、インカ人たちの呼称をとって、パンパと呼ばれるようになったが、現在のアルゼンティン共和国の中心となっている地方である。このパンパにもスペイン人たちは早くから注目していたが、三つの方向からそこに侵入しはじめた。

ひとつは、すでに述べたように、チリから。ただし、これはアンデス山脈に接したクーヨ地方に限られていた。中心となったのは、一五六一年にペルー副王の息子ガルシーアによって建設されたメンドーサ市である。次に、ペルーから南下してきた征服者《コンキスタドーレス》たちが、ボリビア高原から現アルゼンティン北西部のウマワカ渓谷に入り、そこからパンパに出た。彼らが一五五〇年に建設した現アルゼンティン北西部の町は、三年後チリから侵入したフランシスコ・デ・アギレの手によってサンティアゴ・デル・エステロとして再建され、アルゼンティン最初の都市となった。第三の経路は、大西洋岸からであった。

一六世紀初めのスペイン人たちは、ポルトガル人に対抗して、西廻りで東洋の香料諸島（インドネシア東部の現マルク諸島）に行く道を求め、アメリカ大陸の至る所に海峡を求めていた。王室も、一五〇五年と〇八年に会議を開いて、探検船の派遣を決定し、北アメリカ、メキシコ湾、南アメリカなどの沿岸航海が、多くの船によって行なわれた。そのうちのひとつ、ファン・ディアス・デ・ソリスの三隻の小船隊は、一五一五年一〇月八日スペインを出航し、翌年二月、淡水の大きな入江に到着した。ソリスは、太平洋に抜ける海峡を発見したと思い込み、その中に船隊を進めたが、実はこれは南米第二の川、ラ・プラタ水系の河口であった。彼はパラナ川をさかのぼり、それが目指す海峡でないことを知ったが、数名の部下たちとともに上陸したとき、原住民に虐殺された。

それから五年後の一五二〇年、マゼランの船隊がこの地方に到着し、更に南下して、南緯五二度三〇分の位置に、宿望の海峡を発見したわけだが、二六年には、スペイン王室に仕えるイタリア人セバスティアーノ・カボート（ガボート）が、四隻の帆船に二五〇人を乗せ、ソリスが発見した大河の探検を行なった。カボートは、パラナ川をさかのぼり、現ロサリオ市の北約五〇キロメートルの所にある一支流との合流点に、小さな砦《とりで》を築いた。そこを基地として更に探検を続けるうち、カボートたちは、出会った原住民が銀製品を持っているのに気がついた。どこで手に入れたかと尋ねると、彼らは西を指さして、「白い王」の国からきたものだ、と手振りで教えてくれた。これは恐らくインカ王のことであり、実際その銀製品は、ペルーか上ペルー（現ボリビア）から由来したものだったのだろう。この話から、その大河にラ・プラタ（銀）という名がつけられ、その河口の地方もラ・プラタの名で呼ばれるようになったのである。カボートは、それから三年間、ラ・プラタ＝パラナ川の本流や入り組んだ支流を探検したが、ついに「白い王」の国を発見することはできなかった。

ブエノス・アイレス市の建設

カボートのもたらした「銀の国」の情報は、その後まもなくして行なわれた「インカ帝国の発見」の知らせとあいまって、スペイン人のラ・プラタ地方に対する関心を刺激した。スペイン王室の立場からすると、大西洋岸の主要部分を占拠したポルトガル人の勢力に対抗することも重要と考えられた。そこで一五三五年、王室に仕える名家のペドロ・デ・メンドーサに勅命がくだり、二〇〇〇人が一二隻の船隊に乗り組んで、同年八月、ラ・プラタ地方に派遣された。

これだけの大船団となると、なかなか統制がとれず、途中カナリア諸島やブラジル海岸で脱走者が続出した。しかしとにかく一二〇〇ないし一五〇〇人ばかりがラ・プラタ河口右岸に上陸し、泥と藁《わら》で作ったヌエストラ・セニョラ・サンタ・マリーア・デル・ブエン・アイレ市（現アルゼンティンの首都ブエノス・アイレス）が建設された。しかし、その途端から植民者たちの生活は困難に陥った。現在でこそアルゼンティンのパンパは、牛肉と小麦の大産地だが、一六世紀当時にあっては、グァナコ（ラクダ科の動物）や、アメリカダチョウ（レア）などを弓矢や槍《やり》で狩り、川魚を捕まえて生活する狩猟民が移動的な生活をしているに過ぎなかった。ケランディと呼ばれるこの狩猟民たちは、最初しばらくは、気持ちよく、狩りの獲物をスペイン人に与えてくれたが、一〇〇〇人を超す人々の要求を満たすことは到底不可能だった。インカ帝国のような、食糧が豊富に蓄積された農業地帯では、征服者たちは飢えを知らなかったが、ここではたちまち飢えに苦しみはじめた。やがて現地の狩猟民たちとの間に軋轢《あつれき》がおこり、メンドーサは、言うことをきかない原住民たちを武力で威嚇《いかく》した。ところがこれがかえって狩猟民たちの団結を促し、ふだんは十数名の小集団をつくるに過ぎなかった彼らが、一〇〇〇人以上も集結して、逆にスペイン人たちに襲いかかった。彼らは、石投げ器で焼けた石を投げつけ、スペイン人たちの小屋や船を焼いた。食糧探しに派遣された兵士たちは、なにも収穫なしに戻ってきた。一五三七年の半ばまでに、隊員の半分以上を失ったメンドーサは、自分自身も病に冒され、帰国の途についたが、まもなく大西洋上で死去した。

パラグアイのスペイン人

メンドーサが帰国に先立ってラ・プラタ総督代理に任命したファン・デ・アヨラスは、ラ・プラタ川をさかのぼり、パラグアイ川に沿って北上したが、南緯二五度の辺りで、左岸に農耕民の村を発見した。彼らは、トウモロコシや根菜を栽培するグァラニー人たちであった。初めてまともな食糧生産地を発見したスペイン人たちは、パラグアイ川とピルコマーヨ川の合流点に地を定めて儀式を行ない、切り立った河岸上に、一五三八年八月一五日、アスンシオンの砦《とりで》の建設を開始した。これがパラグアイの首都アスンシオンのおこりであり、ラ・プラタ地方で建設された最初のものであった。アヨラスは更に北に向かって探検を続けた。そしてその間に、彼が副官として残したマルティネス・イララが王室からパラグアイ総督に任じられた。一五四一年には、ブエノス・アイレスに残留したスペイン人たちが合流し、エンコミエンダを与えられた。狩猟民相手では、エンコミエンダを編成することは難しかったのである。

こうして、大西洋側の南アメリカ大陸は、内陸に孤立したアスンシオン市を中心としてスペイン領に組み込まれていったが、その後の開発は、むしろペルーからのエントラーダによって進められた。アスンシオンから発したスペイン人たちは、市建設の五年後には、チャコ平原を通ってアンデスの東斜面を登り、クスコと連絡をつけるのに成功している。

他方、クーヨ（現アルゼンティン西部）地方の植民を認められたチリのスペイン人たちが、現アルゼンティン北西部にサンティアゴ・デル・エステロ市を建設したが、それが一五六三年にチリから分離されたことは述べた。この地方はトゥクマンと呼ばれ、まもなくサン・ミゲル・デ・トゥクマン市が建設されたが、ラ・プラタ地方に向かって更に開拓が進められ、七三年にはコルドバ市、まもなくしてサンタ・フェ市が建設された。最後に八〇年、アスンシオンからパラグアイ川を下ってきたファン・デ・ガライによってブエノス・アイレスが再建され、ペルー副王領の南端が確定された。こうして、ブエノス・アイレスは、大西洋経由で本国スペインと直接結ばれるのではなく、はるばるアンデスを越え、ペルー、パナマ経由でスペインのセビリャ、カディスと連絡されることになった。つまり、スペインのアメリカ植民地の中の最果ての地となったのである。

第一四章　ムイスカの黄金

インカ帝国の北に、第三の黄金郷ムイスカの土地があった。エクアドル、コロンビア大西洋岸、およびベネスエラ海岸から、三つの征服者集団が別々に行動をおこし、ほとんど同時にムイスカの首都に到着して、掠奪した黄金を分けあった。征服者たちは、それぞれこの国の統治権を申請するため、スペインに向かって旅立つ。

エル・ドラードの発見

ペルーから北に向かって、エクアドル・インカを征服し、キート市を建設（一五三四年八月）した、セバスティアン・デ・ベナルカサルについては、第一一章の「エクアドル・インカとスペイン人の戦い」で述べた。彼はその後、ピサロの許可なしに更に探検を継続しようとした。

ベナルカサルはカハマルカの戦闘（一五三二年）に参加し、金九九〇九ペソ、銀四〇七・二五マルコを分配されているから、その活動がかなりの評価を受けたことは確かである。彼

エル・ドラード　エル・ドラードとは「金鍍金をする人」という意味である。神聖な首長に金を塗る儀式が、現在のコロンビアで行なわれていた。（テオドール・ド・ブリの銅版画）

の前歴について知られていることは非常に少ないが、ピサロ、アルマグロの親しい友人であり、年齢は四〇歳ぐらいだったことが分かっている。カハマルカにいた一六八人のうち九割以上が四〇歳以下であったことを考えると、ベナルカサルは、首領のピサロと対等に口がきけるわずかな年長者のひとりだったと想像される。

アタワルパ処刑後、彼がクスコに行かず、海岸のピウラ市の統治を任されたとき、彼がピサロの統制を離れてエクアドル地方を征服し、独立王国を打ち建てようという気持ちをもったことは、自然の成り行きだったともいえる。

キート市建設（一五三四年）後、ベナルカサルは部下を北方の各地に送って、探検を行なわせた。部下のひとりが、ラタクンガ地方で首長が身体を金で塗って湖に飛び込み、貴金属製品を水中に投げ込む習慣があることを聞きつけてきた。これがいわゆる「黄金郷《エル・ドラード》伝説」のはじまりであろうと思われる。

この地の黄金を求めて多くの探検が行なわれたが、よく知られているのがベナルカサルによる南方のキートからの探検、ゴンサーロ・ヒメネス・デ・ケサーダによる北方のサンタ・マルタからの探検、そしてドイツ人ニコラウス・フェーダーマンによるベネスエラからの探検である。

一五三六年、ベナルカサルはキート市に代理を置き、自分も現在のコロンビア領に入って、アンデスの悪路を苦心して前進しながら、ポパヤン、カリなどの町を建設した。

このころペルーでは、マンコの反乱がおこり、そのあとも征服者たちは派閥間の闘争に明け暮れしていたから、ベナルカサルはそれを利用して、一気に北アンデスの探検をやり遂げ、あわよくば新たな黄金郷を発見しようと意気込んでいたのだろう。彼は、カウカ、マグダレナ両大河の渓谷に入って探索の旅を続けた。ピサロはさすがにベナルカサルの意図に気付き、三七年末、部下を送って彼を捕らえようとしたが捕捉《ほそく》できなかった。その後、ベナルカサルは、いったんキートに帰り、更にペルーに行って、ピサロの許可をもらってから、かなりの軍勢を率いて三八年五月、ポパヤンに戻った。

それから数ヵ月、ベナルカサルたちは、未知の土地の森林や沼地を彷徨《ほうこう》して疲れ果てたが、マグダレナ川上流の広い盆地に着いた。気候は快適で、スペイン人たちは蘇《よみがえ》る思いだった。そこは、現在のネイバ（ボゴタの南南西約二三〇キロメートル）の近くの土地だった。そして、三九年の初め、スペイン人たちは、馬や人間の足跡を発見して驚いた。別のスペイン人の探検隊が近くにいることは確実だった。ベナルカサルは、彼らを求めて、マグダレナ川の流域を歩き回ったが、その所在は明らかにならなかった。あきらめてカリ、ポパヤンに戻ろうとしたとき、一三人のスペイン人の小部隊が現われた。それは、大西洋岸のサンタ・マルタからアンデス高原に上がってきた、ヒメネス・デ・ケサーダの探検隊が派遣した偵察隊だった。ケサーダのほうもベナルカサル隊の存在に気付いており、偵察隊を出して、ベナルカサル隊を探していたのである。ベナルカサルは、ケサーダのいるボゴタ高原に案内された。北アンデスの北と南から出発したふたつの探検隊が、偶然出会ったというわけである。ボゴタは、本来バカタと呼ばれるムイスカ（チブチャ人の首長制社会）の首都だった。そして、ベナルカサルは、そこがもうひとつの黄金郷であり、それをケサーダの一隊が征服した、という驚くべき話を聞いた。

ヒメネス・デ・ケサーダ

現コロンビアの北部大西洋岸は、最も早い時期からスペイン人の征服者が接触した地方である。

南アメリカ最初の都市ダリエンが、パナマ地峡の付け根にあるウラバ湾西岸に建設されたのは一五一〇年だったが、次に建設されたのは、北緯一一度三〇分の地点にあるサンタ・マルタの町だった。二二年後の三二年、その南西に造られたカルタヘナ港のほうが歴史的には有名（一七四一年のイギリス海軍による攻撃など）になったが、スペイン人の南アメリカ侵入の初期においては、内陸探検の基地として、サンタ・マルタは重要な役割を演じた。

一五三五年、カナリア諸島テネリフェ島の総督ペドロ・フェルナンデス・デ・ルーゴが、サンタ・マルタの「前線総司令官《アデランタード》」に任命された。彼はカナリア諸島の原住民グアンチェを征服して、テネリフェ島の総督となった人物の息子だが、彼自身も征服に関心があり、一五二四年には、西アフリカ海岸まで遠征を行なっている。その後南アメリカに関心を移し、カルロス一世と協約を結んで、サンタ・マルタに赴任した。当時としてはかなり大きな規模の一五〇〇人の軍勢を率いていたが、当時征服された黄金郷として名が高くなったペルーに進出するのが最終目的だったという。

到着はしたものの、現地は藁葺《わらぶ》きの小屋が並んだ貧弱な集落に過ぎず、とても一五〇〇人を収容する施設などなくて、大きな不満がおこったうえに、熱帯の不健康な環境で、病人と死者が続出した。そこで、急いで内陸探検隊が組織され、六〇〇名が陸上を、二〇〇名がボートで川伝いに行くことになった。その指揮官に任ぜられたのが、ヒメネス・デ・ケサーダだった。

ケサーダの前身について知られていることは少ない。南スペインのグラナダないしはその近辺の生まれらしく、父親は法曹関係の仕事についていたといわれる。ケサーダも若いころ法律の勉強をしたようであり、ルーゴの渡航に参加したときの資格も首席法務官だった。その彼がどうして内陸探検の部隊長に任命されたのか、理由はよく分からないが、その後の困難な探検行で、粘り強さと統率力を発揮して優秀な指揮官であることを証明し、コルテスやピサロに次ぐ大征服を成功に導いた。

ケサーダの探検の困難さは、コルテス、ピサロの場合の比ではなかった。メキシコ高原やアンデス高原は、気候がしのぎやすく、また大体において健康地だったのに対して、ケサーダは、まず北緯一二度から六度の辺りまでの熱帯降雨林地帯で、数ヵ月にわたって苦闘しなければならなかった。

一五三六年四月五日にサンタ・マルタ市を出発した探検隊は、密生する原始林を鉈《なた》で切り開いて進んだ。道は険しく、カリブ系の住民たちが容赦なく攻撃を加えてきたし、ジャガーやワニ、毒蛇などに襲われる危険に絶えずさらされ、熱帯林の蚊、蝿、ダニなどが四六時中容赦なくたかってきた。得体の知れない熱病が流行して、隊員たちはばたばたと倒れた。熱帯林の住民たちは、弓術に長じており、しかも毒矢を射かけてきたので、多数の犠牲者が出た。しかし、この探検は、むしろ人間というよりは自然との戦いであった。湿地帯や沼地は避けたかったが、マグダレナという大河に沿って南に進むよりほかはなかったから、それもできず、いつも水に浸って行進した。密林の中では狩りの獲物になるような動物は意外に少なく、隊員たちは慢性的な飢餓状態に悩んだ。

やがて幾つかの良い兆しが現われた。まず、三つの支流がマグダレナ本流に流れ込むある地点に、乾いた河岸段丘があり、そこに戸数三〇ばかりの村が見つかった。住民は逃亡してしまっていたが、大量のトウモロコシとマニオック・イモが貯蔵してあった。隊員たちは久しぶりに空腹を満たすことができた。次に、そこから少し上流のオポンというひとつの支流で、三人の原住民が操る大きなカヌーに出会った。三人とも森の中に逃亡してしまったが、カヌーの中に、紫色に染められた綿布と、バナナの皮に包まれた、大きな塩の塊が見つかった。ケサーダは、高文化の香りを嗅《か》ぎとって、それらの品の産地を探そうと決心した。ふたりの斥候が派遣され、オポン川をさかのぼって、険しい斜面を登るうちに、突然すがすがしい高原に出た。そこには四方八方に道が通じ、至る所に大きな集落が望見された。最も近い村で、幾らかの金とエメラルドが見つかった。彼らはケサーダに報告に帰り、一同は勢ぞろいして、東方の高原地帯に向かった。ときに一五三六年一二月二八日、サンタ・マルタを出発してから八ヵ月の月日がたっていた。そして、初めいた八〇〇人の隊員は、一七〇人に減っていた。しかし、馬が七〇頭残っていたことはありがたかった。密林の中で馬だけは食物に不自由しなかった。またケサーダは、どんなに飢餓がひどくても馬を食糧にすることを禁じ、その命令を犯した、ひとりの隊員を死刑に処したことすらあった。湿地帯の中での長期間の行軍で、刀や銃は錆び、弾丸や石弓の矢は使いものにならなくなっていたので、その後の征服や戦闘で、馬が最大の攻撃力を発揮することになった。

アンデス斜面の登攀《とうはん》は急で、決して楽ではなかった。更に二〇人の隊員が死に、馬も一頭失われた。しかし、高原に出ると気候は乾燥して涼しく、食糧は豊富だった。金やエメラルドも見つかった。スペイン人たちは、長期間の密林彷徨《ほうこう》で衣服がボロボロになっていたので、住民たちからポンチョを取り上げて着た。なにびとも集められた金や宝石を着服することは許されず、すべての掠奪《りゃくだつ》品は、大きな箱に入れて、ケサーダのもとに保管された。スペイン人たちが、黄金の豊かな国に到着したことは明らかだった。それは、ムイスカ人の土地であった。

首長制社会——ムイスカ

ケサーダは、つねに先遣隊を出して偵察させながら前進したが、進むにつれて集落がだんだんと大きくなり、しまいには二〇〇〇戸の大集落にまで出くわした。大きなトウモロコシ畑も点在し、ムイスカの国の内容が明らかになってゆくにつれ、興奮を感じはじめた。

コロンビアには、ペルーのインカのような大きな国家組織はなかったが、農耕を行ない、成層化した社会組織を発達させ、首長によって治められる共同体——いわゆる首長制社会連合が幾つも成立していた。その中でも最も規模が大きかったのが、ボゴタ高原（のちクンディナマルカと呼ばれるようになった）のムイスカ（チブチャ族）の首長制社会だった。

ムイスカは、共同体を治める首長たちの上に、最高首長の「シパ」が君臨しており、人口一〇〇万の首長制社会をつくっていた。シパは神聖な首長であり、最高の神官でもあった。祭司としてシパはたくさんの黄金の聖器を所有し、彼の神殿はまさに宝の山だった。この黄金の国にスペイン人たちは足を踏み入れつつあった。

ムイスカ社会は分節的な構造をもち、タワンティンスーユ（インカ）帝国のような、王が専制的な権力を広い地域に行使するような国家ではなかった。日本古代の天皇制成立以前の、大王（のちの天皇）に統一された首長連合としての大和《やまと》朝廷（四〜七世紀）と、非常によく似た政治体系をもっていた。ボゴタ高原のたくさんの盆地に、共同体に根をもった幾つもの首長制社会が成立していた。その各々は、自律的な経済・政治組織をもち、独立性が強かったが、それらの上に大王または大首長が君臨して、祭司または強力なシャーマンとしての権威によって、各首長およびその配下の共同体に精神的影響力をおよぼしていた。

ボゴタ高原の海抜二五〇〇ないし二八〇〇メートルの高原には、それぞれの首長によって治められた幾つもの町があった。それらの町は柵《さく》で囲まれ、塔のように高い建物の周りに集落が密集していたので、城のように見えた。そこでケサーダは、ボゴタ高原を「城砦の盆地《バイエ・デ・ロス・カスティヨス》」と命名した。スペイン人たちは、そのひとつひとつから黄金とエメラルドを取り上げながら少しずつ南下していった。武力抵抗はほとんどなかった。

スペイン人たちは、一五三七年三月二二日、ボゴタ盆地に到着した。四月二一日、ムイスカ人の最高首長のムエケタ宮殿に着いたが、彼は逃亡していた。彼は「バカタのシパ」と呼ばれていたが、これからボゴタという地名が発生したのである。宮殿といっても、木と藁《わら》で造られた簡素なもので、とてもメシカ（アステカ）やインカの壮大な石造建築にはおよばなかったが、いずれも規模が大きく、それなりに威厳を備えていた。ちょうど、平城京が造られる前の大和時代の朝廷の宮殿を想像すればいいだろう。

第二のカハマルカ

それから四ヵ月間、ケサーダはボゴタ高原を移動しながら征服を続けた。スペイン人たちは、現在のベルギーほどの面積の地域にある、首長制社会をひとつひとつしらみつぶしに制圧していかねばならなかった。その間、シパは使者を送り、スペイン人の地理不案内を利用して、巧みに彼らを誘導して接触を避けた。非常におもしろいのは、この期間に、スペイン人たちが掠奪《りゃくだつ》した宝の量が、場所ごとに正確に記録されていることである。例えば、高原に入って二ヵ月半の間の収穫は、良質の金一一七三ペソ、低質の金七三ペソと記録されており、それから一ヵ月半の間に良質、低質の金が合わせて六六ペソ、エメラルド一四五個が集められたとされている。驚くべき量の金が発見されたのは、八月になってからだった。

ボゴタ高原を進むうちに、スペイン人たちは、ムイスカの社会について、詳しい情報を得るようになった。初め彼らは、バカタのシパが、ムイスカの唯一の王だと思っていたが、そうではなくて、ボゴタ高原の北の別の盆地に、トゥンハのサケサシパという大首長がいて、宝を守っていることが分かった。ケサーダは、バカタのシパのときの失敗を繰り返すまいとして、トゥンハに急行した。

一五三七年八月二〇日の夜、ケサーダはトゥンハに着いた。サケサシパが召集した大軍が、二重の柵《さく》をめぐらした王宮を取り囲んでいた。それをかき分けながら門まで進むと、馬から下りるよう要請された。ケサーダはそれに従い、部下たちに入り口で待つように言って、六人の兵とともに宮殿の中に入った。奥の部屋に、たくさんの従者に囲まれ、低い腰掛けに座った、太ったトゥンハ王がいた。一応ケサーダとの間に挨拶《あいさつ》が交わされたが、ケサーダが部下になにか指示を与えたとき、王はいきなり従者たちに抱きかかえられて退去しようとした。六人のスペイン兵が突進して王を取り押さえた。

それから宮殿と倉庫の掠奪《りゃくだつ》がはじまった。兵たちは、口々に「ペルーだ！　ペルーだ！　第二のカハマルカだ！」と叫びながら、手当たり次第に貴重品を奪いはじめた。奪った金やエメラルドは、ひと所に積み上げられた。しまいには、宝物の山が高くなって、向こうに立つ人間が見えなくなるほどになったという。結局一三万六五〇〇ペソの良質の金と、一万四〇〇〇ペソの低質の金、および二八〇個以上の大量のエメラルドがスペイン人のものになった。ただし、王の従者たちが、貴重な金製品を入れたかなりの数の布袋を、柵《さく》の外に放り投げ、運んで隠したので、スペイン人が得たものは、トゥンハ王の宝の一部にしか過ぎなかった。その袋のひとつが押収されたが、八〇〇〇ペソの金が入っていた。これは三六・八キログラムにあたる。もしすべての金が押収されていたら、カハマルカの金の量をしのいだかもしれない。まさにムイスカは「黄金郷」の名に値した。

トゥンハの成功に気を良くしたケサーダらは、今度はトゥンハの北西にあるソガモソ（スガムシ）の神殿の情報を得て、さっそくその掠奪に向かった。ソガモソにはムイスカ人の精神的支柱であり、彼らが最も神聖なものとする神殿がそこにあった。トゥンハを出発して九月四日、ソガモソの神殿に到着した。ふたりの兵士が、朝まで待てずに、松明《たいまつ》を持って神殿に侵入した。ところが彼らの不注意で木造の神殿は火災をおこし、ある記録によれば、その建物は五日間にわたって燃え続けたという。しかし、とにかく四万ペソの良質の金と、一万二〇〇〇ペソの低質の金、および一一八個のエメラルドが運び出された。

九月と一〇月は、トゥンハ地方の黄金の掠奪に費やされた。トゥンハ地方における収穫の合計は、一八万二五三六ペソの良質の金、二万九八〇六ペソの低質の金、八三六個のエメラルドに膨れ上がったと記録されている。

ムイスカの黄金の分配

古代コロンビアの、金の冶金《やきん》と金製品の制作は、中央アンデスからの技術が伝わってはじまったらしいが、むしろペルーよりも盛んになったと言えるくらいであり、ムイスカのほかにも、多くの他の地方で、それぞれ独特の様式の黄金製品が造られた。そのひとつの理由は、コロンビアに金が豊富であったことにある。ダリエンのスペイン人たちが、早くからコロンビアやパナマの黄金文化を掠奪していたことはすでに述べた。また、スペイン植民地時代になってからも、コロンビアは、南アメリカ随一の金産地として有名だった。造られた金製品の量は、インカをしのいだかもしれない。

ムイスカの金製品は、古代コロンビアの中ではあまり洗練されたものとは言えない。ボゴタ高原は金産地ではなかった。ムイスカ人たちは、カウカ川流域の金産地から、塩や綿布との交易によって金の原料を輸入していたのである。考古学的研究によって、カリーア、キンバヤ、アンセルマ、ブリティカ、シヌーなどの金製品のスタイルが確立されているが、いずれもカウカ川およびその西のアトラト川流域から出土する。チブチャ族以外の民族は、金製品を墳墓に副葬する習慣があったので、スペイン人たちが必死で墓あばきをやったにもかかわらず、今日までかなりの量の作品が残ることになった。

トゥンハの掠奪によって、コロンビア高地が、ペルーに次ぐ第二の黄金郷であることが明らかになった。トゥンハに戻ったケサーダは、どんなことがあってもボゴタの最高首長シパを探し出そうと決心した。彼こそ最大の宝の持ち主と目されたからである。捕らえたシパの

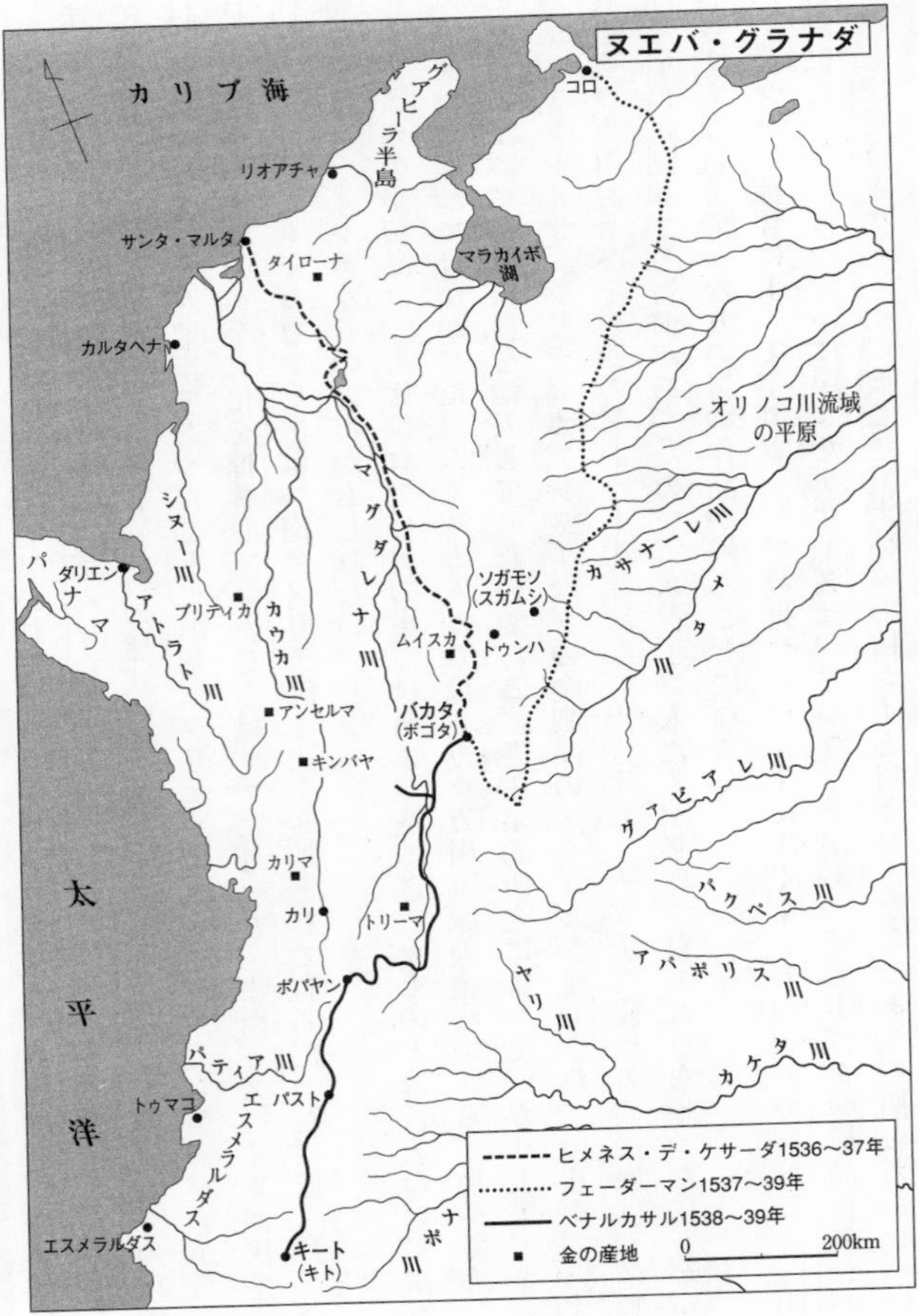
ヌエバ・グラナダ
カリブ海
グアヒーラ半島
リオアチャ
コロ
サンタ・マルタ
タイローナ
マラカイボ湖
カルタヘナ
オリノコ川流域の平原
マグダレナ川
シヌー川
パナマ
ダリエン
アトラト川
ブリティカ
カウカ川
カサナーレ川
ソガモソ（スガムシ）
トゥンハ
ムイスカ
メタ川
アンセルマ
バカタ（ボゴタ）
キンバヤ
グァビアレ川
カリマ
カリ
トリーマ
パクペス川
アパポリス川
ヤリ川
ポパヤン
太平洋
パティア川
カケタ川
トゥマコ
パスト
エスメラルダス川
エスメラルダス
ナポ川
キート（キト）
ヒメネス・デ・ケサーダ1536～37年
フェーダーマン1537～39年
ベナルカサル1538～39年
金の産地
0
200km

臣下を拷問して、王の隠れ家を突き止め襲撃したが、発見したのはシパの死体だけだった。シパのあとを継いだサケサシパも逮捕され、拷問を受けたが、どうしても口を割らなかった。と言うよりは、実際に知らなかったのだろう。サケサシパは、足の裏を焼かれるなど、あまりにもひどい拷問を受けたため死亡した。

一五三七年の後半と、三八年の前半は、ボゴタ盆地およびその周辺の掠奪《りゃくだつ》に費やされた。そして三八年の八月六日、サンタ・フェ・デ・ボゴタ市（現コロンビアの首都）が建設された。のちに、ここを首都とする北アンデス地域を、ヌエバ・グラナダ王国と呼ぶようになる。

そして同年六月、第二回の宝の分配が行なわれた。国王に納める五分の一税は三万八二五九ペソ（約一七五キログラム）の良質の金のほかに、九カラットの金七二五九ペソ、トゥンバガという金と銅の合金三六九〇ペソ、エメラルド三六三個であり、五分の一税の残りを二八九等分し、サンタ・マルタの総督がそのうち一〇、ケサーダが九を取った。つまり、彼の取り分は四七六六ペソだった。これに対して、カピタンと呼ばれる隊長は四、騎兵と神父は二であり、一般兵の取り分は一、すなわち金五三〇ペソ、つまり二・五キログラム弱だった。だから、ペルーのカハマルカの金に比べても大分少ない。それだけに、スペイン人たちは、その後も金探しを執拗《しつよう》に行なった。それに対してムイスカ人の抵抗もおこり、スガムシの近くに一万二〇〇〇人の戦士が集まってスペイン人たちに挑戦したこともあったが、例によって騎馬隊がそれを蹴散《けち》らした。

ところがここに異変がおこる。ケサーダは、スペインに戻って、自分が征服した地方の統治権を国王に承認してもらおうと思っていたのだが、一五三九年の二月、突然ふたつの探検隊がボゴタ高原に姿を現わした。ひとつは本章冒頭で述べた、南のキートからのセバスティアン・デ・ベナルカサルの探検隊だった。そしてもうひとつは、北のベネスエラからきたドイツ人ニコラウス・フェーダーマンに率いられた探検隊であった。

どうしてドイツ人が南アメリカに姿を現わしたのであろうか。そこには次のような事情があった。

ドイツ人フェーダーマンらの探検

一五一六年、国王の位についたカルロス一世は、フラマン語（オランダ語系の言葉）が母国語なので、スペイン語ができないスペイン王だった。彼を取り巻く重臣たちはフランドル人であり、また彼を財政的に支えたのは、南ドイツの大商人たちだった。彼らはカルロス一世が一九年、神聖ローマ皇帝（ローマ皇帝としてはカール五世）に選ばれたとき多額の資金援助をしたし、新教徒、フランス、トルコとの戦いに莫大《ばくだい》な戦費を必要とする王にとって、なくてはならない存在だった。

フッガー、ヴェルザーは、南ドイツ・ボヘミア地方の銀景気で一三世紀に興った財閥であり、豊富な資金をもってヨーロッパ各地に商業活動を展開し、遠距離貿易や国際金融のシステムに加わって成功を収めつつあった。ヴェルザー商会は、スペイン王室に対する融資の代償として、幾つかの利権を獲得した。一五二七年、エスパニョラ島のサント・ドミンゴに商館を置くことを許され、島にドイツ人の鉱山技師とアフリカ人の奴隷を入れて、金山開発を行なった。翌二八年三月二七日、カルロス一世はヴェルザー商会と契約を結び、ベネスエラの開発権を与えただけでなく、アメリカ大陸とスペインの間の、香料、金属、薬草の貿易を行なう許可を下付した。

ヴェルザー商会のひとつの狙《ねら》いは、太平洋に達し、香料諸島への道を確保することであった。マゼランの航海以後も大西洋と太平洋を結ぶ水路は、アメリカ大陸の各地で探索されていた。商会も、ベネスエラのマラカイボ湖から太平洋に抜ける水路があるのではないか、と期待していたようである。ヴェルザー商会が選んだ最初のベネスエラ開拓の指導者は、アンブロシウス・ダルフィンガーであった。彼自身、富裕な商人であり、一五二六年、セバスティアーノ・カボート（ガボート）の南アメリカ大陸航海の資金援助をしたこともあった。

ダルフィンガーは、一五二九年二月、ベネスエラのコロに行き、そこからマラカイボ湖に進んで、一年近く湖の隅々まで探検し、太平洋への出口を探した。それに失敗してからのドイツ人たちは、オリノコ川の奥地にあるとうわさされる、黄金の都の探検にも関心を向けるようになった。ダルフィンガーは、二四歳の青年ニコラウス・フェーダーマンに一二六人の兵を与えて、三〇年九月に内陸探検を行なわせているが、太平洋への近道を発見するとともに、金の探索もその目的に入っていた。しかし、オリノコ川の支流に迷い込んで探検は失敗に終わり、翌年三月にフェーダーマンはコロに帰着した。

そのすぐあとで、再びダルフィンガーが探検隊を組織した。一五三一年九月、彼はコロを出発して西方に向かい、現コロンビアのマグダレナ川に出て、パウショトという所で大量の金を奪ったが、その量は二万四〇〇〇ペソと記録されている。その後、彼はマグダレナ川を更にさかのぼったが、途中で帰ることを決意し、コルディエラ山脈を越え、チナコタの谷に入ったとき、住民と交戦して毒矢を受け死亡した。残りの者たちが、食糧不足と絶え間ない住民の攻撃を受けながら、やっとの思いでコロに到着したのは、三三年一一月二日、すなわち、ピサロがインカ帝国の首都クスコに入城する二週間前だった。

ダルフィンガーに代わってコロの統治を任されたのは、ゲオルク・ホーヘルムートだった。ライン川の畔《ほと》りのシュペイアー出身で二七歳の若者だった。彼は一五三五年一月にスペインからコロに到着し、同じ年の五月一二日に内陸の探検に出発した。それは、三八年五月二七日まで、三年にもわたって続く、長い、困難な旅だった。彼らは初めオリノコ川流域の平原を放浪していたが、どこでも南に金の豊かな土地があると教えられ、やがて西南に方向を転じて、オリノコ川支流のグァビアレ川の流域に入り、ムイスカの領域に迫ったが、アンデスの峰を越えることができず、コロに引き返した。

ホーヘルムートの留守中に、フェーダーマンは、ヴェルザー商会の許可なしに、黄金の国の探検に出かけた。自分がダルフィンガーの後任に任命されなかったことに、非常な不満をもっていたのである。彼は、一五三七年末、四〇〇人の兵を率いてコロを出発し、オリノコ川の支流メタ川流域に入り、そこから西に転じて川の水源地まで進んだ。そこからのアンデス越えは厳しい旅となり、一六頭の馬を寒さのために失った。ついにボゴタ高原に入ったのは、コロ出発のおよそ二年後だったが、兵員の三分の二を失っていた。そしてまもなくケサーダと連絡がつき、ボゴタに着いたのだった。

三者間の交渉

フェーダーマンとはほんの数日の差で、ベナルカサル隊もボゴタに到着した。これは全く偶然の遭遇だった。しかし、ムイスカの黄金とエメラルドを確保したケサーダは、新来者を前にして、緊張せざるを得なかった。なんらかの対決は不可避と考えられたからである。ケサーダは素早く行動した。フェーダーマンの部隊は、長い探検のため疲れ果て、装備も貧弱で恐るるに足らなかった。しかし優秀な装備を持って迫るベナルカサル隊に対抗するためには、有力な援軍であり得た。ケサーダはフェーダーマンに一万ペソを贈り、エンコミエンダを約束して、その武器装備を譲り受けることにした。協約が両者間に結ばれたのは、一五三九年三月七日である。フェーダーマンの隊員は現地に移住者として残り、ケサーダとフエーダーマンは、その統治権について国王の裁決を受けるためスペインに行くことになった。数日後、ケサーダはベナルカサルとの間に同様の協約を結んだ。ベナルカサル隊が率いていた三〇〇頭のメス豚が、ケサーダ隊、フェーダーマン隊の兵士の食欲をそそった。

ケサーダは不在中のことを、弟のエルナン・ペレス・デ・ケサーダに託し、三人はそれぞれの思惑を抱いて帰国の途についた。彼らは、マグダレナ川を下ってカルタヘナに着き、三九年六月、スペインへ向かった。

ベナルカサルは宮廷に直行し、現コロンビアのポパヤン総督に任命された。これではっきりとペルーのフランシスコ・ピサロから独立した権限を得たわけである。

フェーダーマンは、上司に無断で探検を行なったことをヴェルザー商会からとがめられ、インディアス顧問会議に裁かれることになった。その探検や発見を評価されるどころか、王室の会計から一〇万ドゥカードを横領した嫌疑で起訴され、スペイン北部バリャドリーで獄につながれた。彼は無罪を主張したが、一五四二年二月、不可解な状況下で死亡した。

ケサーダは、どういう理由があったのか、だいぶ遅れて宮廷に出頭した。一説によれば多額の金を持っていたため、賭博《とばく》に熱中したからだ、と言われる。彼の希望はヌエバ・グラナダ（ボゴタ市を首都とする北アンデス地域）の総督になることであり、大量のエメラルドと黄金を国王のために用意していったにもかかわらず、宮廷の反応は冷ややかだった。彼の上司であったサンタ・マルタ総督のペドロ・フェルナンデス・デ・ルーゴが死亡し、その息子のアロンソ・デ・ルーゴが彼を譏《そし》ったためであろう。アロンソ・デ・ルーゴは、まもなくヌエバ・グラナダの総督に任じられ、一五四二年に現地に赴任した。ケサーダがボゴタに帰れたのは、一〇年後の四九年になってからだった。その年、ボゴタ市に政庁《アウディエンシア》が設立されて、彼はその終身議員となり、また、そのほかに元帥《マリスカル》の称号を受けたが、これは名誉的なものに過ぎなかった。

ケサーダは、年金をもらって暮らすことになったが、エンコミエンダも受領し、生活は裕福だった。年はとってもなお意気盛んであり、一五六八年には、フェリペ二世の許可をもらい、一五万ドゥカードの巨費を投じて探検隊を組織し、オリノコ川流域に探検を行なった。この探検は、参加者がほとんど死亡して、完全な失敗に終わったが、それ以後、オリノコ低地やギアナ高原に、太陽の館、メタ王国、パリマの湖、オマグアスの都などの黄金郷があるといううわさが、多くの探検者を引きつけるようになった。彼は、コルテスやピサロのように侯爵の位を得ることを希望していたが、ついにかなえられなかった。生涯結婚をせず、また多くの征服者《コンキスタドーレス》のように現地の女性との間に子供をもうけることもなかった。晩年の彼はボゴタ付近のマリキータの荘園に移り住み、一五七九年、八〇歳で世を去った。法律家出身であっただけに筆が立ち、ヌエバ・グラナダの征服と歴史について何冊かの本を書いたというが、すべて失われている。

第一五章　エル・ドラードとアマゾンの国

征服者たちの成功は、更に黄金に対する彼らの夢を募らせ、アマゾン川やオリノコ川流域の熱帯林に、引きも切らず探検隊が出発した。彼らは、エル・ドラード、女勇者アマゾンの国、パイティティ、オマグアス、マノアの都などの黄金郷の幻を追って、困難にもめげず、探検を繰り返す。

エル・ドラードとは？

「エル・ドラード」という言葉がスペイン人たちの間ではっきりと使われるようになったのは、ムイスカ（チブチャ人の首長制社会）征服後の一五四一年ごろからである。エル・ドラードとは、金で塗られた人の意味である。三二九ページでふれたように、ボゴタ高原にグァタビータという名の湖があり、毎年一回、その辺りの首長が、身体に金粉を塗って、舟で湖の真ん中に漕ぎ出し、たくさんの黄金製品を投げ込むと同時に、彼自身も水中に飛び込んで、金粉を洗い落とす、という儀式が行なわれたというが、このうわさを聞きつけた最初のスペイン人は、セバスティアン・デ・ベナルカサル（エクアドルの征服者、キート市を建設）の部下だったようである。そのうちエル・ドラード（黄金郷）という言葉がつくられたのであろう。

最初のうち、スペイン人たちは、北アンデスの高原地帯にエル・ドラードを探したが、やがて黄金郷の幻は、オリノコ、アマゾン低地の熱帯雨林に移行し、征服者たちは困難もかえりみず、アンデス高原から下り立って、猛暑の密林の中に分け入った。メキシコやペルーのような乾燥地帯で、しかも豊かな文明の蓄積があった地方の征服は、ある意味で容易だったといえる。しかし、熱帯降雨林の中では、熱病が蔓延《まんえん》し、食糧も乏しく、また原住民が毒矢をもって攻撃してくることが多かったから、はるかに困難が大きかった。それに耐えて、次から次へと探検隊が繰り出されていった理由が、ひとえに黄金の探求にあったことを考えると、人間の執念の深さに驚きを感ずる。

エル・ドラードの探検を最初に目標に掲げたひとりに、ヒメネス・デ・ケサーダの弟のエルナン・ペレス・デ・ケサーダがいる。

一五四一年、彼は突如としてエル・ドラードの夢に取り憑《つ》かれ、大探検隊を組織して、ボゴタ高原から東の低地に下り、オリノコ川支流のグァビアレ、パパメネ両川の流域を探検した。最初から食糧不足に悩まされて、馬を一頭残さず殺して食べ、しまいには同行の神父のラバまで食べたという。この探検隊は、原住民に加えた残虐行為の点でとくにひどかった。探検終了後、エルナン・ペレス・デ・ケサーダはスペインに帰国するため、北コロンビアのカルタヘナ港に向かう途中、雷に打たれて死んだが、人々は、彼の残虐に対する神罰だ、とうわさしあった。

新しい黄金郷――マカトアとオマグアス

エルナン・ペレス・デ・ケサーダの探検中に、ベネスエラから、また新しいドイツ人の探検隊が出発した。隊長は、ホーヘルムートの探検にも参加したことのあるフィリップ・フォン・フッテンである。彼がベネスエラのコロを出発したのは、一五四二年初めである。進路はホーヘルムートが探検したメタ、グァビアレ両川の上流だったが、東アンデス山系に沿って進むうちに、エルナン・ペレス・デ・ケサーダが同じ地方で探検しているのを知り、きっと有力な情報を持っているに違いないと考えて、そのあとを追った。

オリノコ川支流のカケタ川上流のパパメネ地方で、ひとりの住民が、金と銀の果物の実を示し、これがたくさんあるマカトアという国に案内しようと申し出た。これを真に受けたフッテンは、あとについて行ったが、八日後その男は姿を消した。密林の中での食糧不足は相変わらずであり、なにもないときには、アリの巣に、実を食べたトウモロコシの穂を差し込み、そこに群がってくるアリを食べて飢えをしのいだという。野生の果物はなんでも食べたが、あるとき水分の多い実を食べたところが、人も馬も毛が抜け、中には死亡した者もいた。

しかし、フッテンの決意は揺るがなかった。彼自身マカトアを探索すると同時に、部下のペドロ・デ・リンピアスに四〇人を託して、三ヵ月間、別の方向を探検させた。リンピアスたちは、長い困難な旅の末、大通りの両側に家々が立ち並ぶ、人口八〇〇ほどの集落を発見した。そこで彼らは、マンナという川を下っていくと、オクアリカという女戦士、つまりアマゾンの国に着く、という情報を得た。当時、アマゾンのうわさは、アメリカ大陸の至る所で聞かれた。ホーヘルムートも耳にしているし、一五三六年に、ドルタルという征服者もオリノコ川流域でそういううわさを聞いた。更にさかのぼって、コロンブスやコルテスも、女戦士の国があるらしい、ということを大真面目で書いている。

一五四三年の暮れ、いつまでもやまない雨に悩まされながら、フッテンはやや北東に移動した。そして、オマグアスという黄金郷のうわさを聞いた。ある土地の首長が、晴れた日に、はるかかなたの山脈の麓《ふもと》に沿って、無尽蔵の宝をもつ、非常に大きな都が見える、と告げたのである。そしてフッテンに、強い戦士たちがいっぱいいるから、そんな小人数で行っては危ない、と警告したが、それを無視して探検隊は出発し、今度は南に向かった。五日後、五〇戸ほどの小さな村に着いた。そしてそこからフッテンは、はるかかなたにひとつの大都会を見た。

それは、向こうの端が見えないくらい大きな都会だった。まっすぐに道路が走り、家々がぎっしりと立ち並んでいる。中央に、それらに抜きん出て、高い大きな建物が見えた。道案内の者が言うには、あれがオマグアス王クァリカの宮殿であり、同時に神聖な神殿でもある。そして中には無数の金の神像がある、とのことだった。

ついに見いだした、と彼は思った。そして、ひとりのカピタン（隊長、指揮者）とともに、選び出された最良の馬に乗って、一気にオマグアスに近付こうとした。しかし、やや行くと、ふたりのオマグアスの戦士が現われ、いきなり襲いかかってきて槍《やり》を投げた。槍は甲《かっ》冑《ちゅう》を貫いて、フッテンとカピタンの胸に突き刺さった。たったふたりの戦士で、これほどの威力を発揮するとなると、オマグアス軍が大挙して現われたら防ぎようがないだろうと考えて、隊員たちは、ふたりを介抱しながら、夜のうちにその場所を撤退した。

近くの村に着いたとき、どうしても胸の手当てをしなければ生命の危険がある、と判断された。しかし、隊員の中には医者はいなかった。やむを得ず、ひとりの兵士が、勇気を振って治療を買って出た。彼は、村のひとりの老人奴隷をもらい受け、甲冑を着せて馬に乗せ、老人をオマグアスの戦士が使っていたものと似た槍で、同じ方向から突いてから傷を切り開き、どの内臓がやられているかを確かめて、ふたりの手当てをしたという。かわいそうに老人は死亡したが、フッテンとカピタンは命をとりとめた。

回復したフッテンは、二年余の密林彷徨《ほうこう》で疲労しきった小部隊ではとてもオマグアス征服は無理だ、と判断して、とにかくいったんコロに引き揚げることにした。ところが、彼の不在中、コロでは大きな変化がおこっていた。ファン・デ・カルバハルという司法官が到着し、書類を示して、自分が新たにコロ総督に任命されたと主張し、行政権を握っていたのである。フッテンは、国王とヴェルザー商会に報告書を送って訴えると抗議したが、カルバハルは頭からそれを否定し、一五四六年四月、彼を死刑に処した。それも鉈《なた》で首を叩《たた》き切るという残酷な処刑だった。しかし、のちになってヴェルザー商会やフッテンの親族が、この乱暴な措置に抗議し、カルロス一世に訴えたので、査察使が現地に送られ、カルバハルの所持していた書類が偽物であることが判明したので、彼は死刑に処せられた。

フォン・フッテンの探検は、なにも収穫がなかったけれども、それ以後オマグアスの名が征服者たちの間に広まり、多くの探検隊がオリノコやアマゾンの熱帯雨林帯に侵入するきっかけをつくった。

パリマの湖とマノアの都

ムイスカ（チブチャ人の首長制社会）の征服者ヒメネス・デ・ケサーダは、独身だったので、その莫大《ばくだい》な遺産を姪《めい》のマリアに遺した。マリアは、かなり年上のアントニオ・デ・ベリーオと結婚し、彼が「パウト、パパメネ両川間のエル・ドラードの総督」の位を継ぐことになった。

ベリーオはすでに六〇を越す老人だったが、ケサーダの後継者となるにふさわしい冒険心の持ち主だった。彼は、王室の許しを得て、一五八一年ボゴタに着くと、さっそくエル・ドラード探検の準備に取り掛かった。目標はオリノコ川の下流流域だった。彼は、八四、八七、九〇年の三回にわたって探検を実行した。

ベリーオは素早く行動した。わずか八〇人の兵を率い、ボゴタから東に向かって高原を下りはじめたが、一〇〇〇頭の馬と、牛、豚などを用意して、食糧の準備には万全を期した。そして、八四年二月までに、メタ川流域に進出した。その辺りはアチャグア族の生活圏であった。彼らは友好的で、「東に向かって五日間行った所にあるアマゾンの村」について語ってくれた。別の男は、そこから一〇レグア（約五五キロメートル）の所に人口一万人の町がある、と教えてくれた。いずれの情報もベリーオを喜ばせた。

しばらくして雨期がはじまってから、スペイン人たちは、アチャグアのある集団と小戦闘を交えた。捕虜のひとりが言うには、オリノコ川の南側の高地にエル・ドラードがあり、大勢の人が金と宝石に埋もれて生活しているとのことだった。

これらの情報のどれだけが、原住民たちの言うことの正しい翻訳に基づいているのか分からないが、エル・ドラードの夢に取り憑《つ》かれた老ベリーオの頭の中では、黄金郷の具体像がだんだんと形を成していった。オリノコ川の南にあるギアナ高原。たくさんの支流がそこに源を発している。その高原の上に、ひとつの大きな湖があり、その畔《ほと》りにエル・ドラードがあるに違いない――。

いつの間にか、その湖にはパリマの名が与えられ、黄金の都はマノアと呼ばれるようにな

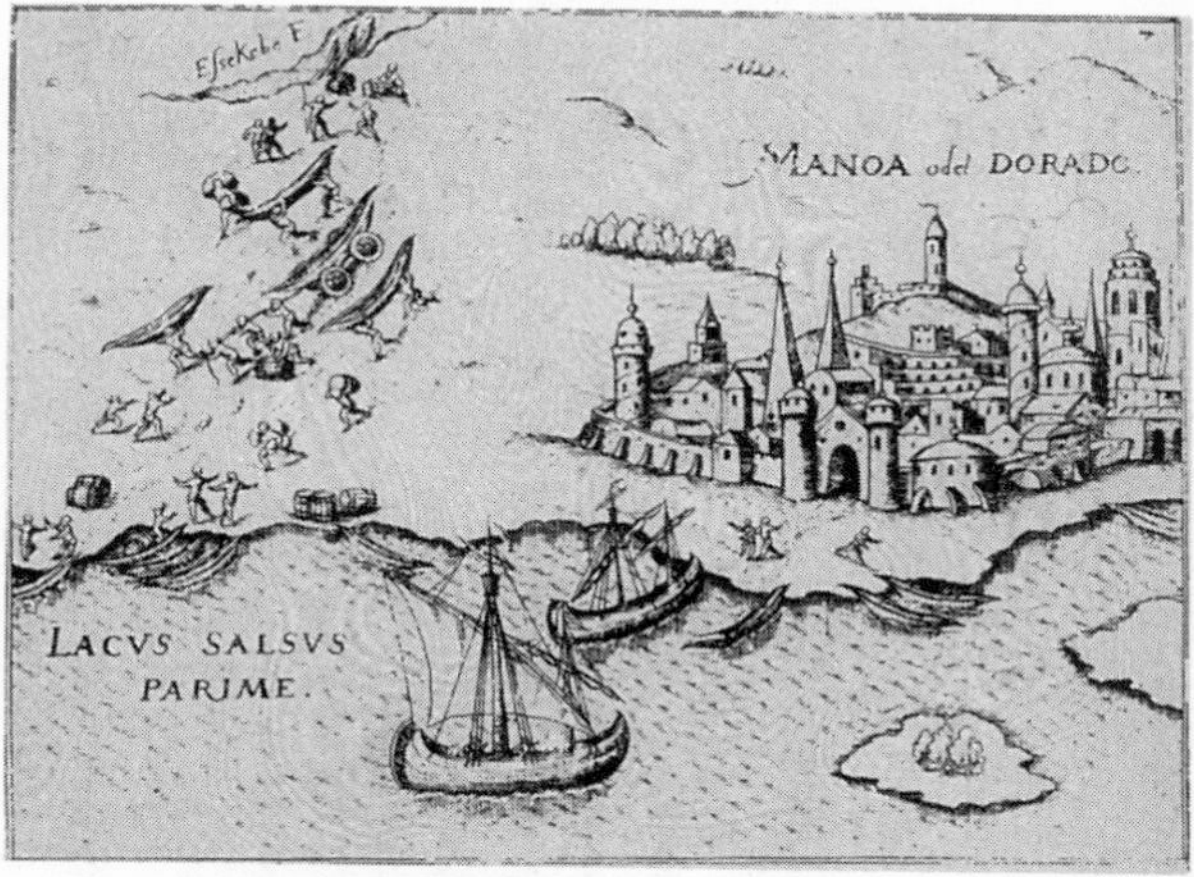

パリマの湖とマノアの都　ギアナ高原にあるといわれた「幻の黄金郷」の想像図。この幻影は18世紀に至るまで人々を魅了し続けた。だが、それはやはり「幻」でしかなかった。

った。

いや、ベリーオだけではない。マルガリータ島総督のファン・デ・サラスも、アラワク族および奴隷狩りで内陸に行ったスペイン人からの情報として、高原の大きな湖には島が幾つかあり、そこで金が溶かされることを述べ、「財宝を持つ貴族たちは、自分が死んだら、全財産を湖に投げ込み、一部は墓に埋葬せよと命令している」と、付け加えている。

オリノコ川を下って、ギアナ高原の姿をはるかかなたに望見したベリーオは興奮した。雨期も終わりかけていたので、彼は一路、高原に向かって突進した。しかし、沼沢地の瘴《しょう》気《き》のためか、病人が続出して前進は不可能になった。エル・ドラードを征服するためには少なくとも三〇〇人が必要である。ベリーオは泣く泣く引き返した。ベリーオは第一回の探検で三万ドゥカードの私財をなげうったが、更に二万五〇〇〇ドゥカードを投じて、第二回の探検を敢行した。

ベリーオの執念

一五八七年三月、ベリーオは、四七人の小銃手を含む九七人を率いて、再びマノアに向かった。今度はカサナーレ川に沿って下り、オリノコ湖畔に基地を建設したが、熱病が流行し、部下の要請で翌々年ボゴタに引き揚げた。

一五九〇年の第三回の遠征は、四万ドゥカードを費やして編成され、三月にボゴタを出発した。七〇人の兵士が四四隻のカヌーと筏《いかだ》に分乗し、一三歳の長男フェルナンドも同行した。ベリーオの全神経は、オリノコ川右岸にあるはずのエル・ドラードへの通路の入り口を探すことに集中された。豊富な食糧を準備したにもかかわらず、探検が長引くにつれて飢餓が一同を襲った。三〇人の兵士と二〇〇人の荷担ぎ人が死亡した。九人が下流に向かって逃亡したが、のちに判明したところによると、ことごとくカリブ族の餌食《えじき》となってしまった。

しかしベリーオはくじけなかった。彼はオリノコ川航下に耐える丈夫な船を建造させた。彼の目標はカロニー川、すなわちオリノコ川右岸の河口近くの大きな支流だった。カロニー川はまさしくギアナ高原から流れてくる。エル・ドラードへの入り口はあそこにあるに違いない。ただ、高原から流れてくる川は、しばしば大きな滝をつくっていることが問題だった。

川を下りながら、ベリーオはマルガリータ島総督ファン・デ・サラスに手紙を送って、援軍を要請した。そして、カロニー川の入り口で、同地の有力首長モレキートと意見を交換し、自分の判断が間違っていないことに自信を得た。

援軍が一向にこないので、ベリーオはついにオリノコ河口まで出て、トリニダー島に探検の基地をつくることにした。まずマルガリータ島に赴いて総督に援助を求めたが、冷ややかにあしらわれた。しかし幸いなことに、何人かの協力者を見いだすことができた。そのひとり、ドミンゴ・デ・ベラは、ベリーオの指示に従って、トリニダー島の北部にサン・ホセ・デ・オルーニャという町を建設した。

一五九三年初め、ベラは三〇人を率い、ベリーオの名においてカロニー川に向かった。四月二三日、モレキートに会って、「アントニオ・デ・ベリーオ総督が一〇万ペソの資金を投じて、ついに発見したギアナのエル・ドラードにこれから進軍する」と部下に宣言し、川をさかのぼりはじめた。上流に進むにつれて集落の数が増し、食糧が豊かになっていった。疑いもなく富裕なる「ギアナ帝国」の外縁部に着いた、とベラは確信した。

トリニダー島に帰ったベラは、ベリーオに向かって報告した。「我々の到達した所から一日行程の所に、マノアという大きな湖があります。エル・ドラードはそこにあるのです」。おもしろいことに、ベラは、マノア湖畔のエル・ドラードの住民は、二〇年ほど前によそから来て先住の人々を征服した、と述べている。

ベリーオは、ついに我々は宝の国の門戸まできた、と喜んだ。あとは本格的な探検隊の準備があるだけだった。

ベリーオとイギリス人ローリ

いよいよエル・ドラード探検に乗り出そうとしていたベリーオのもとに、突如としてひとりのイギリス人が現われ、トリニダー島のサン・ホセを占領しただけでなく、ベリーオを逮捕し、その甥《おい》を殺した。その男の名はウオルター・ローリ。有名なエリザベス一世の廷臣だった。

このローリもエル・ドラードの夢に取り憑《つ》かれていた。そして彼も、マノアの都がギニア高原にあると確信しており、その黄金帝国を探検征服しようとしてやってきたのである。彼はすでにベリーオがエル・ドラード探検に全力を注いでいることを知っていたから、捕虜にしたベリーオから、前後三回にわたる彼の探検の成果や、その他有益な情報を聞き出そうとした。

ローリは、独特のエル・ドラード観をもっていた。一言で言うと、スペイン人から逃亡したクスコのインカが、ギアナ高原に新インカ帝国を建設したというのである。もともと、彼の出資した私掠船《しりやくせん》が大西洋上で捕らえたペドロ・サルミエント・デ・ガンボアというスペイン人が、ペルーに長く滞在してスペイン国王のために『インカ史』（一五七二年）を書くほど、インカ情報に詳しかったので、その口授によって、インカの偉大な帝国とその富について聞き知っていたのである。ローリは、一五九六年にロンドンで出版した『広大にして富裕な美しきギアナ帝国の発見と、スペイン人がエル・ドラードと呼ぶ偉大なる黄金の都マノアについての報告』の中で次のように述べている。

ギアナ帝国は、ペルーから大西洋に向かって真東の赤道直下の地にあり、ペルーのどの地域よりも豊富に黄金を産し、ペルー最盛時に劣らないほどの、と言うよりは、それ以上に多くの大都市を有している。ペルーと同じ法律で治められ、皇帝と国民は、ペルーで行なわれていたのと寸分違わぬ宗教儀式と政治形態を守り続けている。私は、ギアナ帝国の首都マノアを、自分の目で見たスペイン人たちの証言から、そのことを知ったのである。

「自分の目で見たスペイン人たち」とはだれのことか、具体的に述べられていないが、これはベリーオの情報らしく、ファン・マルティンというスペイン人の探検隊の一員が、マノアの都のインカ皇帝の宮殿に七ヵ月暮らした、ということが、まことしやかに言い触らされていたらしい。

ベリーオは、エル・ドラード探検のローリの決意を聞くと、「ひどく沈痛な表情になり、翻意させようとして躍起になった」。しかし、ローリの決意は固く、五隻の舟に一〇〇人の部下を分乗させて、オリノコ河口の三角州の川の一本をさかのぼり、本流に入っていったが、マカグアの大瀑布に阻まれて、ギアナ高原に登ることはできなかった。やむなくローリは出直すことにして、イギリスに帰国したが、ベリーオも釈放され、トリニダー島のサン・ホセに帰った。その後一六一六年に、ローリはイギリス国王チャールズ一世の許可を得て、再度ギアナ探検を行なったが失敗し、またスペインに宥和《ゆうわ》政策をとっていた国王の命令に反してスペイン人と交戦したため、帰国してから逮捕され、大逆罪の名のもとに一六一八年処刑されてしまった。

他方、ベリーオも七〇歳を超し、もはや自分自身で探検に出ることは不可能であったが、一五九五年末、カロニー川とオリノコ川の合流点にサント・ドミンゴ・デ・グァイアナの町を建設し、部下に命じてカロニー川を一二〇キロメートルさかのぼらせた。しかし、隊長が途中で死亡して隊は四散し、結局自滅した。翌九六年四月、スペインに帰っていたドミンゴ・デ・ベラが、エル・ドラードの誇大な宣伝をして集めた一〇〇〇人以上の植民者を連れてトリニダー島に到着した。食糧供給のあてもなしに送り込まれた彼らは飢えに苦しみ、たまりかねてオリノコ川流域に入った連中も、原住民の掠奪《りゃくだつ》をはじめたので、猛反発をくい、数百人が虐殺された。ベリーオ自身は、一五九七年に死亡した。

ベリーオの捕縛　あとからエル・ドラード探検に参入したローリだが、情報を得るため強引にトリニダー島でベリーオ（中央）を捕らえた。（テオドール・ド・ブリの銅版画）

ベリーオの遺志を継いだのは、その息子のフェルナンドだった。彼は、一五九〇年、一三歳の若さで父の第三回探検に参加したが、それ以後父の信念を受け継いで、エル・ドラード探検を行なった。一五九八年から一六〇八年までの間に、一八回も探検を行ない、資産を使い果たした。そこで内密裡《ないみつり》に外国船と密貿易を行ない、そのため王室の不興を買った。フェルナンドは一六二二年、スペインに渡航する途中、北アフリカのバルバリー地方に基地をもつイスラムの海賊に捕まり、結局アルジェで死亡した。

シナモンの国

インカ帝国の征服者の弟、ゴンサーロ・ピサロも、アンデスの東の熱帯雨林に、幻の国を求めて探検を行なったひとりである。

フランシスコ・ピサロは、インカ征服後、キートの統治をまかせたセバスティアン・デ・ベナルカサルが、勝手な動きをはじめたことに不安を感じ、一五三九年、弟のゴンサーロをキート総督に任命した。着任後まもなくしてゴンサーロは、アンデス山脈の東に、「シナモンの国」があるということを確信し、探検を敢行することにした。シナモンは貴重な香料として、ヨーロッパで需要が多い。しかし、ゴンサーロは、「エル・ドラードの湖」という言葉を、のちの国王に対する書簡で使っているところをみると、同時に黄金郷の発見も目指していたらしい。

ゴンサーロが編成した探検隊は、それまでにない大規模なものだった。彼は一五四〇年一二月初めにキート市に着き、それから三ヵ月間で、二二〇人のスペイン兵、四〇〇〇人の原住民の荷担ぎ、豚二〇〇〇頭、犬二〇〇〇匹、および多数のリャマ（ラクダ科の動物）を集めた。荷担ぎたちには、逃亡を防ぐため鉄の首輪と鎖がつけられた。四〇〇〇人の中には、夫や自分の男を世話する多数の女性が含まれていたと思われる。キートの市会は首輪だけは外してもらいたいと要望したが、ゴンサーロは聞き入れなかった。

探検隊がキートを出発したのは、一五四一年の二月末だった。この大部隊は、道なき道を、長い列をつくってのろのろと前進した。馬や豚に草を食わせるために、進行はよけいに遅れた。東コルディエラ山脈を越えるとき、多くの荷担ぎたちが寒さのため死亡した。その後、アンデス山脈の斜面を下って、熱帯性の気候の低地に向かったが、高地生活に慣れた原住民たちは、熱病や赤痢でどんどん減っていった。密林の高い下生えを斧《おの》で切り開きながら前進するのは容易なことではなかった。三五〇キロメートルほど行軍して、スマコという土地に着いた。ここは食糧が豊富でスペイン人たちは一息ついた。しかし大雨の季節で、三ヵ月間足止めをくった。スマコの住民たちは、エル・ドラードを求めて熱帯林をさまよう探検隊特有の残虐さの犠牲者となった。財宝の地の在りかを言え、と強要され、なにも知らないと答えると、拷問を受けたのである。スマコの人々も、火焙《ひあぶ》りにされたり、犬に裂かれたり、ひどい目にあった。

　住民は、拷問の苦痛を逃れるため、ここから一〇～二〇日行程の所に富んだ都がある、と答えるのが常であった。するとスペイン人たちは希望をもって更に前進する、というのがパターンだった。恐らく言葉も通じないわけだから、スペイン人たちは、ほとんど自分自身の幻想に衝《つ》き動かされて探検を続けたといっていい。

　ゴンサーロは、八〇人の兵を連れて更に奥地を偵察したが、あるのは密林と沼地ばかりだった。このころにはシナモンのことはすっかりどうでもよくなり、一縷《いちる》の望みは、黄金郷の発見となった。本隊に戻ったゴンサーロのもとに、大きな川が発見されたとの情報が入った。それは、アマゾンの支流ナポ川のまた支流であるコカ川だった。とにかくその川まで行こうということになって前進し、到着したのがその年の一一月だった。このへんから、スペイン人たちは、カヌーを巧みに操る部族に至る所で出遭い、矢を射かけられて防戦しなければならなかった。川に沿って下ると、深い渓谷地帯になった。河岸の前進は困難であるし、船を造って荷物と病人を運ぼうということになった。そのころまでに、豚も馬もリャマも全部食糧にされていた。もう宝の国よりも、食糧を探すことのほうが先決問題となった。道案内の情報では、更に行くともっと大きな川があるとのことだった。恐らくナポ川のことだろう。船が完成したとき、副隊長のフランシスコ・デ・オレリャーナが五七人を連れて川を下り、食糧を探すことになった。

オレリャーナは、一二日後に帰還することを約束し、ゴンサーロは、ふたつの川（ナポ川とコカ川）の合流点で停止することを彼に命じた。オレリャーナは、船のほかにカヌー二隻に小銃、大弓などの荷物を積んで、一五四一年一二月二六日に出発した。しかし、彼はそれっきり戻ってこなかった。ゴンサーロは、水陸両方に偵察隊を出して探させたが、結果は空しかった。しかし、幸いユカが栽培されている村が見つかったので、なんとか飢えは収まった。

待てど暮らせどオレリャーナは帰ってこなかった。隊員たちの間に、もうこうなったらキート市に帰る以外にない、という意見が強まり、ゴンサーロも決断した。帰りの旅は、往路以上に苦しかった。原住民の荷担ぎは全部死亡し、二〇〇〇匹の犬も食糧になってしまった。隊員たちの着物はボロボロに破け、半分裸だったが、無数の虫や茨《いばら》が肌を刺して耐え難い苦痛を与えた。しまいには靴もなくなった。

やっとキートに着いたとき、一同は剣と杖《つえ》だけを持ち、裸同然だった。到着の知らせが町に伝わると、キートの市会は、馬と食糧と衣服を届けてくれた。ゴンサーロが部隊の先頭に立って市内に入ったのは、一五四二年六月、出発後一年半の月日がたっていた。そして兄フランシスコ・ピサロは、前年の六月に暗殺されていた（第一二章の「フランシスコ・ピサロの死」）。

アマゾンの国

ゴンサーロ・ピサロのキート到着の約三ヵ月後、フランシスコ・デ・オレリャーナの一行は、現ベエスエラ海岸のクバグア島に到着していた。彼らは、あの大河アマゾンの全航程を踏破して、大西洋に出ることに成功したのである。

オレリャーナは、食糧を探しにゴンサーロのもとを去ってから、三日間にコカ川を約四五〇キロメートル下った。川の流れは速く、水量は増加した。その間、人の気配はなく、携帯してきた食糧も底をついたが、どこにも食糧を得るあてがなかった。そこで前進を続け、コ

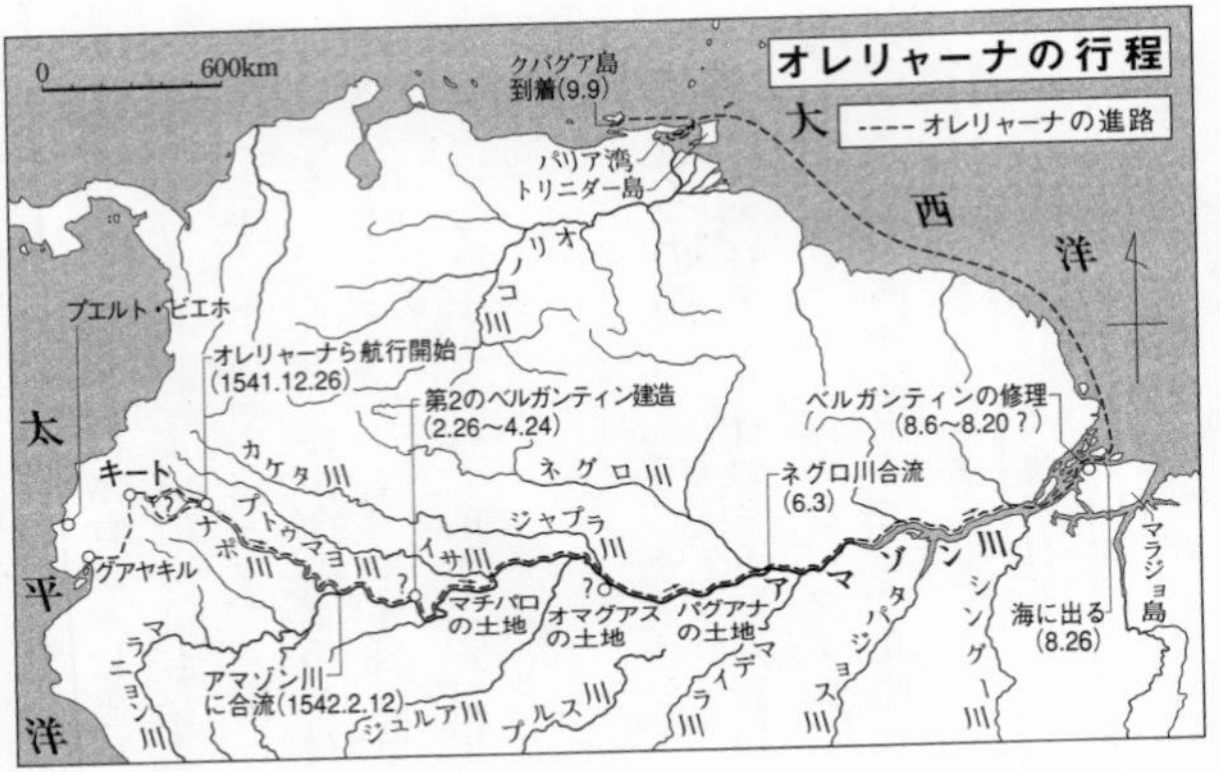

カ川からナポ川に入って、ついにアマゾン川を下ることになってしまった。もちろんヨーロッパ人として最初の経験だから、前方になにがあるかは全く分かっていなかった。ただし、大西洋に出ることだけは期待していたろう。

なぜオレリャーナがゴンサーロの命令にさからって、そのままアマゾン川を下ってしまったかについては、いろいろな説がある。意図的な命令無視とも言われたし、不可抗力だったとする意見もあった。しかし、探検隊に加わったガスパール・デ・カルバハル神父の手記によれば、大変な苦難の中での選択であったことが明らかである。

ひどい飢えのために死の危険が迫っていた。そこで我々は、この苦しみと難儀について話し合い、どうすべきか論じた末、ふたつの災いのうち、隊長や皆の者にとってまだましと思われる道をとることにした。すなわち、前進して川を下る道である。死ぬかもしれないし、川の沿岸を見ながら下れるかもしれない。いずれにせよ、救いが訪れるまで主が我々の命を永らえさせてくださることを、信頼申し上げるのである。しかし、その途中、革、腰帯、靴底などを草と一緒に煮たもののほかは、なにも口にするものがないほどの窮状に陥ったので、身体はやせ細り、二本足で立つこともおぼつかなく、ある者は四つんばいになり、ある者は杖《つえ》にすがって、森の中に入り、なにか食べられそうな草の根を探した。また、得体の知れぬ草を食べて、錯乱状態に陥り、正気を失ってしまった者もいた。

やがてオレリャーナたちは、ナポ川からアマゾン川本流に出た。年がかわり、一五四二年になってまもなく、久しぶりで人の気が感じられた。しばらく行くと、

インディオを満載した四隻のカヌーが、注意深く沿岸を偵察するような様子で川をさかのぼってくるのが見えた。そして、我々を見つけると、大慌てで向きを変え、叫び声をあげた。一五分とたたないうちに、村々でたくさんの太鼓が鳴り出した（カルバハル神父）。

村に到着してみると、人々は友好的で、歓迎の意を表わし、食物をたくさん運んできてくれた。オレリャーナたちは、その村にしばらく滞在して、アパリアという首長から、イカと

女戦士アマゾン　勇敢に戦うインディオの女性たちは、ギリシャ神話の勇士を想いおこさせる。アマゾン川の名のおこりともなっている。(テオドール・ド・ブリの銅版画)

いう名の王が奥地にいて、たくさんの金を持っていることを教えられた。恐らくこれはインカ帝国のことであろう。

一五四二年二月一二日、スペイン人たちはパリアンという大首長のいる地方に下り、そこでもう一隻、二本マストの小帆船（ベルガンティン船）を造ることにした。四月末にはそれが完成して、更に下流に進み、五月一二日、マチャパロ（マチパロ）の地方に着いたが、住民たちの攻撃を受けて退散した。それからまもなくして、アマゾン中流のオマグアス人の国に着いた。その沿岸のある村から、奥地にたくさんの立派な道が通じており、その先には、「ペルーの羊をたくさん持ち、銀が豊富にある」国があるとのことだった。明らかにペルー高地の文明（インカ文明）についての情報が、アマゾン低地にも伝わっていたのである。

一五四二年六月三日、探検隊はアマゾン川とネグロ川の合流点に着いた。そして三週間後、オレリャーナたちは、アマゾンの国に到着した。ある村に到着したのだが、いきなり住民が攻撃をしかけてきて、矢が雨のように飛んできた。スペイン人たちは、水の中に飛び込んで戦った。しかし、敵はひるむどころか、ますます勇敢に戦い続けた。カルバハル神父は書いている。

このインディオたちが、かくも勇敢に戦うのには理由があることを知っていただきたい。彼らはアマゾンに服属朝貢する者たちであって、我々がきたのを察知して、彼女らに助けを求めにいったのである。見たところ、一〇人ないし一二人のアマゾンがやってきていて、指揮官のように、インディオたちの先頭に立って戦っていた。その戦いぶりはなんとも勇猛果敢なため、インディオたちは向きを変えて逃げることができなかった。逃げ出そうものなら、我々の面前でその者を叩《たた》き殺したのである……この女たちは、皆、背が高く、色が白く、髪を大変長くして、それを編んで頭の上に丸めていた。体格はよく、弓矢を手に歩き回るが、恥部は隠していた。ひとりで一〇人分の働きをした。

戦闘中捕らえた捕虜から、スペイン人たちは、アマゾンの国について詳しいことを聞いた。

アマゾンたちは、奥地にある、石造りの立派な館《やかた》に住み、そこには太陽の館が五つもある。それらの中には、金銀の女人像やたくさんの容器が置いてあり、壁の床から身の丈半分ぐらいの高さまで、銀板が貼《は》りつけてある。その国の財宝は無限であり、高位の女性たちや主だった女性たちは、皆、金製品を使っている。「肌が白く、髭《ひげ》のない男たち」が、すぐ隣の大首長の土地からやってきて、アマゾンたちと一定期間一緒に暮らし、帰っていく。妊娠した女性は、生まれた子が男の場合には殺すか、父親のもとに送るかし、女子だけを育てる。

古代ギリシャのアマゾンの伝説は、当時スペインで流行していた騎士道小説にも取り上げられていたから、一六世紀のスペイン人にも身近に感じられた。その姿が現実世界に投影されて、金銀財宝の夢と結び付き、不完全な言語コミューニケーションに助けられて、スペイン人たちを果てしない幻想の世界へと駆り立てていったのであった。

川を下るにしたがって、人口の多い集落が増えてきて、奥地に宝があるといううわさが至る所で聞かれた。そのうち潮の干満が感じられるようになり、海が近いことが分かった。完全に河口に出たのは一五四二年八月二四日だった。北東に向かってギニア海岸を進み、いったんオリノコ河口のパリア湾に入ったが、七日間かけてそこを通り抜けることができ、九月九日に、クバグア島のヌエバ・カディスに到着した。こうしてオレリャーナはじめ四六名は、アマゾン川の全長を航海した最初のヨーロッパ人となったのである。

三ヵ月後、オレリャーナはエスパニョラ島のサント・ドミンゴに行き、そこからスペインに戻った。宮廷に出頭して国王に報告を行なった彼は、二年後、オリノコ、アマゾン間の地域を含む「ヌエバ・アンダルシアの総督」に任じられ、四〇〇人を率い、妻のアナを同伴してアマゾン河口に向かったが、到着後しばらくしてそこで没した。しかし、アマゾンの国の幻影は、それから長く人々の心を去らなかった。

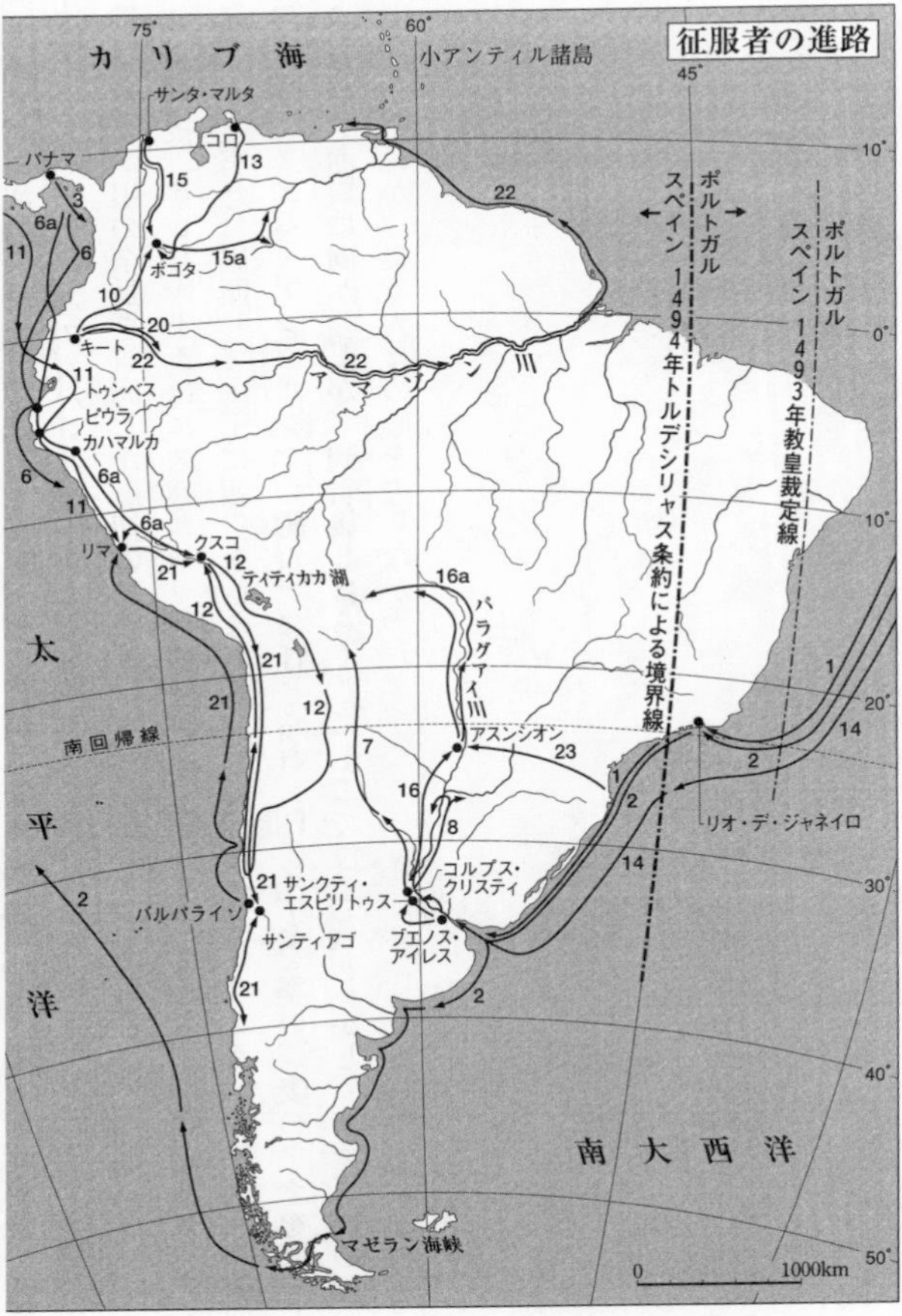
征服者の進路
カリブ海
小アンティル諸島
サンタ・マルタ
コロ
パナマ
ボゴタ
キート
トゥンベス
ピウラ
カハマルカ
リマ
クスコ
ティティカカ湖
アマゾン川
パラグアイ川
アスンシオン
コルプス・クリスティ
サンクティ・エスピリトゥス
ブエノス・アイレス
バルパライソ
サンティアゴ
リオ・デ・ジャネイロ
マゼラン海峡
南回帰線
太平洋
南大西洋
ポルトガル
スペイン
1494年トルデシリャス条約による境界線
1493年教皇裁定線
1000km

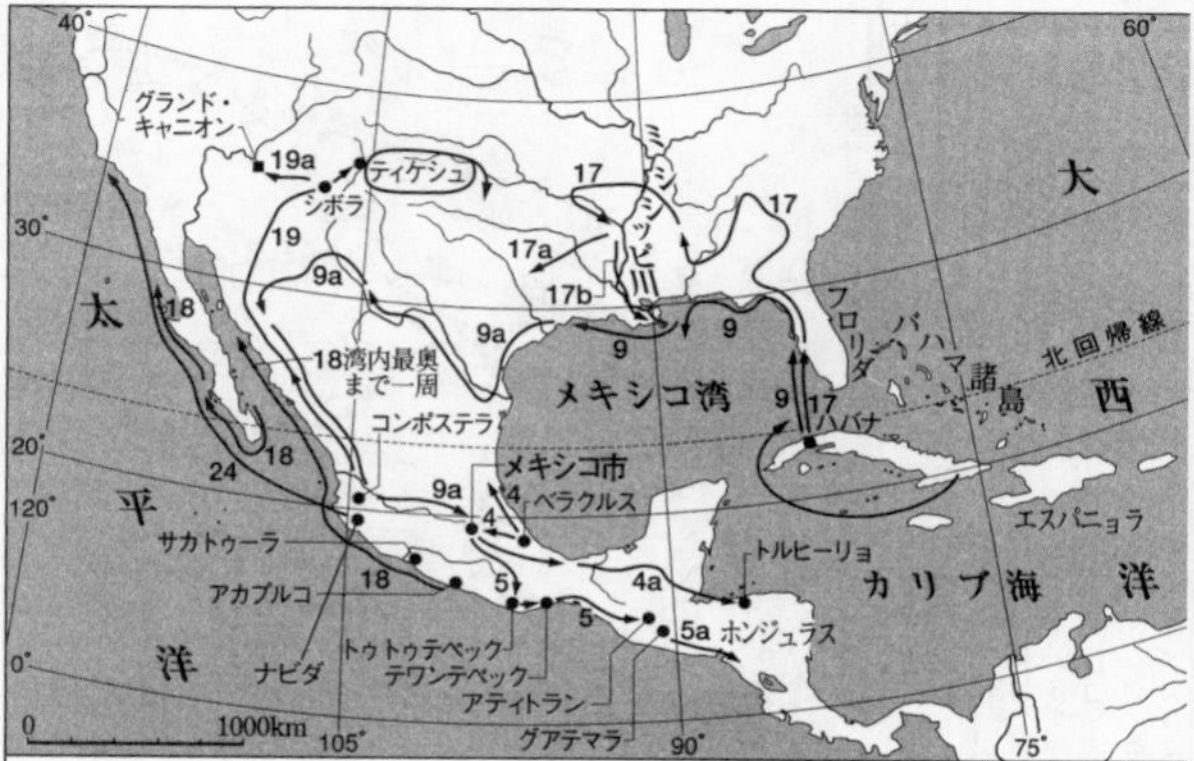

1	ソリス	1515〜16
2	マゼラン	1519〜21
3	アンダゴーヤ	1522
4	コルテス	1519〜21
4 a	コルテス	1524〜26
5	アルバラード	1522〜24
5 a	アルバラード	1526
6	フランシスコ・ピサロ	1526〜28
6 a	フランシスコ・ピサロ	1531〜35
7	ガルシーア	1524〜25
8	セバスティアーノ・カボート	1526〜29
9	ナルバエス	1527〜28
9 a	カベサ・デ・バカ	1528〜36
10	ベナルカサル	1533〜39
11	アルバラード	1533〜35
12	アルマグロ	1535〜37
13	フェーダーマン	1535〜39
14	ペドロ・デ・メンドーサ	1535〜37
15	ヒメネス・デ・ケサーダ	1536〜37
15a	ヒメネス・デ・ケサーダ	1569〜71
16	イララ	1537〜42
16a	イララ	1544〜56
17	ソト	1539〜41
17a	ソトとモスコソ	1541〜43
17b	モスコソ	1542〜43
18	ウリョア	1539
19	コロナード	1540〜42
19a	カルデナス	1540
20	ゴンサーロ・ピサロ	1541〜42
21	バルディビア	1540〜47
22	オレリャーナ	1541〜43
23	カベサ・デ・バカ	1542〜44
24	カブリリョ	1542

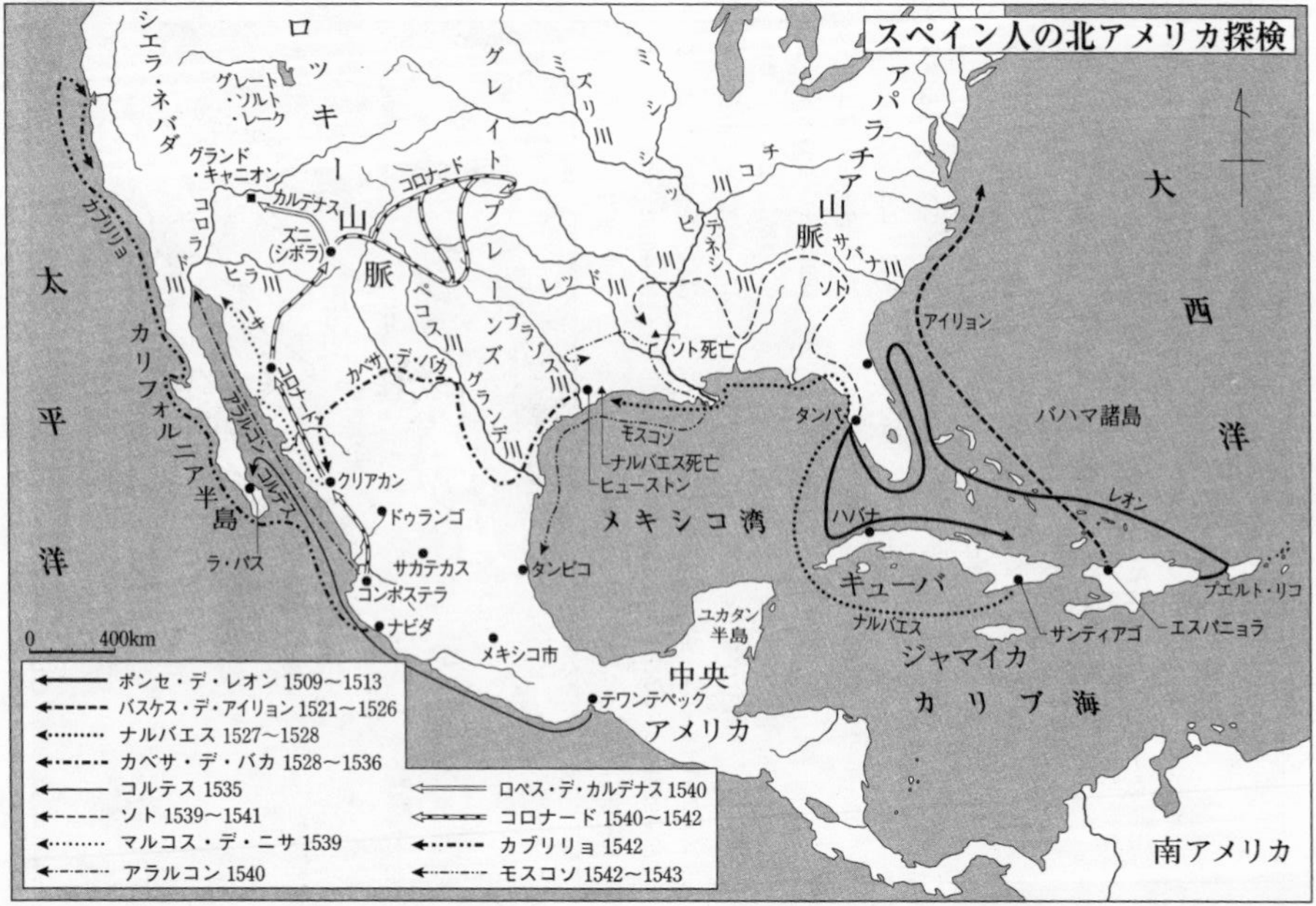
スペイン人の北アメリカ探検
太平洋
大西洋
メキシコ湾
カリブ海
ロッキー山脈
アパラチア山脈
シエラ・ネバダ
グレート・ソルト・レーク
グランド・キャニオン
グレートプレーンズ
ミズリ川
ミシシッピ川
コロラド川
ヒラ川
ペコス川
リオ・グランデ川
ブラゾス川
レッド川
テネシ川
サバナ川
カリフォルニア半島
ラ・パス
ズニ(シボラ)
クリアカン
ドゥランゴ
サカテカス
コンポステラ
ナビダ
メキシコ市
タンピコ
テワンテペック
ユカタン半島
中央アメリカ
南アメリカ
ヒューストン
ナルバエス死亡
ソト死亡
タンパ
ハバナ
キューバ
ジャマイカ
サンティアゴ
エスパニョラ
プエルト・リコ
バハマ諸島
カブリリョ
カルデナス
コロナード
アラルコン
コルテス
ニサ
カベサ・デ・バカ
モスコソ
ソト
アイリョン
レオン
ナルバエス
0 400km
ポンセ・デ・レオン 1509〜1513
バスケス・デ・アイリョン 1521〜1526
ナルバエス 1527〜1528
カベサ・デ・バカ 1528〜1536
コルテス 1535
ソト 1539〜1541
マルコス・デ・ニサ 1539
アラルコン 1540
ロペス・デ・カルデナス 1540
コロナード 1540〜1542
カブリリョ 1542
モスコソ 1542〜1543

エピローグ　征服者の黄昏

シボラの七つの都とキビラ

一五三六年、と言うと、メシカ（アステカ）の首都テノチティトランがスペイン人に征服されて一四年後になるが、征服者のフェルナンド・コルテスはスペインのセビリャの近郊に引退し、メキシコでは、ヌエバ・エスパニャ（メキシコ）初代副王アントニオ・デ・メンドーサが赴任して統治を開始していた。その年の四月に、一隊のスペイン騎兵が、メキシコ市（テノチティトランに建設）の北西一一〇〇キロメートルのシナロア地方で奴隷狩りをしていたが、突然、地平線上に、一群の原住民がゆっくりと歩いてくるのが彼らの目に入った。だが、馬を走らせてこの獲物に追い付いたとき、彼らは驚いて停止した。確かにそのうちの一一人は原住民だった。しかし、そのほかに、ひとりの黒人と、骸骨《がいこつ》のようにやせ細り、真っ黒に日焼けしたスペイン人がいたのである。まもなく更にふたりのスペイン人が姿を現わした。この四人は、八年前の一五二八年に北アメリカのフロリダに上陸した四〇〇人の探検隊員の生き残りであり、はるばる三二〇〇キロメートルの荒野を歩いてメキシコにたどり着いたことが分かった。

この探検隊の、もともとの隊長はパンフィロ・デ・ナルバエス。この名前はすでに出てきている（第五章以下）。キューバ総督ベラスケスの意向を無視して、メシカ遠征に出発したフェルナンド・コルテスに差し向けられた追討軍の指揮官である。一五二〇年にコルテスとのセンポアラの戦いに破れて片目を失い、三年間の虜囚生活を送った彼は、本国に帰ってから宮廷で反コルテス宣伝に努め、二六年、フロリダ探検を国王から許されて協約を結んだ。フロリダは、かつてプエルト・リコ総督のポンセ・デ・レオンが、永遠の青春の泉があるというわさに動かされて、二回も探検を行なった土地である。その後、アロンソ・デ・ピネーダという航海者がフロリダ・キーズ諸島のキー・ウエストからタンピコまでのメキシコ湾沿岸航海を行ない、ミシシッピ河口で、内陸に黄金豊かな国があるとのうわさを聞きつけてきた。ナルバエスはこの情報に刺激され、探検を思い立ったのである。

協約に従ってナルバエスは五隻の船に六〇〇人を乗せ、一五二七年六月にスペインを出発したが、この探検隊は準備不足で、途中脱走者が続出し、最終的にキューバを出帆したときには、兵員は四〇〇人に減っていた。フロリダ西岸のタンパ付近に上陸したのは、翌年の四月だった。上陸してまもなく、ある村で住民たちから金銀の豊かなアパラチェという土地のことを聞き、食糧が極度に不足していたにもかかわらず、内陸探検を決行した。偵察隊のひとつを率いるカベサ・デ・バカが、六月二五日にアパラチェに着いたが、貧しい原住民の村に過ぎなかった。ナルバエスは失望したが、海路探検を続行することを決意した。すでに船を失っていたので、五隻のボートを作り二四五人がそれに分乗して九月二二日西に向かった。しかし、ミシシッピ河口を横断中、嵐がおこってボートはばらばらとなり、生存者たちは、テキサス海岸に上陸した。ナルバエスはその年の暮れに死亡した。

カベサ・デ・バカの大旅行

テキサス海岸に上陸したとき、溺死《できし》を免れ海岸にたどり着いたのは八五人に過ぎなかった。彼らは、文字どおり体ひとつで逃れ、食糧も衣料も道具も武器も持っていなかった。それから何週間もたたないうちに、多くの者が餓死し、残りの者も原住民に捕らえられて、その多くは奴隷となった。カベサ・デ・バカも原住民の捕虜になったが、幸いなことに相手は比較的穏やかな人々だった。しかも、カベサ・デ・バカは、非常に才能のある人間であり、原住民たちの信頼を獲得して、部族間の交易を担当するようになった。原住民たちの間にも一種の商人たちがいたのである。そして各地の産物を交換する役割を果たしていた。

テキサス地方の原住民は、狩猟民であって、いつも食糧不足に悩んでいた。カベサ・デ・バカは、のちにこう書いている。「彼らは時折、鹿や魚を食べるが、その量はあまりにも少なく、ひどい飢餓状態にあったので、クモ、アリの卵、ミミズ、トカゲ、サンショウウオ、蛇《へび》、毒蛇などを食べた。彼らは、土、木、鹿の糞、そのほか言うもはばかるようなものも食べた」。

こうして六年に近い期間、カベサ・デ・バカと他の三人は原住民とともに暮らしたが、ある日脱走に成功し、スペイン領メキシコを目指して何ヵ月も放浪したのちに、やっとのことでシナロアにたどり着いたのだった。

救出された四人は、メキシコ市に連れて行かれ、英雄扱いを受けたが、カベサ・デ・バカによれば文明生活に再適応するのに、いささか難渋したらしい。「我々は、しばらくの間衣服が着られなかった。おまけに、地面の上にじかに寝ないと寝つくことができなかった」と、彼は書いている。

帰還後、カベサ・デ・バカは、人々に話した体験談の中で、北アメリカのいろいろな民族について触れ、ある人々は貧しく小さな村しか作らないが、もっと北のほうには財宝豊かな民族もいる、と語った。そこから、いつとはなしに、「シボラの七つの都」の伝説が生まれたらしい。

シボラの七つの都

「シボラの七つの都」とは、イスラム教徒がイベリア半島に侵入したとき、ポルトガル北部ポルト市の七人の司教が大西洋に逃げて七つの豊かな都を築いた、という中世伝説だが、もともと大西洋のどこかにあると考えられていたのが、アメリカ大陸発見後、北アメリカの西南部に移されてしまったわけである。

どうしてこのようなことになったのかは不明だが、メシカ征服後、メシカ人たちが、自分たちの祖先は北のほうにある七つの洞窟《どうくつ》から出た、とスペイン人に語ったことが、キリスト教徒の中世伝説と混淆《こんこう》されて、シボラの七つの都がメキシコの北方にある、という幻想を生んだのかもしれない。

この夢の都の探検に着手したのは、ヌエバ・エスパニャ（メキシコ）初代副王アントニオ・デ・メンドーサであった。彼は一五三五年から五〇年までメキシコを治めたが、就任早々の三六年にカベサ・デ・バカが長い放浪を終えてメキシコ市に入ったので、彼から北方の諸地方の事情をよく聴取し、心秘《ひそ》かに探検隊派遣を考えた。そして、用意周到にも、四人の生き残りのひとりから黒人奴隷のエステバンを買い取り、フランス人のマルコス・デ・ニサ修道士に彼を付けて、偵察のため、北方への旅に送り出した。

マルコス修道士とエステバンは、メキシコ北部のクリアカンを、一五三九年三月七日に出発した。ソノラ川流域のある村まできたとき、マルコス修道士はエステバンを先行させることにし、出発に先立ってこう言った。「黒いいろいろな大きさの十字架を用意し、もしメキシコよりも重要な発見があった場合には、大きな十字架を私に送りなさい」。

四日後、原住民たちが、「人間の背ほど高い大きな十字架」を持ってやってきた。修道士は勇躍して出発した。エステバンは、北のほうにある大きな町に行ってきた、という男に会い、マルコス修道士を待たずに前進していた。

五月二一日、修道士はシボラから三日の行程と言われる所まできて、エステバンが原住民に殺されたことを知った。しかし彼はひるまずに前進を続けた。彼は、現在のアリゾナ、ニュー・メキシコ両州の北東部を通り、リトル・コロラド川、リオ・グランデ川の間を通って、コロラド高原を北上した。

ある日、ついに修道士は、山の頂から、ズニ山脈を背にして建つ「シボラの都」を発見した。それは、石造りの白い家々から成る大都会で、かつてのメシカの都テノチティトランを思わせた。いや、マルコス修道士には「メキシコ市より大きい」とすら感じられたのである。

しかし、実は、これはズニ・インディアンの丸石と日干し煉瓦《れんが》で造った建物の集落を見て大都会と勘違いし、また高原の非常に強い太陽の光でそれが白く見えたのを、彼が銀の宮殿や神殿と見間違えたに過ぎなかった。高い崖《がけ》の上に建つ村がシボラの都の幻覚と重なって、マルコスは大変な夢を見たわけだった。

彼はとうとう伝説の都を見つけた、というので深く神に感謝し、その地をスペイン国王の名において領有することを宣言し、メキシコ市に帰った。

副王アントニオ・デ・メンドーサは、二九歳の若者、フランシスコ・バスケス・デ・コロナードに「シボラの七つの都」の探検を命じた。コロナードは、三〇〇人の兵を率いて、一五四〇年二月二三日にメキシコのコンポステラを出発し、彼と並行して、エルナンド・デ・

アラルコンが指揮する二隻の船が補給船としてメキシコ西岸を北上した。

陸上隊は、クリアカンで三週間休養した。行進を速めるために、コロナードは少数の部下を選び出し、「シボラの都」に直行することにして、マルコス修道士を案内人とし、四月二十二日にそこを出発した。

シボラとキビラの幻

一同は期待に燃えていた。しかし、同じ年の七月、ズニの町に着いてみると、それがマルコス修道士の報告した銀の都とは似ても似つかぬ、雑然としたみすぼらしい小屋の集まりでしかないことが分かった。数ヵ月の努力も水の泡となった。スペイン人たちは腹立ち紛れにこの町を攻撃し、掠奪《りゃくだつ》とか虐殺を行なったため、すっかり原住民の反感を買ってしまった。スペイン人たちは、原住民の首長を探し出して交渉しようとしたが、そこは、メキシコと違って王のいない社会であることに気がついた。「ここは、メキシコと違って王や首長はおらず、長老会議によって治めていた」と、ある隊員が書いている。「この人たちには〈パパ〉と呼ばれる神官がいて説教する。彼らもまた老人だった。朝、日が昇ると、最も高い屋根の上に登り、村人に向かって説教すると、村全体が静まり返り、皆、回廊に坐《すわ》ってそれに耳を傾ける」。

やがて本隊が「シボラの都」に到着した。しかしアラルコンからはなんの連絡もない。彼のほうは、メキシコ西岸に沿って一路北上し、カリフォルニア湾に入って、現在のカリフォルニア半島が島ではなく、半島であることを確認した。そして何隻かの小舟を率いて危険な浅瀬を渡り、コロラド川をさかのぼった。内陸に進むにつれて、あまりにも荒涼とした風景が続くのに、アラルコンは非常な失望を感じた。しかし西海岸に沿ってできるだけ北上し、危険な浅瀬を渡ってコロラド川をさかのぼった。そして結局、陸を行ったコロナード隊との連絡を果たせないまま、メキシコに帰還した。

アラルコンがコロラド川をさかのぼっていたころ、コロナードのもう一人の部下ガルシア・ロペス・デ・カルデナスが、シボラを発って、同じ方向に反対側から進みつつあった。自然の障害は越えがたかったが、驚くべき忍耐力でそれを克服しながら進んで行くと、目の前に、天下の奇観ともいうべき、すばらしい光景にぶつかった。それがグランド・キャニオンであった。宝こそ発見できなかったが、カルデナスは、のちに世界的に有名になったコロラド州の大峡谷を初めて見たヨーロッパ人になったのである。

コロナードとその本隊は、シボラにとどまって、自分たちの失望を償ってくれる新しい宝の発見の知らせを待っていたが、ある日、原住民には珍しく、大きな髭《ひげ》をはやした若い男がコロナードの陣営にやってきた。スペイン人はこの若者に「髭」というあだ名をつけたが、東に行くと非常にいい土地がある、と言うので、コロナードはエルナンド・デ・アルバラードという部下に、「髭」とともに探検に出かけるよう命令した。

アルバラードは、現在のニュー・メキシコ州に入り、リオ・グランデ川の上流で、東に向かえば、キビラという大黄金国があり、幾らでも黄金が手に入るという情報を得た。彼にこのことを告げたのは、ひとりの平原インディアンの放浪者だった。スペイン人たちは、この男に「エル・トゥルコ（トルコ人）」というあだ名をつけた。彼によれば、「キビラには、約一一キロメートルの幅をもった川が流れており、その中には馬のように大きい魚が泳いでいる。そして、片側だけで二〇人の漕ぎ手が乗った大きなカヌーが走っている。舟には帆があり、王は船尾の日除《ひよ》けの下に座っている。舳先《へさき》には、大きな金の鷲《わし》の像が飾られている。すべての人々が、細工を施した金製の椀《わん》を毎日使い、壺《つぼ》も鉢も金製である」とのことだった。

アルバラードはコロナードのもとに帰り、キビラ王国の報告をした。躍り上がって喜んだコロナードは、一五四一年四月二三日にシボラを出発して、ペコス川、ブラソス川の上流地方を通り、東に向かったが、このときテキサス州の北東部で会ったテハス族の名から、現在のテキサスの地名が生まれたのである。

やがてコロナードは、心焦るあまり、別動隊を編成し、キビラめざして全速力で前進することにした。率いた騎兵は三〇騎、それにテハス族の道案内を同伴した。

コロナードの小部隊は北進して現オクラホマ州から、カンザス州に入って、のちにダッジシティーが建設される場所の東まで来た。そしてそこから北東に進み、ついに長い間探し求めていた「キビラ」を発見したが、それは、全く平凡なウィチタ族の宿営地であり、藁《わら》と草で作られた小屋の小さな集落に過ぎなかった。失望したスペイン人たちは、怒りのあまりエル・トゥルコを絞殺してしまった。

コロナードは失望したが、スペイン国王の名においてその地の領有を宣言し、メキシコへの長い道をたどりはじめた。スペイン人の暴行が、至る所で原住民の敵意を買い、何度も危険な攻撃にさらされながら、探検隊は翌四二年、メキシコに帰り着いた。初めの四〇〇人は一〇〇人以下に減っており、副王メンドーサは不機嫌でほとんど口をきかなかったという。それ以後四〇年間、北アメリカの方角に探検しようと思う者はひとりも出なかった。

ソトの探検隊

一五四一年の五月二一日、ひとりのスペイン人の探検家が、北アメリカ・ミシシッピ川の上流レッド川の河畔《かはん》で息を引き取った。その名はエルナンド・デ・ソト。メシカ（メキシコ）とインカ（ペルー）の征服で活躍した有名な征服者《コンキスタドーレス》である。

ソトはふたつの文明の征服によって大金持ちとなり、更に大きな宝の国の探検を夢みた。パンフィロ・デ・ナルバエスが一五二六年に国王から与えられた、フロリダ地方探検の特別許可が、探検中の二八年に彼が死んだことによって宙に浮いていたため、ソトは改めて許可を申請した。

ソトはアメリカ大陸に豊かなエンコミエンダをもつ資産家であり、宮廷でも一目置かれていたので、その申請は直ちに王室の許可するところとなり、彼は更にキューバ総督の称号も与えられた。

アメリカ大陸の、ふたつの文明の征服によって味をしめたソトは、第三の黄金国の存在をほとんど確信していた。探検資金にこと欠かないソトは、十分の装備を施した六〇〇人の兵士と騎兵二二三人を集め、キューバに寄港してから、一五三九年五月二五日、フロリダ半島西岸のタンパ湾（シャーロット湾とも）に上陸した。食糧として、多数の豚が連れてこられたが、このころになると、どの探検隊も必ず豚の大群を用意するようになっていた。フロリダそのものには、なんの目ぼしいものも見いだすことができなかったソトは、そこから出発して西に向かった。それから四一年五月二一日に死ぬまで、彼の探検隊は北緯二八度から三六度、西経八二度から一〇〇度に至る、広さ約九〇万平方キロメートル、つまり日本の約二・五倍の広さの地域を探検したのである。

初めに、現在のジョージア州に入ったソトは、更にジョージア州とサウス・カロライナ州との間を流れるサバナ川に沿って北上しながら、幻の黄金の都を求めた。次に方向を転じてテネシー州に入り、また南下してアラバマ州に進んだ。彼の探検隊は、至る所で原住民に乱暴を働き、宝の国の在りかを聞き出すために拷問や、荷物運び用に男たちを徴発し、首に鉄の輪をはめてこき使うなどのことをした。ひどいときには二〇〇〇人以上の男女を虐殺したこともある。メキシコとペルーの征服で残虐な行為を繰り返したソトは、そういうことに極めて鈍感になっていたのだろう。原住民は至る所で抵抗したが、その度に報復の殺戮《さつりく》が行なわれた。こうして、ソトの探検行は、アメリカ大陸征服史上でも、最も非人道的なものになった。

ソトは、あくまで黄金に執着した。しかし、どんなにしてみたところで、ないものはなかった。「向こうのほうに大きな町がある」。この、いつもスペイン人にほのかな希望を抱かせる怪《あや》しげな情報は、恐らく拷問にかけられた気の毒な原住民が、苦し紛れに告白した嘘《うそ》だったのだろう。しまいには、嘘と知りつつも一応それを信じ込まなければ、にっちもさっちもいかないような心理状況に、ソトをはじめとするスペイン人たちは追い込まれたのであろう。

一五四〇年の秋、補給物資を積んだキューバからの救援船がきたという情報が入ったとき、ソトは、もし自分が金銀をまだ見つけていないと救援船の連中に知れたら、だれもこの探検に参加しようなどとは言わなくなるだろうと考えて、富裕な土地を発見するまでは、自分の居場所を知らすまいとした。

翌四一年五月、ソトの一行は、ミシシッピ川の畔《ほと》りに出た。この大河を見て、ソトは、あるいはアジアとの間にある海峡であろうかとも考えたが、原住民の首長から、それを越えた向こうには、同じような土地が無限に広がっている、と聞いて失望した。状況は絶望的となり、キューバからの補給を受けなければ、とてもやっていけない状態になった。そこでソトは海に出ようと考えたが、実は海まで直線距離でも五〇〇キロメートル以上の内陸にいた。騎兵を派遣したが、沼地に遮られて戻ってきた。ソトは熱病にかかり、五月二一日その地で没した。

あとの指揮を執ったのは、ルイス・デ・モスコソだった。彼は、ソトの遺体にバッファローの皮を掛け、筏《いかだ》に結び付けて、ミシシッピ川の真ん中までカヌーで航行し、縄を切って流した。

モスコソは、七隻の小舟を作って川を下り、メキシコ湾に出て、スペイン人のいる所に戻ろうと考えた。幸いなことにジェノヴァ人の船大工がいた。彼は、衰弱して明日の命もしれない状態だったが、舟の建造を指図してくれただけでなく、それぞれの舟に二個の飲料水用の樽《たる》を作ってくれた。

一五四三年七月二日、七隻の舟は出発した。彼らは、各地で住民の攻撃を受けながら、一一〇〇キロメートル近くも川を下ってやっと河口に着いた。それからあとは、メキシコ湾の沿岸を航海し、南西に向かって進んだが、同じ年の九月一〇日、ひとつの河口に入って、「インディオたちがスペイン人の衣服を身につけている」のを見た。メキシコのパヌコ川だった。こうして、一五三九年フロリダに上陸した六〇〇名のうち、生き残りの三一一人は、四年間の苦難の旅を終えたのである。

メシカ、インカというふたつの黄金帝国の征服で重要な役割を果たしたソトの死は、なにか象徴的な意味をもっている。ソトの死の一ヵ月後にフランシスコ・ピサロはリマの自宅で暗殺され、それから六年後にコルテスも南スペインの自宅で逝去した。コロナードやソトの北アメリカ探検の終了とともに、スペインの「征服者たちの時代」の幕が下ろされたといっていい。

南・北アメリカ大陸には、まだまだ未知の地方や民族が残っていたとはいうものの、征服者たちの探検によって、その大体の輪郭は明らかになった。それまで、征服や領土拡大の前線に立ち、軍事や行政でほとんど絶対的な権限をもつ「前線総指揮官《アデランタード》」の称号を与えられた首領のもとで、征服者たちは、黄金の都を求めて絶えず放浪の旅を続けた。一五四〇年代初めまでの南・北アメリカ大陸の歴史は、侵入と征服の連続であった。

しかし、ソトの死の直後の一五四五、四六年に相次いで行なわれた、上ペルー（現ボリビア）とメキシコにおける大銀山の発見を契機として、大きな社会変化がおこった。スペイン領アメリカは、これらの銀山の開発、生産を軸として、ヌエバ・エスパニャ（メキシコ）とペルーのふたつの副王領に編成され、銀輸出と本国からの物資補給のための、大型帆船による輸送・航海の方式も確立された。各地には政庁《アウディエンシア》が設けられ、カトリック教会の教区が網の目のように張り巡らされて、住民はスペイン国王の臣下として忠誓を要求された。こうして、スペイン植民地時代がはじまったのである。

しかし、征服者の時代が終わっても、黄金への執念はスペイン人たちの念頭から離れず、幻の黄金郷の探求はそれからのちも続いた。パリマ、パイティティ、オマグアス、アマゾンの国、アパラチエ、シボラの七つの都、キビラなどの残像は執拗《しつよう》に残り、どこかにそれらの黄金郷の存在が期待されたので、南・北アメリカ大陸の、耐え難い暑さと湿気の熱帯雨林や、食糧もろくにない高原や平原の困難な環境ものともせず、無謀な探検をする人々が、あとを絶たなかったのである。いやアメリカ大陸だけではなく、しまいには太平洋に宝の島々を求めて船隊を繰り出す征服者《コンキスタドーレス》すら現われた。

ただひたすらに金という物質を手に入れたいばかりに、南・北アメリカ大陸の大部分が広く踏査され、その地理的実情が明らかになったばかりでなく、やがてはスペイン人の言語と宗教が北アメリカの南西部から、南アメリカのアルゼンティンのパンパ、そして太平洋にまで浸透して、等質的な言語文化圏が成立したことは、驚くべき歴史的事実というほかはない。いわゆるラテン・アメリカの歴史は、黄金への執念に取り憑《つ》かれた征服者たちによって幕が開かれたのである。

あとがき

スペイン人のアメリカ大陸征服者は、コンキスタドーレスと呼ばれる。これは征服者を意味するスペイン語であり、そのまま英語やフランス語の語彙《ごい》にも採り入れられている。古来、歴史上に征服者は多いが、コルテスやピサロをはじめとするスペイン人の征服者たちが特別な名前で呼ばれるのは、彼らが黄金に異常な執着を示して、謎《なぞ》に富む未知の大陸をひろく踏査し、それまでその存在が全く知られていなかった大文明を劇的な行動によって転覆したこと、反面、彼らの行動が、強い宗教的信念によって裏付けられていたこと、などに特徴があるからだろう。

筆者は、一九六一年にピサロのタワンティンスーユ（インカ）帝国征服について、またその二年後にコルテスのアステカ（メシカ）王国征服について小冊子を書いたが、そのころまで、アメリカ大陸におけるスペイン人征服者の研究の決定版は、長い間、アメリカのウイリアム・H・プレスコットの『メキシコの征服』（一八四三年）および『ペルーの征服』（一八四七年）とされていた。確かに当時の研究水準で望みうる最も綿密な史料分析にもとづく歴史叙述の古典だったが、一九世紀初めのアメリカ・ロマンティシズムの文学の雰囲気の中で書かれた作品であり、「新世界」の二大帝国を少数のスペイン人が征服する大胆な行為を叙事詩のように描き出していた。この書は、スペイン人の征服をあまりにも際立たせ、魅力的な筆致で叙述していたので、征服者の行為がその後のスペイン人植民地時代の歴史とどう結び付くのかがあまり明らかにされていなかった。

プレスコットの史料の利用があまりにも徹底的であったため、彼の仕事をしのぐ研究はなかなか現われなかった。やっと一九七〇年代になって、幾つかの重要な新研究が発表された。まず一九七〇年に、ジョン・ヘミングの大作『インカの征服』が出た。プレスコットに劣らず史料の利用は細心周到であり、また新しい史料が十二分に活用されていたが、同時に、敗者の側に十分な注意をはらっている点が大きな特色だった。それから二年後に出たジエイムズ・ロカートの『カハマルカの男たち』も、「ペルー最初の征服者たちの社会的、伝記的研究」と銘打っているところからも分かるように、タワンティンスーユ帝国を滅ぼしたスペイン人たちのひとりひとりを、黄金郷征服者のロマンス物語から引き出して、先スペイン期から植民地時代に至る一貫した歴史過程の中に据《す》えようとする試みだった。

メキシコ征服に関して新しい総合研究の成果をだしたのは、『スペイン内戦』や『キューバ』で有名なヒュー・トマスだった。彼が一九九三年に刊行した『征服――モンテスマ、コルテスと古代メキシコの没落』は、ロカートと同じように、コルテスをはじめとする征服者たちを、植民地メキシコの形成期の歴史の中に位置づけようとしている。また、征服が原住民文化に与えた衝撃とトラウマについての研究は、チャールズ・ギブスンの『スペイン統治下のアステカ人』（一九六四年）が本格的な出発点をつくったと思うが、その後のグリュジンスキーの『想像の植民地化』（一九八八年）やロカート『スペイン人のもとでのナワ人』（一九九一年）などの重要な研究も、この点を更に追求している。

ペルーに関しては、ギブスンやロカートにあたるような総合的研究はまだ出ていないが、植民地時代初期の概観としては、ロカートの『スペイン領ペルー　1532―1560』（一九六八年）があり、地域史としては、ワロチリ地方のインカ時代から植民地時代までの変容を跡づけたカレン・スポールディングの研究や、ペルー北海岸の変容を扱ったマリア・ロストウォロフスキ、スザン・ラミレスの研究など、注目すべき業績が現われている。

本書は、以上述べたような研究史の業績をふまえて書かれたものであり、またメキシコ、ペルー以外の地域についても扱っているので、前二作とは違う内容をもっている。

メキシコやペルーの征服については、ある偏見が行なわれているようである。すなわち、優れた文明をもつヨーロッパ人の小集団が、まだ鉄も馬も車も知らない未開国家を一挙に打ち倒し、征服してしまったとする見方である。ヨーロッパの鉄器段階の文明が、新世界の新石器段階の文明を圧倒した、というような表現もとられる。スペイン人のチョルーラにおける虐殺や、カハマルカにおける殺戮《さつりく》の印象があまりに強いのでこうした見方がでてきたのかもしれない。しかし、これは事実に反する。メシカ人やインカ人は、無抵抗に一夜にしてスペイン人に屈伏してしまったのではない。本書で述べたように、彼らは、長期間にわたってスペイン人に抵抗したのである。首都攻防戦におけるメシカ人は、食糧の欠乏に悩みながらも、七五日にわたる壮絶な戦闘に耐えた。インカ人たちは、カハマルカのだまし討ちによる敗北の後、スペイン人をクスコに包囲し、更に秘境ビルカバンバに身を隠して、三五年間ゲリラ戦でスペイン人に抵抗した。植民地時代に入って、メキシコ北部のチチメカ人、更に北方のプエブロ・インディアン、チャパスやユカタン半島のマヤ人などは、激しい抵抗運動をおこした。チリのアラウコ人たちは、度重なるスペイン人の残忍な攻撃にもかかわらず抵抗をやめず、ついにビオビオ川の南の自分たちの土地には彼らを寄せつけなかった。アルゼンティンのパンパの小規模な狩猟民たちですら、一〇〇〇人以上の連合体をつくってスペイン人の侵入に抵抗した。

こうした側面は、スペイン人主体で書かれたこれまでの歴史ではあまり触れられることがなかった。「インディオの反乱」が問題にされるようになったのは、ほんの最近のことである。しかし、アメリカ大陸の本来の住民の立場からすれば、ヨーロッパ人の侵入に対する抵抗運動は現在まで続いているのであり、いわゆるコンキスタドーレスの時代とは、その起点として捉《とら》えられるべきものなのかもしれない。

スペイン人の征服が、アメリカ大陸の住民たちに与えた傷ははかりしれぬほど大きく深い。そしてこの傷は現在まで癒《いや》されていない。今日のラテン・アメリカの大部分の国々に見られる貧困、汚職、収賄、収奪、強奪、人間の命の軽視などは、すべて一六世紀初めの征服者の時代に端を発し、現在でも根強くはびこっているといってよい。これらの悪がなくなるまで、どのくらいの年月が必要なのか、見当もつかないほどである。したがって、ラテン・アメリカの現在の問題を真剣に考察しようとするならば、遠くさかのぼって征服者の時代にまで思いをいたすことがどうしても必要だろうと思う。

最後に、本書がこのような形で出版できるまでに最大のご援助を与えられた、小学館の渡辺靖孝氏、および本書の企画、編集に綿密なご配慮をいただいた星文社の木下邦彦氏に、心から感謝申し上げたい。

二〇〇二年二月　　　　リマ市にて　　増田義郎

コンキスタドーレス年表

表中の算用数字は月・日を表す

年	メキシコ・中央アメリカ・カリブ海	南アメリカ	北アメリカ
一四九二	10・12　コロンブス、バハマ諸島到着		
一四九六	サント・ドミンゴ市建設		
一四九八		コロンブス、南米オリノコ河口に到着	
一四九九		アメリゴ・ヴェスプッチ、オヘーダら南米北部沿岸航海	
一五〇〇		ファン・デ・ラ・コサ、コロンビア沿岸航海	
一五〇二		コロンブス、中米沿岸航海（〜〇四）	
一五〇八	オカンボ、最初のキューバ回航		
一五〇九	ニクエサ、パナマ沿岸探検 エスキベル、ジャマイカ島征服	オヘーダ、ウラバ湾地方探検	
一五一〇		11　ダリエン市建設	
一五一一	ベラスケス、キューバ征服		
一五一二			ポンセ・デ・レオン、第一回フロリダ探検
一五一三	9・25　バルボア、「南の海」発見		

年	メキシコ・中央アメリカ・カリブ海	南アメリカ	北アメリカ
一五一四	6 ダリエン総督ペドラリアス赴任		
一五一六		ソリス、ラ・プラタ地方探検	
一五一七	コルドバの船隊、ユカタン半島接触		
一五一八	グリハルバ、メキシコまで航海		
一五一九	1 ペドラリアス、バルボアを処刑 4 コルテス、メキシコ到着 8・15 ペドラリアス、パナマ市建設 11・8 コルテス、テノチティトラン到着		
一五二〇	7 コルテス、「悲しき夜」の撤退	11・28 マゼラン、マゼラン海峡発見	
一五二一	8・13 メシカの王クアウテモック降伏		ポンセ・デ・レオン、第二回フロリダ探検
一五二二		アンダゴーヤ、コロンビア北部探検。ペルー最初の情報	
一五二四	7・25 ペドロ・デ・アルバラード、グアテマラ市建設、グアテマラの征服		

一五二五	10　コルテス、ホンジュラス遠征へ。のちにクアウテモックを処刑	11　フランシスコ・ピサロ、第一回ペルー探検発（～二五） この頃、ワイナ・カパック・インカ没	
一五二六	12　モンテーホのユカタン征服開始	4　カボート、ラ・プラタ地方探検開始（～二九） ピサロ、第二回ペルー探検	バスケス・デ・アイリョン、北米沿岸航海
一五二七	ペドラリアス、ニカラグア総督となる		
一五二八			4　ナルバエス、北アメリカ探検開始、カベサ・デ・バカ、参加 11　ナルバエス死去
一五二九	グスマン、ヌエバ・ガリシアの征服開始	8・17　ピサロ、スペイン国王とトレド協定を結ぶ	
一五三〇		9　フェーダーマン、ベネスエラ探検（～三三・11）	
一五三一		1・20　ピサロ、第三回探検にパナマ発	
一五三二		5・16　ピサロ、トゥンベスを出発して南下 11・16　ピサロ、カハマルカでインカを破る	
一五三三	コルテス、カリフォルニア湾に船を派遣	1・5　エルナンド・ピサロ、パチャカマへ	

年	メキシコ・中央アメリカ・カリブ海	南アメリカ	北アメリカ
一五三三		4・25 エルナンド・ピサロ、カハマルカに戻る 6・1 コロンビア大西洋岸にカルタヘナ建設 7・26 アタワルパ処刑 11・15 スペイン軍クスコ占領	
一五三四		6・22頃 ベナルカサル、キート占領 8・26 ペドロ・デ・アルバラード、ピサロ派とリオバンバの契約を結ぶ	ジャック・カルチエ、セント・ロレンス湾沿岸探検
一五三五	コルテス、カリフォルニア湾探検 11 初代メキシコ副王アントニオ・デ・メンドーサ着任	1 リマ市建設 7 アルマグロ、チリ探検に出発（〜三七・3） 8 ペドロ・デ・メンドーサ、ラ・プラタ地方植民	ジャック・カルチエ、セント・ロレンス湾沿岸第二回探検
一五三六		4 マンコ・インカの反乱、クスコ包囲	4 カベサ・デ・バカらメキシコ到着
一五三七		4 アルマグロ、クスコでエルナンド・ピサロを逮捕 8 ケサーダ、トゥンハのムイスカを征服	

		8・15 パラグアイのアスンシオンの砦建設 10 ピサロ、アタビリョスの侯爵となる	
一五三八		4・26 ラス・サリナスの戦い 7・8 アルマグロ処刑 8・6 サンタ・フェ・デ・ボゴタ市建設	
一五三九	ウリョア、カリフォルニア湾航海	フェーダーマンとベナルカサル、ボゴタ到着	3 マルコス・デ・ニサ、「シボラの都」を求めて北メキシコのクリアカン発 5・25 ソト、タンパ上陸
一五四〇		1 バルディビア、チリに向かう	コロナード、北アメリカ探検。「シボラの都」を求める（〜四二）
一五四一	7・4 ペドロ・デ・アルバラード、ミシュトン戦争で死去	2・12 チリのサンティアゴ市建設 2 ゴンサーロ・ピサロのアマゾン探検（〜四二・6） 6・26 アルマグロ派、フランシスコ・ピサロ暗殺 エルナン・ペレス・デ・ケサーダ、エル・ドラード探検 12・26 オレリャーナ、アマゾン川航下開始	5・21 ソト、ミシシッピ河畔で没 カルチエ、ロベルヴァルとともに第三回カナダ探検

年	メキシコ・中央アメリカ・カリブ海	南アメリカ	北アメリカ
一五四二	カブリリョ、カリフォルニア湾航海 1・6 ユカタンにメリダ市建設	フォン・フッテン、ベネスエラ探検 3 カベサ・デ・バカの探検隊、アスンシオン到着 9・16 チュパスの戦いでアルマグロ派敗退 9 オレリャーナ、クバグア島到着	
一五四三			ソト隊、メキシコのバヌコに帰着
一五四四		5 初代ペルー副王ヌニェス・ベラ着任 ビルカバンバでマンコ・インカ暗殺。子のサイリ・トパック即位（〜六〇）	
一五四五		上ペルー（ボリビア）にポトシ銀山発見	
一五四六	メキシコ、サカテカスなどで銀山発見	1・18 アニャキートの戦いでペルー副王ベラ戦死	
一五四七	12・2 セビリャ郊外でコルテス死去		
一五四八		4・9 ハキハワナの戦いでゴンサーロ・ピサロ敗北。翌日処刑	

一五五〇		10・5 チリのコンセプシオン市建設
一五五一		9 第二代ペルー副王アントニオ・デ・メンドーサ着任
一五五三		12・26 チリ総督バルディビア、アラウコ人ラウタロに敗北
一五五六		6 第三代ペルー副王メンドーサ（カニェーテ侯）着任
一五五七		ペルー副王メンドーサの子ガルシーア、チリ総督となる
一五五八		1・5 ペルー副王メンドーサ、リマでサイリ・トパック・インカと会い、和解
一五五九		南チリにオソルノ市建設 アギレら、アマゾン＝オリノコ探検
一五六一		アルゼンティン西部のメンドーサ市建設
一五六九		11 第五代ペルー副王トレド就任

年	メキシコ・中央アメリカ・カリブ海	南アメリカ	北アメリカ
一五七一		5 ビルカバンバでティトゥ・クシ死去。トパック・アマル立つ	
一五七二		4・14 ペルー副王トレド、ビルカバンバのインカ掃討を命令 6・24 スペイン軍ビルカバンバ占領 9・24 クスコでトパック・アマル処刑	
一五八四		ベリーオ、ギアナ探検（～九〇）	
一五九八		ベリーオの子フェルナンド、エル・ドラード探検（～一六〇八）	オニャーテ、北アメリカ南西部を探検
一六〇八			サンタ・フェ（ニュー・メキシコ州）建設 シャンプラン、ケベック（カナダ）建設

アラウコ人は、インカ帝国の南端の、現在のチリの中心に小規模な農耕社会を営んでいた民族だが、独立心が強く、インカにも、スペイン人にも強く抵抗した。ここにスペイン人はサンティアゴの町を築き、更に南にコンセプシオン、オソルノ、バルディビアなどの町を建設して、アラウコ人に迫ったが、抵抗が強く、ビオビオ川の南には進出できなかった。

南アメリカ大陸は、インカ文明の栄えた西部のアンデス山脈が背骨となり、その東に広がる広大な低地には、三つの大きな水系があり、オリノコ川とアマゾン川のふたつの水系には熱帯林が発達し、そこには、多くの狩猟民や熱帯農耕民が住んでいた。気候条件からいって、ヨーロッパ人には住みにくい土地だったが、にもかかわらず、征服の初期から、この地方に黄金郷があるとのうわさが絶えず、多くの探検隊が侵入した。

いちばん南のラ・プラタ水系（ラ・プラタ、ウルグアイ、パラナ、パラグアイなどの河川）の流域は、近代には豊かな農牧地帯になったが、当時はケランディ、チャルーアなどの少数の狩猟民が住むにすぎず、征服者にとっては魅力ある土地ではなかった。

アメリカ合衆国の西部、南部、南西部が、スペインによって開かれた事実は案外知られていない。一群の征服者たちがこの地方を探検、開拓したために、現在のカリフォルニア、ニュー・メキシコ、アリゾナ、テキサスなどの州の各地には、スペイン語が多いのである。

インカは、数千年にわたる中央アンデスの文化伝統を集大成して作られた一大帝国の名であり、またその中心となった民族の名でもあった。さらにその支配階級の人々もインカと呼ばれたが、なかんずく帝王は、サパン・インカと呼ばれた。インカの言語は、ルナ・シミだが、またはケチュア語ともいう。インカはケチュア語ではタワンティンスーユ（4つの州、の意）という。

インカの勢力は、北は、現エクアドルからペルー、ボリビアを経由して、現アルゼンティン北西部、チリにまで及んだ。道路網によって統合され、行政機構も整備した一大国家であり、その意味ではメキシコより進んでいたが、ただし、その内部にはたくさんの大民族集団を抱え込んでおり、政治的統合には問題があった。インカ帝国の中心部は、なんといっても現ペルーにあたる中央アンデスであり、砂漠性の海岸平地、高地、熱帯林地帯に分かれる、多様な気候帯と地形をそなえていた。スペイン人侵入当時、インカ支配階級はふたつに分裂して、エクアドルのキートやトゥミバンバに拠る勢力と、ペルー南部高原のクスコに拠る勢力に二分されていた。フランシスコ・ピサロの征服は、これにつけこんで行なわれたのである。

インカ帝国の北、コロンビアのボゴタ高原には、ムイスカ、またはチプチャという民族が住んでいた。インカのような大国家ではなく、首都制社会の連合を形づくっていたが、金の豊かな地域に住み、宗教的な目的で金の製品をたくさん作った。そのため、エル・ドラードの伝説が生まれたほどだった。コロンビア北西部は、アトラト、マグダレナ、カウカなどの川が流れ、流域に金産地が多く、したがって古くから黄金文化が発達したのである。この黄金文化はパナマ地峡を通って、コスタ・リカ地方にも伝播した。バルボア以下、初期の征服者たちが取りついたのは、この地方だった。金の文化がメキシコに到着するまでにはかなり時間がかかり、オアハカ盆地（メキシコ南部）のミシュテカ人が精巧な黄金細工をつくるようになったのは10世紀以降だった。アステカ（メシカ）人のために金製品を制作したのはミシュテカ＝プエブラ人だった。

民族と地域

アステカまたは、メシカはメキシコ中央高原に人口20万の首都テノチティトランを築き、全メキシコに覇を唱えた民族、または国家の名である。その言語は、ナワトル語である。14世紀に北からメキシコ盆地に移住してきたが、そこにあった、テオティワカン、トルテカなどの先進国の伝統を継ぐ強力な都市国家をつぎつぎに征服して、16世紀には最大の勢力になった。

メキシコ（ナワトル語のメシカに由来し、現在、メキシコでは自国をメヒコと発音する）では、北アメリカのコロラド台地の連続である乾燥した高原地帯が、北西から南東に向かって広がり、その両端に、東・西シエラ・マドレ山脈が走っている。南にいくにしたがって乾燥度が低くなり、メキシコ中央高原では、水資源によって、古くから農耕が営まれ、高い文明が発達していた。アステカ（メシカ）人が住んだのは、中央高原にあって、山脈に囲まれた広い盆地（メキシコ盆地）にある五つの湖のひとつ、テスココ湖の上に浮かぶ島であり、テノチティトラン、およびトラテロルコのふたつの部分から成っていた。

メシカは、軍事的な都市国家として、各地の民族を制圧し、莫大な物資を貢納させていた。その勢力は、中央アメリカにまで及んでいた。しかし、中央部のトラスカラや、南西のミチョアカンなどの民族は、抵抗して独立を守っており、そのほか政治的に服属した民族も、文化的にはメシカに同化していなかった。これがスペイン人の侵略者たちに有利にはたらいたのである。

メキシコ南部やアメリカでは、マヤ人が、紀元3世紀から約600年間、絢爛《けんらん》たる文化の花を咲かせたが、その後衰退して、スペイン人侵略当時には、いくつもの小さな政治勢力に分かれていた。とは言うものの、ユカタン半島やグアテマラ高地には、アステカの文化的影響を受けながら、特色ある伝統的地域文化を発達させていたマヤ人が、小規模な宗教センターを中心として生活していた。

以上ペルーの４編は、征服の参加者による記録。（４）、（５）は事件の直後に書かれたものの訳なので、生々しい臨場感がある。（６）、（７）は征服の40年後に書かれた回想記であり、ほかの記録にはないデータが含まれている。とくにペドロ・ピサロは、“民族誌的記録者”と呼ばれるくらいに、インカ文化についての興味深い情報を多く伝えている。

（８）バルタサール・デ・オカンポ「ビルカバンバ地方についての記録」＊（旦敬介訳）

（９）ティトゥ・クシ・ユパンギ述『インカの反乱』（染田秀藤訳、岩波書店、1987年）

（８）、（９）は、マンコの反乱以後のビルカバンバに開いたインカ王朝に関する記録。

（８）は後年になってからの回想記で、不正確な部分がある。しかし、トパック・アマル・インカの逮捕と処刑に立ち合った人物の証言として重要である。

（９）は、インカの抵抗の記録というよりは、アコバンバ条約（1566年）でスペイン側に認めさせた権利を獲得しようとするビルカバンバのインカの、駆け引きに富んだ外交文書と受け取るべきである。カハマルカにおけるスペイン人のインカ征服は正当である、と断言している。

C　アマゾン川

(10)　ガスパル・デ・カルバハル「アマゾン川の発見」※（大貫良夫訳）。

オレリャーナのアマゾン探検に同行した修道士の記録。

以上のうち、※は『征服者と新世界』所収、岩波書店、1980年。

＊は『ペルー王国史』所収、岩波書店、1984年。

参考文献

アメリカ大陸の征服者に関する当時の記録のいくつかが翻訳されている。大部分は征服に参加した者たち自身の手になる報告書、ないしは記録である。（6）、（9）以外は、「大航海時代叢書」シリーズ（岩波書店）に収められている。

A　メキシコ

（1）　ヘルナンド・コルテス「報告書翰」※（伊藤昌輝訳）
征服の指導者自身がスペイン王に送った５通の報告書翰中の重要部分。

（2）　ベルナール・ディーアス・デル・カスティーリョ『メキシコ征服記（全３巻）』（小林一宏訳、岩波書店、1986～87年）
メシカ征服に参加した兵士が、後年回想録として書いた詳細な記録の全訳。

（3）　ベルナルディーノ・デ・サアグン「メシコの戦争」※（小池佑二訳）
フランシスコ会士のサアグンが編纂したナワトル語のテキストから直訳した記録であり、被征服者の視点がうかがわれる。

B　ペルー

（4）　無名征服者「ペルー征服記」（増田義郎訳、ホセ・デ・アコスタ『新大陸自然文化史（下）』所収、岩波書店、1966年）

（5）　フランシスコ・デ・ヘレス「ペルーおよびクスコ地方征服に関する真実の報告」※（増田義郎訳）

（6）　ディエゴ・デ・トルヒリョ「ペルー征服従軍記」（高橋均訳、立正大学経済学会『経済学季報』41巻３・４号、1992年）

（7）　ペドロ・ピサロ「ピルー王国の発見と征服」＊（増田義郎訳）

ラ 行

ワ 行

マ　行

タ　行

ナ　行

ハ　行

サ　行

カ　行

人名索引

ア　行

本書の原本は、二〇〇二年に小学館から刊行されました。
本文中の一部の写真、図版は、著作権者の許可を得て、
著者所有図版、講談社写真部所蔵のものと差し替えております。

増田義郎（ますだ　よしお）

1928年，東京生まれ。東京大学文学部卒業。東京大学名誉教授。専門は文化人類学，イベリアおよびイベロアメリカ文化史。『大航海時代叢書』（全42巻　岩波書店）の刊行を推進。主な著書に『インカ帝国探検記』ほか多数。訳書に『片隅の人生』（W. S.モーム），講談社学術文庫『西太平洋の遠洋航海者』（B.マリノフスキ著）など。2016年没。

講談社学術文庫

定価はカバーに表示してあります。

アステカとインカ
黄金帝国《おうごんていこく》の滅亡《めつぼう》

増田義郎《ますだよしお》

2020年11月10日　第1刷発行

発行者　渡瀬昌彦
発行所　株式会社講談社
東京都文京区音羽 2-12-21 〒112-8001
電話　編集（03）5395-3512
販売（03）5395-4415
業務（03）5395-3615
装　幀　蟹江征治
印　刷　豊国印刷株式会社
製　本　株式会社国宝社
本文データ制作　講談社デジタル製作

ISBN978-4-06-521776-4

「講談社学術文庫」の刊行に当たって

これは、学術をポケットに入れることをモットーとして生まれた文庫である。学術は少年の心を養い、成年の心を満たす。その学術がポケットにはいる形で、万人のものになることは、生涯教育をうたう現代の理想である。

こうした考え方は、学術を巨大な城のように見る世間の常識に反するかもしれない。また、一部の人たちからは、学術の権威をおとすものと非難されるかもしれない。しかし、それはいずれも学術の新しい在り方を解しないものといわざるをえない。

学術は、まず魔術への挑戦から始まった。やがて、いわゆる常識をつぎつぎに改めていった。学術の権威は、幾百年、幾千年にわたる、苦しい戦いの成果である。こうしてきずきあげられた城が、一見して近づきがたいものにうつるのは、そのためである。しかし、学術の権威を、その形の上だけで判断してはならない。その生成のあとをかえりみれば、その根は常に人々の生活の中にあった。学術が大きな力たりうるのはそのためであって、生活をはなれた学術は、どこにもない。

開かれた社会といわれる現代にとって、これはまったく自明である。生活と学術との間に、もし距離があるとすれば、何をおいてもこれを埋めねばならない。もしこの距離が形の上の迷信からきているとすれば、その迷信をうち破らねばならぬ。

学術文庫は、内外の迷信を打破し、学術のために新しい天地をひらく意図をもって生まれた。文庫という小さい形と、学術という壮大な城とが、完全に両立するためには、なおいくらかの時を必要とするであろう。しかし、学術をポケットにした社会が、人間の生活にとってより豊かな社会であることは、たしかである。そうした社会の実現のために、文庫の世界に新しいジャンルを加えることができれば幸いである。

一九七六年六月　　野間省一

外国の歴史・地理

笈川博一著
古代エジプト　失われた世界の解読
二七〇〇年余り、三十一王朝の歴史を繙く。ヒエログリフ（神聖文字）などの古代文字を読み解き、『死者の書』から行政文書まで、資料を駆使して、宗教、死生観、言語と文字、文化を概観する。概説書の決定版！

2255

篠田雄次郎著
テンプル騎士団
騎士にして修道士。東西交流の媒介者。王家をも経済的に支える財務機関。国民国家や軍隊、多国籍企業の源流として後世に影響を与えた最大・最強・最富の軍事的修道会の謎と実像に文化社会学の視点から迫る。

2271

ロベール・ド・ボロン著／横山安由美訳・解説
西洋中世奇譚集成　魔術師マーリン
神から未来の知を、悪魔から過去の知を授かった神童マーリン。やがてその力をもって彼はブリテンの王家三代を動かし、ついにはアーサーを戴冠へと導く。波乱万丈の物語にして中世ロマンの金字塔、本邦初訳！

2304

橋場　弦著
民主主義の源流　古代アテネの実験
民主政とはひとつの生活様式だった。時に理想視され、時に衆愚政として否定された「参加と責任のシステム」の実態を描く。史上初めて「民主主義」を生んだ古代アテナイの人びとの壮大な実験と試行錯誤が胸をうつ。

2345

森谷公俊著
興亡の世界史　アレクサンドロスの征服と神話
奇跡の大帝国を築いた大王の野望と遺産。一〇年でギリシアとペルシアにまたがる版図を実現できたのはなぜか。どうして死後に帝国がすぐ分裂したのか。栄光と挫折の生涯から、ヘレニズム世界の歴史を問い直す。

2350

森安孝夫著
興亡の世界史　シルクロードと唐帝国
従来のシルクロード観を覆し、われわれの歴史意識をゆさぶる話題作。突厥、ウイグル、チベットなど諸民族の入り乱れる舞台で大役を演じて姿を消した「ソグド人」とは何者か。唐は本当に漢民族の王朝なのか。

2351

外国の歴史・地理

青柳正規著
興亡の世界史　人類文明の黎明と暮れ方
「文明」とは何か。なぜ必ず滅ぶのか。いくつもの絶滅を克服し、多様な文明を生みだしてきた人類。その誕生と拡散、農耕の発明、古代地中海文明までを通観する。衰亡の原因は、いつも繁栄の中に隠れている。
2511

石澤良昭著
興亡の世界史　東南アジア　多文明世界の発見
東南アジアの歴史は、人にやさしい生活史である。アンコール遺跡群の研究と修復に半生を捧げ、マグサイサイ賞を受賞した著者が、巨大遺跡に刻み込まれた人々の声を聞き、諸文明の興亡を描き出す渾身の作。
2512

陣内秀信著
興亡の世界史　イタリア海洋都市の精神
東方への窓口・ヴェネツィア、断崖の立体迷宮・アマルフィ。そして、ジェノヴァ、ピサ。生活空間に積み重なった争いと交流の歴史を、都市史の視点で解読する。海からのアプローチで、中世が見えてくる。
2513

網野徹哉著
興亡の世界史　インカとスペイン　帝国の交錯
最後の王の処刑後も、インカは命脈を保っていた。二つの帝国の衝突が生んだ植民地空間に生きるスペイン人、インカの末裔、混血集団、ユダヤ人。共生と混交、服従と抵抗の果てに、新たな社会が誕生する。
2514

生井英考著
興亡の世界史　空の帝国　アメリカの20世紀
ついに人類は「飛行の夢」を実現し、「空の覇権」を争い始めた。ライト兄弟やリンドバーグが浴びた喝采。空爆と原爆、ヴェトナム、9・11の悲劇。補章としてドローンが飛び交う「二一世紀の空」を大幅加筆。
2515

福井憲彦／杉山正明／大塚柳太郎／応地利明／森本公誠／松田素二／朝尾直弘／青柳正規／陣内秀信／ロナルド・トビ著
興亡の世界史　人類はどこへ行くのか
新たな世界史像は、日本からこそ発信できる。人口と資源、海と人類の移動、宗教がもたらす対立と共生、人類誕生の地・アフリカ、世界史の中の日本。人類史の視座から多角的に論じる。全21巻シリーズ最終巻。
2516